HANS SÖLLNER, geboren am 24. Dezember 1955 in Bad Reichenhall. Abgeschlossene Lehren als Koch und Automechaniker. Stand 1979 das erste Mal auf der Bühne und ist seitdem als Songwriter und Musiker unterwegs. Er hat sechs Kinder.

CHRISTIAN SEILER hat dieses Buch gemeinsam mit Hans Söllner aufgeschrieben. Er ist Autor einiger Biografien und schreibt regelmäßig für Zeitschriften in Deutschland, Österreich und der Schweiz.

Freiheit muss weh tun in der Presse:

»Ein wildes Leben zwischen zwei Buchdeckeln.
Eine Heimatgeschichte der anderen Art.«
Münchner Merkur

Hans Söllner

Freiheit muss weh tun

Mein Leben

Aufgeschrieben von
Christian Seiler

 PENGUIN VERLAG

Alle Fotografien mit freundlicher Genehmigung von
Hans Söllner und Trikont.
Lukas Beck fotografierte: Seite 1, 4 (unten), 6/7, 10/11,
12 (Mitte, unten), 14/15
Daria Frick fotografierte: Seite 12 (oben)
Bernhard Müller fotografierte: Seite 13 (oben), 16

MIX
Papier | Fördert
gute Waldnutzung
FSC® C014496

Penguin Random House Verlagsgruppe FSC® N001967

4. Auflage
Copyright © 2015 by Albrecht Knaus Verlag, München,
in der Penguin Random House Verlagsgruppe GmbH,
Neumarkter Straße 28, 81673 München
Umschlaggestaltung: any.way, Hamburg,
nach einem Entwurf von FAVORITBUERO, München
Foto Vorderseite: © lukasbeck.com
Foto Rückseite: © Bernhard Müller
Satz: Buch-Werkstatt GmbH, Bad Aibling
Druck und Bindung: GGP Media GmbH, Pößneck
Printed in Germany
ISBN 978-3-328-10132-1
www.penguin-verlag.de

1

Ich war kein Kind, auf das jemand gewartet hat. Das ist ungefähr das Einzige, was ich mit meinen beiden Brüdern und mit meiner Schwester gemeinsam habe: Auf die hat auch keiner gewartet.

Meine Mutter hieß Therese Söllner. Sie kam aus Schöllnach in Niederbayern. Mein Vater hieß Johann Söllner. Er war aus Weißbach in Oberbayern. Der Vater war Schlosser und hat am Bau als Maschinenführer gearbeitet. Er hat meine Mutter im Café Dreher kennengelernt. Sie haben sich gefallen, und als sie mit dem Sepp schwanger war, haben sie geheiratet. Damals hat niemand wegen der Liebe geheiratet. Man hat wegen dem Anstand geheiratet und wegen der Absicherung, und oft ist das ja auch heute noch so.

Ich war der zweite Sohn. Zehn Jahre nach mir ist die Elke auf die Welt gekommen und als Letzter der Michael.

Als ich zwölf oder dreizehn war, hat mir meine Mutter gesagt, dass sie mich eigentlich abtreiben wollte. Sie war schon beim Doktor gewesen und hatte sich Tabletten geben lassen, damit sie einen Abgang kriegt.

Aber mir war es immer egal, ob ich ein Wunschkind bin oder nicht. Das war für mich nie wichtig. So hat keiner Erwartungen an mich gehabt, und ich konnte zu dem werden, der ich bin. Wäre es anders gewesen, würde ich heute vielleicht noch immer Mechaniker sein und müsste mit sechzig jeden Abend die Werkstatt zusammenkehren. Was auch nicht schlecht wäre, aber so ist es mir schon lieber.

Meine Familie war wie jede Arbeiterfamilie in der Nachkriegszeit. Da gab es den Scheiß nicht, mit dem man heutzutage die Kinder zudröhnt – Geigenunterricht hier, Sport dort, Und-hast-du-die-Hausaufgaben-auch-gemacht. Wir haben etwas zum Anziehen gehabt und etwas zum Essen bekommen. Den Rest haben wir alleine erledigen müssen. Für meinen Bruder war das vielleicht nicht gut, aber für mich war es schon gut.

Solange wir zu viert waren, der Vater, die Mutter, der Sepp und ich, haben wir in Weißbach in einem Zimmer gelebt, das vielleicht zwanzig Quadratmeter groß war. Auf der einen Seite standen die Spüle und ein Holzofen, auf der anderen Seite zwei Betten. Das Klo war auf dem Hof. In dem einen Bett haben der Vater und die Mutter geschlafen. In dem anderen haben mein Bruder und ich geschlafen. So fing es an.

Meine Eltern waren einfache Leute. Sie haben uns gelassen, wie wir waren. Sie wollten auch nicht auf jeden Fall, dass wir es einmal besser haben sollten als sie. Sie waren Arbeiter, und es war klar, dass wir auch Arbeiter werden.

Geliebt haben sich meine Eltern nicht. Aber sie machten weder uns noch sich etwas vor. Erst haben sie gestritten. Dann ist der Vater ins Wirtshaus gegangen und hat sich besoffen.

Er konnte brutal ordinär sein. Er konnte primitiv sein und jeden, der in der Nähe war, beleidigen. Dafür hat es nicht einmal viel Alkohol gebraucht, ein oder zwei Bier haben gereicht. Ich hab ihm dann immer gesagt, wenn er die Bier nicht verträgt, soll er sie nicht trinken, und dann hat er mich erst recht angebrüllt und wüst beleidigt. Aber geschlagen hat er mich nicht. Er war mit seinen Worten brutal, aber nicht mit seinen Händen.

Auch wenn die Nachbarn am Zaun gestanden sind, hat er mit meiner Mutter geschrien, und sie hat zurückgeschrien. Die

Nachbarn sind dann peinlich berührt weggegangen. Aber wir Kinder waren noch da und konnten uns die Streiterei anhören.

Unser Alltag war ordinär, primitiv und grausig. Wenn Alkohol im Spiel war, konnte jederzeit alles in die Luft fliegen. Mein Bruder hat viel mehr davon abgekriegt als ich, und er hat es nicht ausgehalten. Auch meine Schwester und mein Bruder, die später auf die Welt gekommen sind, haben es nicht ausgehalten, wie das Leben bei uns zu Hause war.

Aber ich habe es schon ausgehalten. Ich wollte den Vater nicht ändern, und ich habe auch nicht an ihm herumgenörgelt. Er war, wie er war, und die Mutter war auch, wie sie war. Von ihr habe ich immer nur gehört: Ich halt das nicht mehr aus. Ich geh ins Wasser. Ich geh ins Wasser.

Dreißig Jahre später, als ich selber Frau und Kinder gehabt habe, hab ich das auch oft gehört: Ich halt das nicht mehr aus. Da hab ich an den Vater denken müssen und mir gedacht, dass es manchmal sehr schnell gehen kann, dass einen jemand nicht mehr aushält.

2

Das Haus in Weißbach, Heubergstraße, wo wir das Zimmer gehabt haben, hat meinem Großvater Josef gehört, dem Vater von meinem Vater. Der Opa hat immer nur darauf gewartet, dass du was falsch machst, damit er dir ins Gesicht sagen kann, dass du ein Arschloch bist.

Mein Großvater hat ein böses Maul gehabt. Wenn gestritten worden ist, hab ich mich manchmal eingemischt. Weil ich hab das Streiten schon ausgehalten. Ich konnte genauso brutal sein wie der Vater und der Großvater, von Anfang an.

Mein Bruder hat das Streiten nicht ausgehalten. Manchmal ist er weinend ins Bett gegangen, weil er die Brutalität nicht vertragen hat. Ich habe auch oft geweint, aber nicht wegen dem Streiten. Sondern weil mich niemand verstanden hat. Auch das ist so geblieben: Wenn ich nicht verstanden werde, weine ich heute noch.

Ich war kein besonderes Kind. Ich konnte überall herumsitzen und einfach schauen und hören. Ich bin auf die Bäume geklettert und hab in Vogelnester geschaut und Schmetterlinge gefangen. Ich hab mir ein Baumhaus gebaut. Ich war gern in der Nähe vom Wasser. Oft hab ich mit der Hand Fische gefangen. Ich war der beste Schwarzfischer von Weißbach. Das habe ich auch von meinem Vater gelernt. Der war vor mir der beste Schwarzfischer von Weißbach.

Oft hab ich auch gar nichts gemacht. Nichts. Die Zeit ist wie im Flug vergangen. Vielleicht klingt das langweilig, aber mir war nie langweilig. Ich hab geschaut. Ich hab gehört.

Zuerst war ich im katholischen Kindergarten St. Zeno in Reichenhall. Dort haben mir die Englischen Fräulein den Diezl abgewöhnt, meinen Schnuller. Das war mein einziger Entzug. Ich habe ewig gebraucht, weil zu Hause durfte ich den Diezl nehmen, und am nächsten Tag im Kindergarten hat er mir wieder gefehlt. Dann ging ich sieben Jahre in Marzoll in die Hauptschule, die Achte und die Neunte machte ich dann in Reichenhall. Dreißig Kinder in der Klasse, und die Lehrer durften damals noch schlagen. Ich bin reichlich in den Genuss davon gekommen. Deswegen kann ich vielleicht heute noch nicht wirklich gut mit Lehrern, auch wenn ich, Gott sei Dank, schon andere kennengelernt habe.

Um fünf nach halb acht bin ich in den Bus eingestiegen, letzte Bank ganz hinten, Fensterseite, rausschauen, und wenn die Schule aus war, schnell wie der Blitz in die Natur. Meistens aufs Hochfeld, das war ein kleiner Wald auf einem Hügel ganz nah an der Grenze nach Österreich. Dort war eine Kiesgrube, in der man gut spielen konnte. Wahrscheinlich würde man mir heute Medikamente geben, damit ich mich weniger bewege.

Zu Hause gab es Essen, aber wenn ich nicht zum Essen gekommen bin, hat es auch keinen interessiert. Der Vater war sowieso die ganze Woche fort, auf Montage. Die Mutter hat halbtags im Café Dreher am Büfett gearbeitet und war froh, wenn wir zu Mittag nicht gleich da waren, dann hat sie sich nicht mit dem Essen beeilen müssen.

Als Schüler war ich nicht besonders, weder besonders gut noch besonders schlecht. Mich hat die Schule nicht interessiert. Vielleicht wär ich gern ins Gymnasium gegangen und hätte später Naturwissenschaften studiert, aber das war nie ein Thema. Dafür war zu Hause kein Geld da. Außerdem hat der Vater die Studenten gehasst. Ich glaube, er hat alles gehasst, was er selber nicht werden konnte. Wenn sie im Fernsehen etwas von den Unis gebracht haben, hat er immer über die Scheißstudenten geschimpft, die faulen Drecksäue, und dass die alle weg gehören.

Ich war gern in Gesellschaft, aber ich habe keinen großen Freundeskreis gehabt außer dem Oswin, dem Franz und dem Werner. Mit denen war ich fast jeden Tag auf dem Hochfeld. Der Oswin war aus Erding nach Reichenhall gezogen, als ich elf war. Wir haben Eidechsen gefangen und Baumhäuser gebaut. Im Sommer sind wir zur Wasserwacht, es ist ein Wunder, dass im Marzoller Schwimmbad damals niemand ersoffen ist.

In einer Clique war ich nicht, so wie ich auch heute noch in keiner Clique bin. Als Volksschüler hab ich mich noch bemüht dazuzugehören. Ich habe alles mitgemacht, Trompeten-unterricht, Akkordeonunterricht. Für kurze Zeit war ich sogar im Trachtenverein. Aber irgendwas in mir hat sich gesträubt, da weiterzumachen. Ich kann nicht genau sagen, was es war. Ich konnte einfach nicht Schuhplatteln. Wenn einer gesagt hat, linker Fuß, rechter Fuß – ich war einfach zu keiner Choreo-graphie fähig.

Schon damals wollte ich keinen Tag so haben, wie der letz-te Tag gewesen war. Das hat sich mit dem Trachtenverein nicht vertragen. Sie haben mich dann eh rausgeschmissen, als ich nicht mehr bereit war, mir von der Mutter einen Stiftenkopf scheren zu lassen. Einen mit langen Haaren wollten sie im Trachtenverein nicht haben.

Mir hat niemand gesagt, komm mit, wir gehen in die Disko oder ins Pub. Ich hatte immer meinen Parka an und irgendwel-che Hosen, die mir gerade noch gepasst haben, Vietnam-Style. Die anderen hatten Schlaghosen und Hemden mit Blumen. Aber ich wollte mich nicht verkleiden, um dazuzugehören, und deshalb bin ich dann zu Hause geblieben und hab mich mit mir selbst beschäftigt. Ich habe dafür kein Buch gebraucht und kein Comicheft. Ich war frei und hatte Zeit, Stück für Stück alles an mir selbst zu erfinden.

3

Mein Vater hat bei Held & Francke gearbeitet, einer großen Baufirma. Die Firma hat 1966 in Ghana eine Brücke über den unteren Volta gebaut, da ist der Vater für ein halbes Jahr auf Montage nach Afrika gegangen. Als er zurückkam, hat er fas-zinierende Dinge mitgebracht: ganze getrocknete Tierhäute, ein

Häuptlingszepter, ein Stück von einem Krokodil, Trommeln und Schmetterlinge, die so groß waren wie ein halbes Schulheft.

Ich war fasziniert. Das war mein erster Kontakt zu Afrika. Die Sachen haben bei mir eine Faszination für Afrika entzündet, die bis heute anhält. Immer wieder bin ich zum Vater, damit er mir von Afrika erzählt. Aber er hat nichts erzählt. Er hat vom Krieg nichts erzählt, und er hat von Afrika nichts erzählt. Erst nach seinem Tod habe ich ein Album von ihm gefunden, in dem Fotos aus Ghana waren, da steht er an verschiedenen Orten immer neben demselben Mädchen. Niemand hat erfahren, wer das Mädchen war und ob es vielleicht seine Freundin war. Auf den Fotos schaut der Vater auf jeden Fall viel glücklicher aus, als ich mich sonst an ihn erinnere. Ich kann mir vorstellen, dass er damals überlegt hat, uns zurückzulassen und in Afrika ein neues Leben anzufangen. Aber er ist dann doch zurückgekommen, und als er wieder da war, hat er über die Schwarzen kein gutes Wort verloren.

Wir haben damals zu den Schwarzen »Neger« gesagt. Das war für uns kein Schimpfwort. Ich habe später natürlich gelernt, dass es unkorrekt ist, Neger zu sagen, und warum es unkorrekt ist, aber ich benutze das Wort hier wie damals.

Vielleicht hat das Schimpfen auf die Neger das schlechte Gewissen von meinem Vater beruhigt oder seine Sehnsucht nach einem anderen Leben betäubt.

Ich habe jedenfalls immer wieder das Bedürfnis gehabt, selbst nach Afrika zu fahren, um nachzuschauen, ob es dort, wo der Vater war, Brüder und Schwestern von mir gibt. Aber selbst wenn es so war, halte ich dem Vater zugute, dass er zu uns zurückgekommen ist. Er hat sich ein Leben ausgesucht, das vielleicht schlechter war als ein anderes, das er hätte führen können. Vielleicht war er auch nur zu feig, seine Familie zu verlassen. Wir Männer sind schnell einmal feig, wenn es um unsere Kinder geht.

Und vielleicht war er dann über die Entscheidung so unglücklich, dass er so laut geworden ist und immer nur geschimpft und alle Menschen beleidigt hat. Weil es auch ein Schutz ist, laut zu sein und alle zu beleidigen.

Als er zurückkam, war sein Leben nicht mehr schön. Die Mutter war frustriert und gekränkt. Sie hat sich von ihm zurückgezogen, weil sie sich alleingelassen gefühlt hat, und dafür hat sie ihn erst bestrafen können, als er wieder da war.

Wir haben unser Zimmer dann gegen die Wohnung der Großeltern getauscht, weil es platzmäßig nicht mehr gegangen ist. Die Großeltern sind in unser Zimmer gezogen. So wie auf den Bauernhöfen, wenn die Jungen übernehmen und die Alten ins Austragshäusl ziehen. Kurze Zeit später sind wir aus dem Anbau ins Haupthaus gezogen.

Wir haben dann mehr Platz gehabt. Aber für die Familie war das nicht besser, sondern schlechter. Natürlich waren wir vorher alle in ein Zimmer eingesperrt gewesen, aber das hatte immerhin noch ein gewisses Gefühl von Gemeinsamkeit erzeugt. Das war jetzt weg. Jeder hat sich nur noch in sein Loch verzogen. Meine Geschwister sah ich überhaupt nicht mehr, nur meinen älteren Bruder Sepp, denn wenn ich in mein Zimmer wollte, musste ich durch sein Zimmer. Dort hab ich im Radio auf Ö3 »Die Großen 10« gehört oder »Musik zum Träumen«, und eigentlich habe ich auch ganz gern Schlager gehabt, Cornelia Froboess, Vicky Leandros und den ganzen Scheiß. Es war gnadenlos hart, was ich da gehört habe: »Ich schau den weißen Wolken nach und fange an zu träumen« und solchen Mist.

Der Vater hat aber gespürt, dass die Familie am Auseinander-
fliegen war. Nachdem es vorher immer egal gewesen war, wer
beim Essen aufgetaucht ist und wer nicht, hatte er jetzt plötzlich
angeschafft, dass alle um sechs beim Essen sein müssen.

Aber er ist dann nie mit uns am Tisch gesessen. Weil wenn
er am Tisch saß, ist der Rest der Familie ins Wohnzimmer ge-
schlichen. Und wenn er im Wohnzimmer war, sind wir an den
Tisch in der Küche gegangen.

Mein älterer Bruder Sepp war ganz anders als ich. Er war wei-
cher, und er wollte keinen Stress haben. Mir hat der Stress
nichts ausgemacht. Ich wollte, dass man mich sieht. Der Sepp
wollte, dass ihn niemand sieht. Er wollte sich immer irgendwie
durchlavieren.

Er hat die Beatles und die Rolling Stones live mitgekriegt
und sich die Sixties voll gegeben, mit Alkohol und allen anderen Drogen, die er in die Finger gekriegt hat. Er hat sich die
Haare lang wachsen lassen, was den Vater total auf die Palme
gebracht hat. Manchmal hat der Vater gewartet, bis der Bruder
schlief, dann ist er mit der Schere in sein Zimmer und hat ihm
im Schlaf oder im Suff die Haare abgeschnitten. Manchmal hat
er ihm auch Farbe in die Haare gekippt, damit er sie sich schneiden lässt, aber dem Bruder war das egal.

Alkohol war bei uns immer genug im Haus. Der Vater hatte kaputte Bandscheiben und soff gegen die Schmerzen und
gegen die Traurigkeit. Meine beiden Brüder haben dann auch
Probleme mit dem Alkohol bekommen. Sie wollten irgendwie
durchkommen, aber das Durchkommen ist anstrengend, und
der Alkohol hat es ein bisschen leichter gemacht.

Mich hat auch das nicht besonders gestört. Ich kannte es
ja nicht anders. Aber es hat mich abgeschreckt, selbst zu sau-

fen. Ich hab so viele Feste gesehen, wo alle besoffen waren, dass es mich nur noch geekelt hat. Ich geh auch heute von solchen Festen früh weg, damit ich diese Stufe nicht mehr erleben muss.

Ich hab einfach nie mit dem Alkohol angefangen. Mit dem Rauchen war es anders, da hab ich mir mit dreizehn die erste Zigarette aus der Schachtel des Vaters genommen und probiert, wie das schmeckt. Es war grausig, aber dann hab ich noch einmal probiert und es war schon ein bisschen weniger grausig, und dann hab ich 33 Jahre lang geraucht. Deshalb glaube ich, dass die erste Zigarette die gefährlichste Einstiegsdroge ist.

Den Vater hat das wahnsinnig aufgeregt.

»Du Depp«, hat er geschrien, »was fängst du überhaupt an mit dem Scheißdreck?«

»So ein Scheißdreck kann es nicht sein«, hab ich gesagt, »wenn du seit vierzig Jahren rauchst.«

Darauf ist ihm nichts mehr eingefallen.

Vielleicht hat es mich auch deshalb so vor dem Alkohol geekelt, weil ich gesehen hab, wie grausig besoffen mein Bruder immer war. In seinem Zimmer hat es gestunken wie im Scheißhaus. Es war immer voller Rauch. Flaschen sind herumgelegen und volle Aschenbecher, und nicht nur einmal war er so besoffen, dass er irgendwohin gekotzt hat und zu breit war, um es wegzuputzen. Mädels waren auch oft da, sogar das kam mir immer grausig vor: Da war keine Zärtlichkeit, nichts Schönes, nichts, was gut gerochen hat oder dir ans Herz gegangen ist. Alles war grob und alles war ordinär.

Ich hab den Dreck gehasst. Ich hab dieses Chaos gehasst.

Zuerst hab ich mich danach gesehnt, dass ich endlich die Tür hinter mir zumachen kann. Dann hab ich mich danach gesehnt, irgendwo zu sein, nur nicht mehr zu Hause.

Der Oswin hat dann eine Kochlehre angefangen. Er bekam im Hotel, wo er arbeitete, ein eigenes Zimmer. Das mit dem Zimmer war gut. Damit war meine Berufswahl besiegelt. Ich wollte auch Koch lernen.

Gut, sagte der Vater. Er fuhr mit dem Auto in der Gegend herum, und als er nach Hause kam, hatte ich eine Lehrstelle im Salzburger Hof in Reichenhall. Es gab damals noch keine besonderen Rechte für Lehrlinge. Ich musste täglich zehn, zwölf, vierzehn Stunden arbeiten, sechs Tage die Woche, aber das war in Ordnung. Vom ersten Lohn kaufte ich mir ein altes Mofa, damit pendelte ich noch für drei Monate von zu Hause zur Arbeit.

An einem Sonntag in der Früh weckte mich der Vater um neun auf, damit ich sein Auto wasche. Das war neu, dass wir ein Auto hatten, und es musste immer blitzblank sein. Ich hatte am Vortag Spätdienst gehabt und wollte mich ausschlafen. Weil am Montag um acht ging es eh schon wieder weiter mit der Arbeit.

»Geht's noch«, sage ich, »ich hab gearbeitet bis um elf. Ich will jetzt schlafen.«

»Du stehst jetzt auf«, schreit der Vater. »Oder du kannst dich gleich schleichen.«

Dann sagt er, was er bei solchen Gelegenheiten immer gesagt hat: »Weil solange du die Füße unter meinen Tisch streckst, schaffe ich dir an, was ich will.«

Da springe ich aus dem Bett und sage ihm: »Was kostet der Tisch eigentlich? Ich kauf ihn dir ab ...«

Das ist dem Vater zu viel, und auch wenn er es sonst nie getan hat, haut er mir jetzt eine runter.

»Such dir eine eigene Wohnung«, schreit er. »Du Volldepp.«

Um neun Uhr in der Früh an diesem Sonntag packe ich meine Tasche, zwei Jeans, meinen Parka, Turnschuhe, und bin ins Hotel umgezogen.

Das war mein Abschied von zu Hause.

4

Die Arbeit gefiel mir nicht schlecht. Sie passte zu meinem Rhythmus. Ich musste erst um acht Uhr aufstehen, wenn die Chefköche an meine Tür klopften. Dann bereiteten wir die Küche vor, zündeten den Gasofen an und heizten die Wasserbecken auf, ungefähr bis drei viertel neun. Dann setzten wir uns zum Frühstück hin. Der Chefkoch schrieb die Speisekarte. Später kam der ein oder andere Freund von den Köchen vorbei, und sie haben ein bisschen gekartelt. Ich durfte dabei am Tisch sitzen und hie und da sogar was sagen, dann lachten die anderen und sagten, du bist aber ein Spaßvogel. Wenn die Saison gerade ruhig war, im späteren Herbst zum Beispiel, saßen wir oft ein, zwei Stunden nur da, tranken Kaffee und haben geredet.

Mir ist nur das Cholerische an den Köchen auf den Geist gegangen. Das ist in fast jeder Küche so. Wenn einer einmal dreißig Jahre Koch ist, ist er meistens Alkoholiker oder Choleriker, oder beides. Sonst schaffst du vielleicht das tägliche Stoßgeschäft nicht, wenn plötzlich alle Gäste bei der Tür hereinkommen und essen wollen, und plötzlich ist in der Küche nur mehr Gebrüll und Stress.

Auch in der Berufsschule hatte ich den üblichen Stress, den ein Lehrling hat. Ich bekam einen Direktoratsverweis, weil ich einen Lehrer geduzt hatte. Ich hatte ihn aber nur geduzt, weil er mich auch geduzt hatte, und wenn einer zu mir du sagt, dann sag ich auch zu ihm du. Glücklich war ich nicht, aber ich war zufrieden. Ich hatte Heimweh und zugleich war ich froh, dass ich nicht mehr nach Hause gehen musste. Oft bin ich in meinem Zimmer im Salzburger Hof gesessen oder auf dem Bett gelegen und hab geweint. Es war nicht nur das Heimweh, sondern etwas Schlimmeres. Ich fragte mich: »Muss ich das jetzt wirklich vierzig Jahre lang machen?« Ich hatte keinen anderen Plan, aber die Vorstellung, dass mein Leben immer so weitergehen könnte, hat mich völlig aus der Fassung gebracht.

Das Zimmer war im Souterrain. Ich habe die Menschen gehört, wie sie ins Hotel gekommen sind, weil der Rost, über den sie gegangen sind, so ein spezielles Geräusch gemacht hat. Das war das Geräusch zu meiner Angst. Vierzig Jahre!, schepperte der Rost jedes Mal. Vierzig Jahre! Ich rechnete mir aus, wie alt ich in vierzig Jahren sein würde, und dann weinte ich wieder.

Weil es zu meiner Zeit nicht die Qual der Wahl gab und unendlich viele Möglichkeiten für jeden. Sie haben da draußen nicht auf mich gewartet, nicht zu dieser Zeit.

Ich biss mich durch. Zuerst machte ich die Lehre fertig. Dann lernte ich beim Schifferer in der Kellerdisko meine erste nette Freundin kennen, die Tina. Ihr Vater war Schichtarbeiter in der Saline, und sie hatte es auch nicht leicht.

Mit mir wurde das aber nicht besser. Wir trennten uns dauernd und kamen wieder zusammen, und sie hat immer ganz schrecklichen Liebeskummer gehabt. Zu dieser Zeit arbeitete ich nicht mehr im Salzburger Hof, sondern probierte mich durch andere Stellen als Koch, im Deutschen Haus in Reichenhall, im Landgasthof Roider in Schwarzbach.

Dort sagte mir an meinem ersten Arbeitstag der Chefkoch: »Wir brauchen sechzig Liter Fleischsuppe.«

Ich stellte also den Topf mit den sechzig Litern aufs Feuer, tat das Fleisch hinein, die Zwiebeln, den Lauch, was halt in die Fleischsuppe hineingehört. Ich kannte mich ja aus, ich war schon Geselle.

Dann kam der Typ in die Küche, schaute in meinen Topf und schrie mich an: »Bist du wahnsinnig?« Er kriegte richtig Schweißperlen auf der Stirn, so regte er sich auf.

Dann nahm er mich an der Jacke und zerrte mich wie ein Kleinkind in irgendeinen Lagerraum. Dort zeigte er mir einen 50-Kilo-Sack, der voll mit so einem Krümelzeug war.

»*Das* ist die Fleischsuppe, du Volldepp! Das gute Fleisch wird nicht verkocht.«

Ich machte dann ein paar Tage Fleischsuppe aus dem Krümeldreck, aber dann ging ich zum Chef und sagte: »Weißt du was: Ich hab nicht drei Jahre Koch gelernt, damit ich hier eine Packerlsuppe heiß mach. Leck mich am Arsch.«

Es war das erste Mal, dass ich selbst so eine Entscheidung traf. Bis dahin hatte ich immer das Spiel der anderen mitgespielt, egal, ob in der Schule oder im Schulsport, oder bei den Gottesdiensten am Sonntag. Ich hatte immer gewusst, wenn ich nicht mitspiele, verliere ich. Für einen Acht-, Zehn- oder Vierzehnjährigen war das wahrscheinlich auch richtig. Aber jetzt fühlte sich der Entschluss, den Koch zu fragen, ob er spinnt, richtig an und sogar vernünftig. Ich begriff in dieser Situation etwas Wichtiges: Ich begriff, dass ich immer die Macht habe, mich zu wehren, wenn mir etwas gegen den Strich geht. Ich begriff, dass ich selbst Schluss machen kann.

Lieber ging ich an die Autobahntankstelle in Piding arbeiten, als Tankwart. Dort sah ich die ersten Gastarbeiter aus Jugoslawien und aus der Türkei, die damals nach Deutschland gelotst wurden. Ich verdiente 1200 Mark im Monat und konnte mir ein Auto leisten, einen VW Variant, in dem ich manchmal auch geschlafen habe.

Meinen Vater regte es gewaltig auf, dass ich nicht mehr als Koch arbeiten wollte.

»Wieso hast du gekündigt, du Depp?«

»Weil ich nicht mein Leben lang Packerlsuppen aufwärmen will.«

»Was willst du denn sonst machen, du Volldepp? Koch ist ein super Beruf. Du bist im Warmen, kriegst immer was zu essen, musst nicht frieren. Außerdem reißt du dir draußen auf der Baustelle nicht das Kreuz ab.«

Ich habe zwar nicht mehr zu Hause gewohnt, aber wir haben uns natürlich gesehen, und er hat noch immer mit mir herumgeschrien.

»Schau mich an«, hat er geschrien, »in ein paar Jahren bist du auch so kaputt.«

Aber ich war in ein paar Jahren nicht so kaputt. Ich hatte meinen Gesellenbrief in der Tasche. Ich war kein Säufer und auch kein Volldepp. Ich war zu Hause ausgezogen und dann lernte ich im Bürgerbräu die Ingrid kennen.

5

Im Bürgerbräu waren immer die Studenten, und die Ingrid kam aus einer Akademikerfamilie. Sie hatte an der Fachoberschule in Traunstein das Abitur gemacht. Sie war der erste Mensch, den ich kannte, der freiwillig Bücher las. Sie gab mir auch gute Tipps, was ich lesen soll, zum Beispiel »Von Mäusen und Menschen« von John Steinbeck, oder die »Straße der Ölsardinen«.

Die Ingrid hatte eine ganz andere Freiheit leben können als

ich. Sie war im Urlaub gewesen, und es war nicht immer nur das Geld knapp gewesen. Mit ihr lernte ich jetzt eine ganz andere Freiheit der Liebe kennen. Sie brachte mir bei, dass man Sachen beenden muss, damit etwas Neues anfangen kann. Wenn sie mich nicht motiviert hätte, aus Reichenhall wegzugehen, wäre sehr viel in meinem Leben nicht passiert.

Ich hatte vorher schon ein paar Erfahrungen gemacht, mit der Tina und auch mit anderen Mädels, aber keine besonders schönen. Mit der Ingrid war es anders. Ihre Schwester, die Heike, hatte eine eigene Wohnung in München. Ich hatte damals, nach meiner Kochlehre, den Führerschein gemacht, und wir sind mit meinem VW Variant nach München gefahren. In der Tür von der Beifahrerseite war ein faustgroßes Loch vom Rost. In der Wohnung von der Schwester waren die Ingrid und ich dann zum ersten Mal richtig zusammen.

Im Oktober 1975 fing die Ingrid ein Praktikum bei der Behindertenwerkstatt in Weilheim an, und ich bin jedes Wochenende von Weißbach zu ihr gefahren. Als ich dann in Weilheim beim Geisenhofer einen Job bekommen habe, bin ich zu ihr gezogen. Der Geisenhofer war eine Betonfirma. Ich musste Fertigbrückenteile einstampfen. Es war ein grausiger Job, der ganze Staub, der Dreck, der Lärm. Das machte ich drei Monate lang. Dafür konnten wir uns eine kleine Wohnung leisten, am Kirchbach in Polling.

Dann kriegte ich meine Einberufung zur Bundeswehr: Schütze Söllner Johann hat sich am 1. April 1976 bei der Nachschubausbildungskompanie 9/8 in der Generaloberst-Dietl-Kaserne zu melden. Der Generaloberst Dietl war ein übler Nazi gewesen, aber das wusste ich damals noch nicht.

Ich war natürlich ein Volldepp gewesen. Nach der Musterung in Reichenhall hatte ich mir keine Sekunde überlegt, was bei der Bundeswehr auf mich zukommen würde. Ich dachte nicht einmal daran, dass man auch verweigern kann. Am Tag vor der Einberufung ließ ich mir schweren Herzens die Haare abschneiden. Dann packte ich mein Zeug in das Auto mit dem Loch in der Tür und fuhr von Weilheim nach Füssen, in die Generaloberst-Dietl-Kaserne, wie es auf dem Zettel stand.

In der Kaserne sagte ich gleich, dass ich Koch bin. So viel wusste ich nämlich: Wenn du Koch bist, kommst du zum Nachschub. Wenn du beim Nachschub bist, arbeitest du entweder in der Kantine, oder du kannst den Führerschein für Lkw machen. Beides fand ich akzeptabel, weil es nichts mit dem Grundwehrdienst zu tun hatte.

Aber ich musste doch in den Grundwehrdienst. Das war für mich eine schräge Wiederholung all dessen, was ich während der zwanzig Jahre vorher erlebt hatte: Ich musste machen, was mir ein anderer anschaffte. Wenn der Feldwebel sagte, dass ich laufen muss, musste ich laufen. Wenn er sagte, so, und jetzt geh scheißen, musste ich scheißen gehen.

Aber das wollte ich nicht mehr. Und ich konnte es auch nicht mehr. Die Vorstellung, die nächsten eineinhalb Jahre nach der Pfeife von diesen Deppen zu tanzen, vertrug sich nicht damit, dass ich angefangen hatte, meine eigenen Entscheidungen zu treffen. Ich konnte nicht bei einer Institution sein, die dich zuerst zerstört, um dich dann langsam wieder aufzubauen, damit du so wirst, wie sie dich haben wollen.

Also sagte ich: »Tut mir leid, ich kann den Dienst mit der Waffe nicht mit meinem Gewissen vereinbaren. Ich verweigere.«

Zuerst lachten sie mich aus.

»Du hast keine Chance, Söllner«, sagten sie, »das hättest du dir früher überlegen müssen.«

Aber da half mir die Ingrid sehr. Die hatte den juristischen Jargon voll drauf, den man für so was braucht. Sie schrieb die Begründung für die Verweigerung auf zwei A4-Seiten zusammen. Damit ging ich dann zurück in die Kaserne und bekam tatsächlich einen Termin beim Kreiswehrersatzamt in Traunstein, um dort die Dienstverweigerung vor der zuständigen Kommission einzureichen, 25. Mai 1976, 10 Uhr 15.

Ich wollte dann sofort meine Waffe abgeben. Aber so blöd waren die beim Bund auch nicht.

»Und was ist«, fragte mich der Leutnant listig, »wenn du die Verweigerung nicht bestehst? Dann würdest du ja jetzt was verpassen.«

Und dann ließen mich die Arschlöcher jeden Dienst und jede Übung dreifach machen, weil sie wussten, dass ich keiner von ihnen bin. Nicht tausend Meter laufen, sondern dreitausend. Nicht ein Mal durch den kalten Bach, sondern fünf Mal. Das war so hart, dass ich tatsächlich glaubte, die bringen mich um. Und wenn sie mich nicht umbringen, drehe ich durch. Ich schrieb in meiner Not sogar einem Psychologen in Reichenhall einen Brief, er soll mir helfen, sonst werde ich verrückt oder bringe mich um. Aber der antwortete nicht einmal. Von heute aus betrachtet, war das nichts anderes als ein Mordversuch. Die wollten mich umbringen – oder mich wenigstens so weit bringen, dass ich mich selbst umbringe.

Als ich dann den Termin in Traunstein hatte, wäre ich fast nicht rechtzeitig hingekommen. Von Füssen nach Traunstein sind es fast dreihundert Kilometer, und der Tank von meinem Auto war leer. Ich hatte keinen Pfennig, um volltanken zu können, und musste das Geld bei Kollegen zusammenbetteln. Von denen hatten viele aber überhaupt keine Lust, einem Verweigerer ein paar Mark zu überlassen: »Du willst mein Geld, Söllner? Ich verweigere … haha.« Es war übel, bis ich das Geld fürs Benzin zusammenhatte.

Ich komme dann gerade noch rechtzeitig um zehn in Traunstein an. Im Zimmer sitzen drei andere Typen, die auch auf ihre Befragung warten.

Der Erste muss hinein. Er kommt zehn Minuten später wieder heraus, und die Tränen fließen ihm über die Wangen. Abgelehnt.

Der Zweite geht hinein. Ich sehe, wie seine Knie zittern. Als er rauskommt, ist er bleich wie ein Tuch und stammelt nur: »Scheiße. Scheiße. Scheiße.«

In dem Moment denk ich mir: »Die lehnen mich auch ab, die Arschlöcher. Aber in die Kaserne fahr ich nicht mehr zurück.«

Es wäre mir egal gewesen, fahnenflüchtig zu sein. Vielleicht gehe ich nach Berlin, denke ich noch, wie die ganzen anderen, die nicht zum Bund sind. Aber sicher fahre ich nicht zurück nach Füssen.

Der Amtsdiener kommt und sagt: »Söllner Johann.«

Im Zimmer hocken drei ältere Typen, denen die Langeweile und der Sadismus ins Gesicht geschrieben stehen.

Der eine fragt mich: »Wenn Sie mit Ihrer Frau durch den Wald gehen und es kommt ein Bewaffneter auf Sie zu und möchte Ihre Frau vergewaltigen … was tun Sie da?«

»Dann erschieß ich ihn«, sag ich. »Dafür muss ich doch nicht eineinhalb Jahre zum Bund, dass ich das lerne.«

»Sie erschießen ihn also«, sagt der andere. »Wo haben Sie denn die Waffe her?«

»Ich hab gar keine Waffe«, sag ich. »Ich brauch auch keine.

Denn wenn es drauf ankommt, dann erschlag ich das Arschloch auch mit bloßen Händen.«

Da müssen sie lachen, auch wenn es ihnen nicht passt.

Also fragt mich der Dritte: »Was machen Sie, wenn die Russen einmarschieren?«

»Das weiß ich«, sag ich. »Ich kenne eine gute Höhle am Untersberg. Da bin ich sofort drin verschwunden, und wenn der Krieg wieder vorbei ist, komm ich wieder runter.«

Dann sagt wieder der Erste: »So einen feigen Hund wie dich können wir eh nicht brauchen. Geh zum Zivildienst und wisch den Behinderten den Arsch aus.«

Punkt. Ich bin an diesem Tag der Einzige, der die sogenannte Gewissensprüfung besteht.

Das Dokument, auf dem meine Verweigerung bestätigt wurde, konnte ich gleich mitnehmen. Dann fuhr ich langsam zurück nach Füssen, so langsam, wie es ging, um Benzin zu sparen. Meine Kompanie war am selben Abend für einen Nachtmarsch eingeteilt – eine Übung unter Gefechtsbedingungen, wo du vierzig Kilometer weit irgendwohin in die Pampa gebracht wirst und anschließend in die Kaserne zurückfinden musst, ohne dass dir wer sagt, wo du eigentlich bist.

Mein Zug wartete auf mich. Keiner von denen, weder Offiziere noch Kameraden, hatte sich vorstellen können, dass ich die Prüfung schaffe. Als ich in die Kaserne kam, war es schon fast Abend. Mein ganzer Zug stand da, angetreten zum Orientierungsmarsch, auf dem sie mich endgültig fertigmachen wollten. Ich ging geradewegs auf den Feldwebel zu und überreichte ihm meine Befreiung. Er schaute sich den Zettel so genau an, als ob dort etwas über die Länge von seinem Schwanz stehen würde, dann hob er den Kopf und sagte nur: »Wegtreten.«

Es war gelaufen. Ich ging zurück auf meine Stube und musste nichts mehr machen, nicht einmal mehr die Uniform anziehen. Ich durfte die Kaserne noch nicht verlassen, weil ich warten musste, bis der Bescheid rechtskräftig war. Aber da hatte sich mein Status bereits in den eines Zivildieners verwandelt. Als aus München kein Einspruch gegen den Bescheid kam, fing ich meinen Zivildienst in einem Krankenhaus in Füssen an und arbeitete dort vier Wochen lang als Koch. Dann ging ich nach Weilheim zurück und arbeitete dort vierzehn Monate in den Oberland Werkstätten mit Behinderten, dort, wo auch die Ingrid ihr Praktikum gemacht hatte.

Wir wohnten in einer winzigen Wohnung in einem Block in Polling. Das Klo war am Gang. Wir kannten niemanden, aber miteinander hatten wir es gut. Die Ingrid hatte Tiere wahnsinnig gern und ich auch. Wir zogen Drosseln auf, und damit wir etwas hatten, womit wir sie füttern konnten, züchtete ich Mehlwürmer. Mäuse und Hamster hatten wir auch. Einmal bin ich mitten in der Nacht mit einer Maus zum Tierarzt, weil sie sich am Fuß weh getan hatte, der glaubte, ich hab einen Vogel. Aber es war eine Maus.

6

Ich kannte nicht viel Musik. Was mir gefiel, hatte ich auf ein paar Kassetten aufgenommen. Ich hörte gerne Johnny Cash, auch wenn das damals noch sehr uncool war, aber es war meins.

Mein Lieblingslied war von Bob Dylan. Es hieß »Wigwam«. Der Dylan singt immer nur dadadadada, eine total schöne Melodie, und das Lied hat keinen Text. Wenn das Englisch ist, dachte ich mir, dann lerne ich sofort Englisch.

Die erste Platte, die ich mir dann kaufte, war »The Free-wheelin' Bob Dylan«. Das ist die Bob-Dylan-Platte, auf der »Blowin' in the Wind« drauf ist und »Masters of War« und »Don't think twice, it's allright«. Das war für viele Jahre meine einzige Platte, und ich spielte immer nur die erste Seite. Ich bin gar nicht auf die Idee gekommen, dass man eine zweite Platte braucht.

Als ich mit der Ingrid nach München gezogen bin, war ich arbeitslos. Die Ingrid studierte und arbeitete daneben in einem Altersheim. Ich machte nichts. Ich schaute mich zwar um einen Job um, fand aber keinen. Als Koch wollte ich nicht mehr arbeiten, das war klar. Aber ich hatte mir überlegt, dass ich noch eine zweite Lehre als Automechaniker machen will wie mein Bruder Sepp, und suchte eine Lehrstelle.

Wir wohnten in München im Zimmer von Tommy und Ursel, einem Pärchen, das für ein Dreivierteljahr auf eine Südamerika-Reise gegangen war. In der Wohnung standen vier oder fünf Gitarren herum. Im Regal lagen Notenhefte mit Songs von Bob Dylan, Reinhard Mey und Hannes Wader. Noten konnte ich nicht lesen, aber über den Texten waren immer die Tabs für die Gitarre angegeben, die schwarzen Punkte auf den sechs Gitarrensaiten, die zeigen, wohin man greifen muss, um einen Akkord zu spielen.

Ich hatte jeden Tag sieben, acht Stunden Zeit, bis die Ingrid von der Arbeit zurückkam. Nur einmal in der Woche musste ich aufs Arbeitsamt, um mir den Stempel abzuholen. Da habe ich begonnen, Gitarre zu üben. Ich fing mit C-Dur an. Dann lernte ich D-Dur und dann G-Dur. Damit konnte man schon erstaunlich viele Songs spielen. A-Dur war mir schon zu schwer, weil du dafür deine Finger so krumm machen musst und in einen einzigen Bund hineinpressen. E-Dur und E-Moll lernte ich auch. Damit konnte ich dann schon »Über den Wolken« singen und »Ein Achtel Lorbeerblatt«.

An einem Abend waren die Ingrid und ich zu einem Fasslfest im Chiemgau eingeladen. Wir sitzen rund um ein Lagerfeuer, einer hat eine Gitarre gehabt, und ich habe darauf spielen dürfen. Ich spiele »Blowin' in the Wind«, alle singen mit, nur ich nicht, weil ich nicht Englisch kann. Aber dafür kann ich die Griffe.

Plötzlich reißt von der Gitarre der Steg ab. Es macht einen Fetzer, und ich habe den Steg von der Gitarre in der linken Hand und den Korpus in der rechten.

»Scheiße«, schreit der Besitzer, »so ein Glump!«

Er packt den Steg von der Gitarre, will ihn mir aus der Hand reißen und das ganze Ding ins Feuer schmeißen.

»Stopp!«, schreie ich. »Nicht ins Feuer.«

»Wieso?«, sagt er. »Dann ist sie wenigstens noch einmal für was gut.«

Aber ich frage ihn schnell: »Kann ich sie haben?«

»Was willst du denn mit der?«, fragt er mich zurück. »Die ist doch nichts wert.«

»Was willst du dafür?«, frage ich.

»Nichts«, sagt er. »Ich schenk sie dir.«

Gleich am Montag bin ich zum Musikgeschäft Fackler nach Bad Reichenhall und ließ den Steg wieder anleimen. Die Reparatur hat bis heute gehalten. Und für das, was ich vorhatte, war die geleimte Gitarre mehr als genug.

Es hat nicht lang gedauert, bis ich den ganzen Reinhard Mey und Hannes Wader rauf und runter gespielt hab. Wenn mir ein Griff gefehlt hat, hab ich ihn ausgelassen. Bald bin ich sowieso draufgekommen, dass das Nachspielen dieser Lieder nicht mein

Ding war. Ich begann, mir eigene Lieder auszudenken. Läppisches Zeug, zwei oder drei Akkorde, dazu einen Text nach dem Motto »Reim dich oder ich fress dich«. Das hat mir Spaß gemacht, und die Ingrid fand es auch ganz lustig.

Irgendwann hörte ich ein Lied von Bettina Wegner. Das war eine Sängerin aus der DDR. Sie sang »Sind so kleine Hände«, ein Lied über unseren Umgang mit Kindern und dass wir dabei sorgfältiger sein müssen.

Das Lied berührte mich. Aber es hatte noch einen zweiten Effekt. Es zeigte mir, dass Lieder nicht nur unterhaltsam und witzig sein müssen. Ich reimte mir dann selber so eine Ballade zusammen, die hieß »Manchmoi wann i aufwach« und war ziemlich traurig.

Aber mir wäre nie im Leben eingefallen, dass ich jetzt ein Dichter sein will. Gitarre spielen und dazu singen füllte die Zeit aus, wenn die Ingrid nicht da war und ich nicht aufs Arbeitsamt musste. Ich hätte nicht im Leben daran gedacht, dass ich einmal Sänger oder Musiker werde, so scheiße, wie ich Gitarre spielte. Ich wollte Automechaniker werden, aber ich fand keinen Meister, der einen wie mich genommen hätte. Erstens war ich schon 22, zweitens hatte ich lange Haare und meistens meine Tigerleggings an.

7

Mein Schwager gab mir den Tipp, dass es manchmal Autos in den Nahen Osten zu überführen gibt. Das machte Spaß, und es gab sogar ein bisschen Geld dafür, und innerhalb von ein paar Monaten fuhr ich von München richtig fette Autos nach Jordanien, Syrien und in den Irak, einmal auch nach Albanien.

Das war tatsächlich so abenteuerlich, wie es klingt. Einmal, auf einem Zwischenstopp in Istanbul, teilte ich mir mit drei Japanern ein schäbiges Hotelzimmer. Viel zu sagen hatten wir uns nicht, weil ich nicht Japanisch konnte und sie nicht Deutsch, und unser Englisch hätte auch besser sein können.

In der Nacht kriegte ich plötzlich furchtbares Zahnweh, und das war ein Glück. Die Japaner haben mir nämlich ein Schmerzmittel gegeben, aber es hat nicht gewirkt. Ich sitze aufrecht in meinem Bett und finde die Welt zum Kotzen, besonders meine Zähne.

Plötzlich höre ich, wie von draußen an der Tür herumgefummelt wird, und bevor ich aufstehen kann, um nachzuschauen, ist die Tür schon offen, und ein Typ steht im Zimmer und beginnt, unser Gepäck zu durchwühlen.

Mein Bett steht so, dass der Typ mich nicht gleich sieht, aber ich sehe ihn. Er macht seine Arbeit schnell und sorgfältig, ein Profi.

In dem Augenblick denke ich zum ersten Mal in dieser Nacht nicht an meine Zähne. Mir fällt nur ein, ob der Typ wohl ein Messer einstecken hat und mich absticht, wenn er bemerkt, dass ich wach bin. Aber ich kann nicht einmal so tun, als ob ich schlafe, weil ich sitze ja, und so ein Depp ist der Typ sicher nicht, dass er glaubt, dass wir in Deutschland im Sitzen schlafen und mit offenen Augen.

Obwohl ich mir fast in die Hose mache vor Angst, hole ich tief Luft und stoße einen Schrei aus, als ob mir im Traum der leibhaftige Franz Josef Strauß erschienen wäre.

Der Dieb lässt sofort alles fallen und haut ab.

Ich aber schaue in die großen Augen von den drei Japanern, die ich natürlich aufgeweckt habe. Die glauben noch heute, dass meine Zahnschmerzen echt arg waren.

Das Zimmer hatte ein präpariertes Schloss, das man zwar zusperren konnte, aber wenn man wusste, wie, konnte man es von außen öffnen. Das war natürlich eine Schweinerei von den Vermietern, die einen Deal mit irgendwelchen Gaunern hatten, die dann in der Nacht in die Zimmer konnten, um den Touristen ihre Rucksäcke auszuräumen.

Ein anderes Mal bin ich mit einem Araber auf einem Lkw bis in den Irak gefahren. Der Lkw hatte einen 7,5-Tonner aufgeladen, und ich war nur mit auf der Reise, um den 7,5-Tonner über die türkische Grenze zu fahren.

Weil du hast damals in der Türkei einen Stempel in den Pass bekommen, wenn du mit einem Auto eingereist bist, damit du nicht einfach Autos importierst, ohne dafür Zoll zu bezahlen.

Ich habe also den 7,5-Tonner über die Grenze gefahren, bekam den Stempel in den Pass, dann hat er ihn wieder aufgeladen, und wir sind quer durch die Türkei weiter Richtung Irak gefahren. Die Straßen sind immer schlechter geworden, und es haben sich abenteuerliche Gestalten an der Straße herumgetrieben, die uns gewunken und gedeutet haben, dass wir stehen bleiben sollen.

Aber der Fahrer ist immer mit vollem Karacho auf die Typen zugefahren, bis sie am Schluss doch zur Seite gesprungen sind. »Wenn wir stehen bleiben«, hat er gesagt, »ist sofort die Ladung weg.«

Nur wenn kleine Buben am Straßenrand gestanden sind, die mit den Fingern angezeigt haben, dass sie Zigaretten haben wollen, hat er in seine Koje gegriffen und ihnen ein Packerl Zigaretten hinausgeschmissen. »Weil sonst«, hat er gesagt, »schmeißt dir an der nächsten Kurve ein Kumpel von denen einen Stein in die Windschutzscheibe.«

Vor der Grenze ist der 7,5-Tonner wieder abgeladen worden, und ich habe ihn über die Grenze ins Niemandsland gefahren. Im Pass hab ich den entsprechenden Ausreisestempel bekommen. Im Niemandsland hat aber ein anderer gewartet und das Auto übernommen, und ich habe mein Geld gekriegt und bin wieder zurück über die Grenze in die Türkei.

Dafür brauchte ich aber ein Touristenvisum. Und weil ich oberschlau zwei Pässe dabeihatte, zeigte ich dem Grenzer den Pass ohne Einreise- und Ausreisevermerk, damit ich mir unangenehme Fragen ersparte.

Der Grenzer schaute sich den Pass an, dann schaute er mich an und stellte erst recht eine sehr unangenehme Frage: »Wo ist das Touristenvisum für Bulgarien?«

Ich riss ihm den Pass aus der Hand und rannte hinüber zum Parkplatz, wo die Lkws standen, und sagte einem Fahrer, den ich kannte, dass er mich sofort verstecken muss. Er brachte mich in seiner Koje unter.

Später kam die Polizei und hatte Spürhunde dabei, aber ich weiß nicht, ob sie wirklich mich gesucht haben, sie hätten mich vermutlich auch gefunden.

Aber ich hatte wirklich keine Lust, ein anatolisches Gefängnis wegen Zoll- und Visumvergehen von innen kennenzulernen, und das musste ich dann auch nicht.

8

Als Tommy und Ursel, deren Zimmer in der WG wir bewohnten, aus Südamerika zurückkamen, mussten wir wieder ausziehen. Wir haben uns dann eine Wohnung in der Trogerstraße genommen, gleich in der Nähe vom Klinikum Rechts der Isar. Ein

Zimmer, kein Bad, Klo am Gang. Wir sind zweimal in der Woche ins Tröpferlbad am Max-Weber-Platz gegangen zum Duschen und einmal im Monat, um ein Bad zu nehmen. Außerdem nahmen wir uns einen Schäferhund, den Cheesy.

Ich half dann einen Tag lang im Tierpark Hellabrunn als Tierpfleger aus. Eigentlich wäre ich gern Tierpfleger geworden, aber das Erste, was ich im Tierpark machen sollte, war Schnee schaufeln. Aber ich hatte zu Hause so oft Schnee schaufeln müssen, dass ich mir geschworen hatte, nie wieder Schnee zu schaufeln. Also ließ ich die Stelle gleich wieder sein.

Eigentlich suchte ich eh noch immer nach einer Lehrstelle in einer Autowerkstatt. Ich ging von einer Werkstatt zur nächsten, aber meistens wusste ich schon, wenn mich der Meister nur anschaute, dass es nichts wird mit der Stelle. Am liebsten hätte ich irgendwo in der Nähe von unserer Wohnung gearbeitet, aber daraus wurde nichts. Erst ganz im Süden von München, in der Kfz-Werkstatt Schuster, suchten sie tatsächlich einen Lehrling.

»Von mir aus«, sagte der Chef. »Probieren wir's. Aber du musst dir die Haare abschneiden.«

Ich hatte damals ziemlich lange Haare.

»Gut«, sag ich, »aber ich schneid mir die Haare erst nach der Probezeit ab. Weil sonst hab ich vielleicht keine Lehrstelle und Haare auch keine mehr.«

Das hat er eingesehen.

Ich bin dann übernommen worden, weil ich mich geschickt angestellt habe. Mein Bruder war ja auch Automechaniker und hatte mir daheim schon gezeigt, wie man ein Auto zerlegt und wieder zusammenbaut. Die Haare musste ich mir auch nicht abschneiden, weil ich dem Chef gesagt hab, dass ja nicht meine Haare das Auto reparieren, sondern ich. Nur zusammenbinden musste ich sie mir.

Aber es war ein grausam langer Weg jeden Tag bis nach Solln. Ich musste immer zu Fuß gehen, und eines Tages hab ich in der Sommerstraße in Untergiesing ein Fahrrad gesehen, das nur mit einem ganz schlechten Schloss gesichert war. Als ich es am nächsten Tag wieder gesehen habe, hab ich es mitgenommen. Ich hab es einfach gestohlen.

In der Werkstatt hab ich das Rad sofort umlackiert, damit mir niemand den Diebstahl nachweisen kann. Ich hab jetzt in der Früh länger schlafen können, weil ich mit dem Rad natürlich viermal so schnell war wie zu Fuß. Aber der Diebstahl hat etwas bewirkt: Ich hatte ein schlechtes Gewissen.

Dieses schlechte Gewissen, das Bewusstsein, ein Dieb zu sein, hat mich nie verlassen. Deshalb bin ich zehn Jahre später, als ich Geld hatte, wieder zu dem Haus, wo ich das Rad gestohlen hatte, und hab ein Kuvert an die Briefkästen gehängt.

An die Bewohner der Sommerstraße: Ich habe hier vor zehn Jahren ein Rad gestohlen. Dafür möchte ich mich entschuldigen. Jetzt möchte ich es gerne bezahlen.

Ins Kuvert habe ich tausend Mark gesteckt.

Tommy und Ursel hatten aus Südamerika Schwammerl mitgebracht, zu denen sie »Magic Mushrooms« gesagt haben. Als wir einmal nach Weilheim an die Ammer gegangen sind, haben sie eine Schwammerlsuppe gekocht, und ich habe Knödel dazu gemacht.

Ich habe nichts von Magic Mushrooms gewusst, und deshalb bin ich ohne Vorwarnung in meine erste Drogenerfahrung hineingeschlittert. Ich habe plötzlich gemerkt, dass etwas anders ist als sonst. Zuerst bin ich auf den Flusskieseln am Ufer von der Ammer gesessen, hab ins Wasser gestarrt und habe begonnen, einen Kiesel nach dem anderen ins Wasser zu werfen.

Aber dann ist mir plötzlich der Gedanke eingeschossen, dass diese Kiesel, die ich gerade ins Wasser geworfen habe, vielleicht schon seit Hunderten Jahren da liegen, wo sie gelegen haben, und dass ich sozusagen fahrlässig die universelle Ordnung durcheinandergebracht habe.

Das wollte ich nicht, und deshalb bin ich aufgesprungen und wollte die Kiesel, die ich gerade ins Wasser geschmissen hatte, wieder zurück an ihren angestammten Platz legen.

Ich habe dann zuerst voll angezogen im Wasser nach den Kieseln gesucht, und nachher bin ich auf allen vieren an den Feldern entlanggekrochen und habe mit den Maispflanzen geredet, und es hat die ganze Nacht gedauert, bis die Wirkung von der Schwammerlsuppe nachgelassen hat.

Es war eine schöne Erfahrung. Natur pur, innen und außen.

9

Die Ingrid und ich waren gar nicht so viel unterwegs. Aber an einem Samstag fragen die Claudia und der Waldi, ob wir mit ihnen ins Robinson gehen. Das war eine Kleinkunstbühne an der Dreimühlenstraße. Dort haben alle möglichen Leute auf der Bühne irgendwas gemacht. Der eine hat irische Folklore gespielt, der andere führte eine Pantomime vor. Dann kamen welche, die Sauflieder gespielt haben oder klassisches Gezupfe auf der Gitarre. An dem Samstag war das Duo »Jedermann« angekündigt, ein »Eroll Flynn«, der gälische Folkmusik machte, die Ingrid Westermeier an der klassischen Gitarre und der Zither-Manä. Das war ein kleiner, witziger Typ, der auf seiner Zither Rock 'n' Roll spielte.

Nach dem Auftritt vom Manä sag ich zur Claudia und zum Waldi: »Also. Das kann ich auch.«

»Haha«, sagen die, »das schauen wir uns aber an.«

Also bin ich zur Chefin und frag sie, wann ich auf die Bühne darf.

»Am nächsten Mittwoch«, sagt die Hanni Schmidt, »beim Talenteabend.«

Am nächsten Mittwoch gehe ich also nach der Arbeit ins Robinson. Es sind vielleicht zwanzig, dreißig Leute da, inklusive der Freunde von der Ingrid. Die wollen sich meinen Auftritt natürlich nicht entgehen lassen.

Ich habe mir vorgenommen, ein paar eigene Lieder zu singen. Die meisten habe ich geschrieben, wenn ich in der Berufsschule saß und die Zeit lang wurde. Das »Schwabinglied« war schon dabei und die »Lederjacke« auch.

Weil ich mir den Text nicht merken kann, hab ich alle Texte zwischen Gitarre und Oberschenkel geklemmt. Logischerweise fliegen mir die Zettel gleich einmal auf den Boden, und nachdem ich sie wieder aufgeklaubt habe, fliegen sie mir gleich noch einmal runter.

Im Publikum glauben sie, ich bin ein Clown, und lachen. Als die anderen gelacht haben, muss ich auch lachen, und am Schluss lachen alle. Da habe ich noch nicht einen einzigen Ton gespielt.

Ich spiele dann vier, fünf Lieder. Als ich von der Bühne gehe, kriege ich einen guten Applaus, und die Leute lachen schon wieder.

Nur ich lache nicht. Weil ich nicht vorgehabt habe, für das Publikum den Kasperl zu machen. Ich habe das Gefühl, dass ich total versagt habe.

Die Chefin vom Robinson sieht das offenbar genauso.

»Lern ein bissel besser Gitarre spielen«, sagt sie. »Und lern deine Texte auswendig.«

Immerhin gibt sie mir einen Teller Schinkennudeln und ein Cola, meine erste Gage.

Aber als ich sie frage, ob ich am nächsten Mittwoch wiederkommen kann, sagt sie: »Mal sehen, ich weiß noch nicht.«

Ich weiß Bescheid. Das wird nichts mit dem nächsten Mittwoch.

Der Talenteabend im Robinson war eine Art Pflichttermin für die anderen Kleinbühnenbetreiber aus München und Umgebung. Die kamen immer vorbei, um zu sehen, ob ihnen der eine oder andere Musiker oder Kabarettist positiv auffällt. Diese Kandidaten luden sie dann ein, auf ihren Bühnen zu spielen.

An diesem Mittwoch ist auch ein Mann namens Uwe Kleinschmidt im Robinson. Er hat einen Bauch und einen schwarzen Schnurrbart, der ihm über die Lippen hängt, und ihm gehörte das MUH in der Hackenstraße, das war die Abkürzung für »Musikalisches Unterholz«.

Der Uwe kommt nach dem Auftritt zu mir und sagt: »Pass auf, Hans. Du kommst am Samstag zu mir ins MUH in der Echardinger Einkehr. Um neun kommst du dran. Ich zahl dir zwanzig Mark.«

Ich bin also nach Hause und hab am Donnerstag und am Freitag nach der Arbeit wie ein Wilder meine Texte gelernt. Als ich dann am Samstag im MUH auf die Bühne gehe, brauche ich keine Zettel mehr, weil ich alles auswendig kann. Natürlich spiele ich deswegen nicht besser Gitarre, und Hänger beim Text habe ich auch. Aber es ist nicht mehr so eine Überraschung für mich, dass die Leute zu lachen anfangen, weil ich nämlich keine Angst mehr habe, dass sie mich auslachen, sondern weil ich weiß, dass sie mich lustig finden. Das ist ein Unterschied.

Der Auftritt haut einigermaßen gut hin, ich bin total glücklich.

Der Uwe gibt mir die zwanzig Mark und sagt: »Also dann, bis nächsten Samstag.«

Es ist das erste Mal, dass mich der Uwe Kleinschmidt gefördert hat, aber nicht das letzte Mal. Als er später das »Tollwood« gegründet hat, durfte ich gleich einmal mit der Biermösl Blosn auftreten, das waren zu der Zeit die ganz großen Stars. Ich konnte mich dann erst viele Jahre später revanchieren, indem ich beim Tollwood regelmäßig das größte Zelt ausverkauft habe.

Der Uwe war es auch, der mir etwas gesagt hat, was ich nie vergessen habe: »Pass auf, Hans. Wenn ich eines weiß, dann das: Du wirst es auf der Bühne schaffen. Deine Lieder wird man noch in zwanzig Jahren hören. Das verspreche ich dir.«

Ich fand das total übertrieben. Ich meine, ich war ein Mechaniker. Meine Finger waren bis unter die Nagelhaut schwarz vom Motoröl, und ein Fingernagelbeißer war ich auch, was sowieso das beste Mittel gegen schmutzige Fingernägel ist. Ich wollte nicht mehr, als neben der Arbeit noch ein bisschen Musik machen. Ganz sicher wollte ich kein Liedermacher werden oder ein Star.

Aber der Uwe sagte: »Du machst es, Hans. Du wirst was.«

Wenn ich einen Entdecker habe, dann ist das der Uwe Kleinschmidt

Die Lieder hab ich zu dieser Zeit nur so aus dem Ärmel geschüttelt. Manchmal hab ich drei oder vier an einem Tag geschrieben, mit der Hand auf irgendeinen Zettel, und am Abend hat die Ingrid sie abgetippt. Die Texte waren natürlich auf Bayrisch, eine andere Sprache konnte ich nicht. Hochdeutsch wäre noch lächerlicher gewesen als Englisch.

Es gab zu dieser Zeit viele Gruppen, die auf Bayrisch unterwegs waren. Viele waren auf der Trachtler-, Landler- oder Dreigesangschiene, manche ganz traditionell, andere mit politischen Texten.

Aber ich hab im Wesentlichen nur über mich selbst gesungen. Darüber, dass ich froh bin, arbeitslos zu sein, zum Beispiel. Oder darüber, wie man ein Auto repariert – das hab ich schließlich gewusst, weil ich ja Mechaniker war. Auch ein Lied über die langen Haare habe ich gemacht, dabei hatte ich gar keine langen Haare mehr, sondern einen Irokesen, ein richtig geiles Teil. Oder ich schrieb darüber, wie ich drunten an der Isar liege – ich wohnte ja gleich um die Ecke – und einen Ständer kriege, weil ich zuschau, wie die nackten Dirndln ins Wasser springen. Oder wie ich in Schwabing ein fesches Mädel anrede und von ihrem Freund eine solche Watschen krieg, dass mir das Licht ausgeht.

Klar, manchmal hab ich auch ein bisschen über den Geißler und den Waigel hergezogen, mit seinen finsteren Augenbrauen. Aber nur nebenbei. Ich war alles, nur kein politischer Liedermacher. Das war auch mein Glück. Ich glaube, die Leute hatten lang genug gehört, dass immer noch Hexen verbrannt werden, und noch dazu auf den Scheiten der Ideologie. Die hatten das satt. Denen gefiel es, wenn ein Typ mit Irokesenschnitt und Zebrahose barfuß auf die Bühne stieg und aus seinem Leben erzählte, wie es ihm gerade einfiel. Weil das war schon damals so: Ich habe mich jeden Abend auf der Bühne neu erfunden. Ich habe zwar gewusst, welche Lieder ich spielen will, aber wie ich sie spiele und was ich dazu erzähle, das entschied ich erst, wenn ich oben stand.

Ich war der Beste von denen, die schlecht spielen. Das bin ich bis heute geblieben.

Am erfolgreichsten war mein Lied vom »Marihuanabam«. Auf die Idee für dieses Lied bin ich gekommen, weil ich oft bei Leuten gesessen bin, die gekifft haben, und bei denen war auf jeden Fall eine bessere Stimmung als bei den Säufern. Wenn die Säufer angefangen haben, zu schlägern, sind die Kiffer immer lustiger geworden, und dazu ist mir etwas eingefallen.

> *Seid a bo Wochn is a wia vaändat,*
> *Seid a bo Wochn is a wieda jung,*
> *Er flagt im Rasn hintn in da Sonna*
> *und sogt des Arbadn des is mia vui z' dumm.*

> *Er drogt Blue Jeans und*
> *De Hor wachsn eam in sei Gnack*
> *Er strahlt übas ganze Gsicht*
> *Und de Kotlettn drogt a wia da Elvis Presley*
> *I woaß ned wos is mid meim Papa passiert.*

> *Sei Auto hod a scho so lang nimma gwaschn*
> *Statt dem macht er jetz Yoga jeden Dog um oans*
> *Er hod an Ohrring und a Bhagwan-Kettn*
> *Ja und auf de is a so unheimlich stoiz.*

> *Da Rasn derf nimma gmaht wern er braucht Wildnis*
> *Hod er amoi zu unserm Nachbarn gsogt*
> *Und weil der bled dahergred hod hod er sei hosn obe*
> *   zong*
> *Und eam an nackadn Osch umezoagt.*

Mei Papa hod an Marihuanabaam
Seid dem is der Typ wieda völlig normal
Mei Voda raucht jedn Dog an Eima voi shit
Und i ois brava Bua
I rauch natürlich mid.

Wenn ich den »Marihuanabam« gespielt hab, war regelmäßig die Hölle los. Die Leute haben sich weggeschmissen vor Lachen, und die, die mich schon einmal auf der Bühne gesehen hatten, kannten den Refrain schon auswendig und sangen mit.

Der Witz an der Sache war, dass ich selbst noch gar kein Gras geraucht hatte. Die Freunde von der Ingrid rauchten alle Gras. Ich rauchte nur Zigaretten, dafür so viele, als ob ich dafür bezahlt werden würde. Aber ich trank noch immer keinen Alkohol, und ich rauchte kein Gras, und ich rührte auch keine anderen Drogen an. Eine Schwammerlsuppe hätte ich allerdings schon gern wieder gegessen.

Drogen interessierten mich nicht. Oder besser: Ich hatte Angst vor Drogen. Zu Hause hatte ich aus der ersten Reihe gesehen, was der Alkohol aus dem Vater und den Brüdern gemacht hat, wenn sie im Rausch die Orientierung verlieren, an die falschen Leute geraten und einen Absturz nach dem anderen hinlegen. Da hatte ich echt keine Lust drauf.

Zu dieser Zeit lief bei mir immer nur der Dylan, ich hab ihn mir sogar live angeschaut, auf dem Zeppelinfeld in Nürnberg. Ich habe mir auch Konzerte vom Wecker und von Haindling angeschaut. Ich ging auf meine ersten Demos und nahm in Augsburg an einer Menschenkette gegen die Nachrüstung teil.

Tagsüber war ich Lehrling in der Autowerkstatt, und am Wochenende trat ich fleißig auf den Kleinkunstbühnen auf.

Die fünf Griffe, die ich auf der Gitarre brauchte, konnte ich inzwischen ganz gut, und im Vortrag wurde ich immer sicherer. Meistens waren so dreißig, vierzig Leute da, und ich kriegte für meinen Auftritt zwanzig oder dreißig Mark, manchmal sogar fünfzig. Das war eine Menge Geld. Mit fünf, sechs Konzerten verdiente ich genauso viel wie als Lehrling im Monat, wenn ich von montags sieben in der Früh bis am Freitag um fünf in der Werkstatt stand.

Im Juni 1981 war ich dann auch mit meiner zweiten Lehre fertig. Im Berufsschulzeugnis wurde extra erwähnt, dass »besonders die Leistungen beim Schutzgasschweißen« außergewöhnlich waren. Das freute mich, weil ich wirklich ein guter Schweißer war.

Deshalb ließ ich mir auch von meinem Chef einen alten Porsche andrehen, für viertausend Mark. »Den richten wir miteinander her, keine Sache«, sagte der Chef. Das Geld dafür musste ich mir bei der Schwester von der Ingrid ausborgen, weil ich natürlich keine viertausend Mark hatte. Als Lehrling kriegte ich ja nur dreihundert im Monat. Aber als wir uns den Porsche dann genauer angeschaut haben, sind wir draufgekommen, dass es da gar nichts mehr zu reparieren gab, so hin war der. Und der Chef wollte plötzlich auch nichts mehr davon wissen, dass wir den Dreckswagen gemeinsam herrichten wollten.

Ich konnte dann natürlich nicht mehr beim Schuster weiterarbeiten und kündigte. Vor allem brauchte ich jetzt Geld. Ich war schon wieder arbeitslos und musste viertausend Mark Schulden zurückzahlen.

Ich nahm sowieso jedes Engagement an, das ich kriegen konnte. Im August durfte ich im Robinson zum ersten Mal an einem Wochenendtermin spielen. Das war ein Aufstieg. Am Mittwoch durfte jeder auf die Bühne, was ja mein Glück gewesen war, aber am Wochenende gab es immer ein fix angekündigtes Programm mit mehreren Künstlern.

An diesem Abend spielte zuerst der Udo Lenze. Der sang eigene Lieder zu seiner Gitarre. Er konnte viel besser Gitarre spielen als ich und hatte immer seinen Langhaardackel Wutzel mit auf der Bühne. Dann kam der Wolfgang Oppler, der eigene Gedichte vortrug, und dann kam ich. Außerdem bekam ich jetzt zwanzig Mark für den Auftritt *und* einen Teller Schinkennudeln.

Ein paar Monate spielte ich mit allen möglichen Typen aus der Münchner Szene, mit dem Jockel Tschiersch, mit der Fraunhofer Saitenmusik, mit den Mehlprimeln, dem Holger Hobbit und irgendwann auch mit dem Zither-Manä. Das war lustig. Wegen dem Manä hatte ich mich ja ursprünglich getraut, selbst auf eine Bühne zu steigen.

Außerdem sprachen mich immer mehr Veranstalter an, die irgendwelche Abende in der Umgebung von München programmierten. Ich fuhr nach Ebersberg, Wasserburg, Ismaning, Planegg, was weiß ich. In Holzkirchen trat ich einmal nach einer Volkstanzgruppe auf. Nachdem ich meine paar Lieder gespielt hatte, kam ein Typ mit breiten Schultern zu mir und sagte: »Super, Hans. Ich habe einen Nachtklub in der Nähe. Da kannst du auch spielen, heute noch.«

Dafür bot er mir eine astronomische Gage: tausend Mark. »Gut«, sagte ich. »Warum nicht?«

Das Lokal war in Ottobrunn und hieß »Schickeria«.

Erst als vor mir eine Stripperin auf die Bühne steigt, schnalle ich, wo ich da hingeraten bin: Die »Schickeria« ist ein Puff. Im Publikum sitzen lauter Typen, die Schampus saufen und ein Mädel auf dem Schoss sitzen haben.

Also packe ich gleich als erste Nummer den »Hammer-

Blues« aus: »Des is da War-denn-des-a-Wunder-wennst-an-Hammer-in-da-Hosen-hedsd-Blues«.

Erst als ich fertig bin, sehe ich, wie die Freier aus den Séparées kommen, um nachzuschauen, was da auf der Bühne für ein Wahnsinn abläuft.

10

Als die Werkstatt Schuster von einem neuen Chef übernommen wurde, fing ich dort noch einmal als Mechaniker an. Aber nur halbtags. Damit war der neue Chef einverstanden. Er störte sich auch nicht an dem Irokesen, den ich trug, und dass ich regelmäßig in irgendwelchen Klitschen auftrat und meine Lieder sang.

Mein Plan war es, mit dem geringsten Aufwand meinen Lebensunterhalt zu verdienen. Ich spielte in Kneipen. Ich reparierte an den Autos von Bekannten die Bremsen.

Weil ich Geld brauchte, um meine Schulden zurückzuzahlen, versuchte ich auch, an Sängerwettbewerben teilzunehmen. Da konnte man immer etwas gewinnen. Ich verdiente jetzt siebenhundert Mark im Monat, und für den ersten Preis beim Sängerwettstreit gab es zum Beispiel sechshundert Mark oder eine Waschmaschine. Meistens aber durfte ich gar nicht erst mitmachen, weil die meisten Wettbewerbe keine Liedermacher wollten. Die Zeit der Liedermacher war Anfang der achtziger Jahre schon vorbei. Es war nur Neue Deutsche Welle oder New Wave angesagt. Ich passte denen nicht in den Kram, meistens jedenfalls.

Im Herbst 1982 gewann ich bei einem »Nichtkommerziellen Sängerwettstreit« in der Pidinger Hütt'n bei Reichenhall den Hauptpreis. Der Hauptpreis war eine Woche Urlaub in Mallorca, aber die ließ ich mir gleich für fünfhundert Mark ablösen.

Dann sah ich in der Zeitung eine Annonce für einen Sängerwettstreit in Traunstein. Der Organisator war ein gewisser I. Rich, der selbst in einer Countryband gespielt hatte, aber ohne Erfolg. Er hatte bei der Ariola gearbeitet, die damals eine große Plattenfirma war, und dann selber einen Musikverlag gegründet. Jetzt suchte er Leute, deshalb war der Hauptpreis auch ein Plattenvertrag. Der Plattenvertrag interessierte mich überhaupt nicht. Aber für den zweiten Preis gab es sechshundert Mark, und die interessierten mich.

Der Rich hatte mich in München einmal gesehen, wie ich vor zehn oder zwanzig Zuschauern gespielt hatte. Als ich anrief, um mich anzumelden, sagte er: »Okay, Söllner, du bist dabei.«

Die Endausscheidung findet am 21. Dezember 1982 in der Diskothek Xanadu in Traunstein statt. Ich muss bis in den Nachmittag hinein arbeiten und fahre erst dann mit dem Auto nach Traunstein. Ich habe jetzt einen BMW 1602, ein Unfallauto, das ich mir abends in der Werkstatt selbst hergerichtet hatte.

Der Saal ist unglaublich groß. Es haben vierhundert Leute Platz, und weil die Karten nur ein oder zwei Mark gekostet hatten, ist der Saal auch voll. Es ist eine Riesenstimmung, die Leute sind in Feierlaune und wollen sich amüsieren, bevor es Weihnachten wird.

Vor mir sind zwei Bands aus Teisendorf an der Reihe. Die einen sind echt schlecht, und die anderen spielen Playback, was auch nicht der Knüller ist. Dann komme ich an die Reihe. Ich habe noch nie vor so vielen Menschen gespielt, und als ich nach dem Playback mit meiner Gitarre auf die Bühne komme, Irokese, Stiefel, Zebrahose, sind die Zuschauer schon zum ersten Mal zusammengebrochen. Als ich dann meine zwei Lieder runterspiele, ist es der totale Wahnsinn, die Leute toben, ich muss beide Lieder noch einmal singen.

Nur der Jury gefällt das Playback besser. Das ist genau in meinem Sinn, dann bekomme ich die sechshundert Mark für den zweiten Platz, und die Playbacks bekommen den Plattenvertrag.

Aber das passt dem I. Rich überhaupt nicht. Als der merkt, was im Publikum los ist, als ich auf die Bühne gehe, begreift er sofort, dass er mit mir ein besseres Geschäft machen wird als mit der komischen Playback-Band. Er ist also rüber zur Jury, und dann hat die Jury bekannt gegeben, dass doch ich der Sieger bin mit sechzig von sechzig möglichen Punkten.

»Super«, sagt der Rich nach der Siegerehrung, »jetzt lernen wir uns besser kennen. Ich freu mich drauf.«

Ich hab mich nicht so gefreut, weil ich lieber die sechshundert Mark gehabt hätte. Aber ich hab gute Miene zum bösen Spiel gemacht und mir halt gedacht, na gut, dann machen wir eben eine Platte. Ich habe mich nicht in der Szene erkundigt, ob der Rich einen seriösen Verlag hat. Ich wusste gar nicht, was ein Verlag ist. Ich wusste nicht, was Tantiemen sind und nach welchem Schlüssel ein Verlag und ein Künstler sich das Geld von verkauften Schallplatten teilen.

Aber der Rich hat es schon gewusst, denn er hat mich dann so übers Ohr gehauen, dass er mir bis heute sehr viel Geld schuldet.

Schon im Januar tauchte der Rich mit seinen Aufnahmegeräten im Robinson auf. Er hatte einen Vierspur-Rekorder dabei, den er umständlich montierte.

»Für was brauchst du einen Vierspur-Rekorder«, fragte ich ihn. »Meiner Stimme und meiner Gitarre reichen auch zwei Spuren.«

Da hat er nur dumm gegrinst und mir gesagt, dass wir jetzt einen Soundcheck machen müssen. Aber ich wollte keinen

Soundcheck machen, wo ich an diesem Wochenende eh dreimal spielte, am Donnerstag, am Freitag und am Samstag. An jedem Abend waren hundertzwanzig Leute da. Mehr passten damals nicht ins Robinson.

Der Rich schnitt von Donnerstag bis Samstag alle drei Konzerte mit. Aus den drei Konzerten nahm er dann zwölf Lieder und tat sie auf Platte. Ein Fotograf kam und machte das Bild für den Umschlag. Ich stehe in meiner Zebrahose neben einem Hocker und hab meinen Irokesen schon gegen ganz normale lange Haare eingetauscht. Vor meiner Brust halte ich meine Gitarre, und die Gitarre schaut noch abgefuckter aus als ich selbst.

Ein paar Wochen später bringt mir der Rich die ersten Exemplare von meiner ersten Platte.

Sie heißt »Endlich eine Arbeit«, wie eines meiner Lieder.

Nach einem Jahr frage ich zum ersten Mal nach einer Abrechnung. Eigentlich will ich wissen, wie viele Platten schon verkauft sind, aber der Rich gibt mir nur eine Rechnung über 960 Mark, die ich einzahlen soll. »Für die Promoplatten, die verschickt worden sind«, sagt er. »Alles vertraglich geregelt.«

Ich musste also dafür bezahlen, dass meine Plattenfirma kostenlose Werbeexemplare verschickte. Ich dachte mir nicht viel dabei, weil ich keine Ahnung hatte, was in dem beschissenen Vertrag, den ich unterschrieben habe, sonst noch alles drinsteht. Erst später kam ich drauf, wie unser Arbeitsverhältnis geregelt war: Ich mache die Platten, und der Rich kriegt das Geld dafür.

Aber damals dachte ich mir, das ist eben so. Mann, ich bin Mechaniker. Ich lese keine Verträge. Ich habe auch keinen Menschen, dem ich einen Vertrag hätte zeigen können und der sofort schreit, bist du verrückt, Hans, den Scheißdreck kannst du doch nicht unterschreiben!

Immerhin hat der Rich einen Fernsehauftritt im Bayrischen Rundfunk für mich ausgemacht. Die Sendung heißt »Live aus dem Alabama« und wird von einem Typen namens Eisi Gulp moderiert. Am Abend vor der Sendung gehe ich mit dem Schäferhund in ein Wirtshaus zum Essen. Der Hund liegt unter dem Tisch, wie immer, aber als die Tür aufgeht und ein anderer Gast mit einem Hund hereinkommt, springt der Cheesy wie der Blitz auf und schießt auf den anderen Hund zu.

Ich greife geistesgegenwärtig nach der Leine und erwische sie gerade noch. Aber weil der Hund anreißt wie ein Volldepp, zieht er mich vom Stuhl, und ich bleibe mit dem Fuß zwischen Stuhl- und Tischbein hängen, und dann ist mein Fuß gebrochen.

Im Rechts der Isar rede ich so lange auf den Arzt ein, dass ich morgen unbedingt ins Fernsehen muss, bis er mir einen Gehgips verpasst.

»Schon gut, Herr Söllner, wir machen Ihnen einen Fernsehgips ...«

Sehr witzig.

Den Auftritt hätte ich mir sowieso sparen können. Nachdem ich mein Lied »Endlich eine Arbeit« gesungen habe, gibt es nämlich ein Interview. Der Eisi Gulp fragt mich, wo es denn meine Platten gibt.

»Weiß ich auch nicht«, sage ich. »Weil meine Vertriebsfirma, die Ariola heißt, das sind lauter Penner. Deswegen gibt es die Platte auch nirgends.«

Das hat gleich doppelte Folgen. Erstens beschließt der Bayrische Rundfunk, dass einer, der so das Maul aufreißt wie ich, sicher nicht mehr in ihrem Fernsehen vorkommt (ein Vorsatz, den sie vierzig Jahre lang nicht vergessen). Und zweitens schmeißt die Ariola die Platte aus dem Vertrieb, weil die Volldeppen finden, dass ich sie beleidigt habe.

Die Beziehung zu meiner neuen Plattenfirma bestand darin, dass ich nach den Konzerten meine Platte selbst verkaufte. Dafür musste ich dem Rich jedes einzelne Stück zum Großhandelspreis abkaufen. Ich zahlte zehn Mark und konnte die Platte dann für zwanzig Mark verkaufen. Ich merkte, dass die Platte ganz gut ging, weil wenn der Rudi Kellerer, der auch eine Platte hatte, nach einem »Gemischten Abend« im MUH drei Platten verkaufte, verkaufte ich zehn oder zwanzig.

Wohin der Rich die Platte sonst noch verkaufte, ob er Werbung dafür machte und was mit dem Geld geschah, interessierte mich nicht. Ich hatte damals ein ziemliches Talent dafür, mir keine Gedanken zu machen.

11

Wenn ich in der Werkstatt die Autos unserer Kunden reparierte, hörte ich gern Musik. Ich drehte das jeweilige Autoradio auf und hörte mir an, was so an Musikkassetten im Auto herumkugelte. Wenn mir die Musik gefiel, nahm ich die Kassette mit nach Hause. Dort hatte ich ein Doppeltape-Deck, mit dem ich Kassetten kopieren konnte. So kam ich langsam, aber sicher zu einer kleinen Sammlung mit Musik, die mir gefiel. Den Dylan sowieso, aber auch Rockmusik oder Folk, aber manchmal hatten die Typen auch ganz andere Sachen im Auto.

Die Musik, die mein Leben verändern sollte, kam mit einem Zwölfzylinder-Jaguar auf dicken Ledersitzen in die Werkstatt. Bei dem Jaguar waren die Ventile einzustellen, das war eine Mörderarbeit. Ich musste zuerst die ganzen Ventildeckel runterschrauben und dann an jedem einzelnen Zylinder mit der Pinzette herumbasteln. Damit hatte ich zwei oder drei Tage zu tun.

Ich schaute also ins Auto, was der Typ für Musik hörte. Ich sortierte alle Kassetten, die in der Mittelkonsole herumlagen, dabei stieß ich auf einen Namen, den ich noch nie gehört hatte: Bob Marley.

Das probierst du einmal aus, dachte ich mir, schob die Kassette vorsichtig mit meinen dreckigen Fingern in den Schlitz des Autoradios und drehte die Wumme auf.

Dann passierte etwas Merkwürdiges.

Der Jaguar hatte super Boxen, und aus den Boxen kommt plötzlich ein Sound, wie ich ihn noch nie gehört hatte. Zuerst das Schlagzeug, kawusch, dann die Orgel mit einer Bluesfigur, der fette Bass, und dann biegt die Musik in einen ungewohnten, schwingenden Rhythmus ein, der mich sofort umhaut. Um-Pa, Um-Pa, Um-Pa, dann setzen Stimmen aus dem Hintergrund ein und singen »I Shot the Sheriff«, und dann kommt Bob Marley persönlich, und dann hörte ich für die nächste halbe Stunde zum Schrauben auf.

Die Musik hieß Reggae. Das Album vom Bob Marley hieß »Legends«, da sind alle berühmten Songs vom Marley drauf, und als ich mich über den Typen schlaumachte, erfuhr ich, dass er vor einem Jahr gerade erst gestorben war, an Krebs, 36 Jahre alt.

Natürlich kopierte ich die Kassette. Nicht nur das: Ich hörte überhaupt keine andere Musik mehr. Ich ließ mich total auf den schleppenden Rhythmus der Songs ein und wollte mehr darüber wissen. Die Kassette aus dem fetten Jaguar war im Endeffekt dafür verantwortlich, dass ich zum Rastafari wurde und endlich begann, Marihuana zu rauchen.

Ich war 26, als ich meinen ersten Joint rauchte. Danke, ich bin naturstoned. Das hatte ich bisher immer allen gesagt, wenn

sie mir den Joint angeboten hatten, der in der Wohngemeinschaft oder nach einem Konzert herumgereicht wurde. Aber
dann wollte ich es doch wissen, wegen dem Marley und weil
das Rauchen in Jamaika eine Art Religion ist.

Eines ist sicher: Beim ersten Mal war es kein guter Stoff.
Es waren trockene Blätter, die irgendwer dabeihatte. Aber es
war Marihuana. Es war verrucht. Es war verboten. Mit einem
Gramm Gras konnte man zwanzig kleine Joints rauchen. Wenn
man das Gras pur raucht, gehen sich maximal drei Joints aus.

Bei meinen ersten Joints hatte ich viel eher das Gefühl, ich
rauche aromatisierte Zigaretten, die ein bisschen Wirkung haben. Die Wirkung begann mir zu gefallen. Aber es dauerte noch
einige Jahre, bis ich lernte, wie man Gras wirklich rauchen muss
und was das für Auswirkungen hat.

12

Eines Tages ruft mich der Uzicanin an. Der Uzicanin war der
Pächter vom Kurhaus in Ruhpolding, klein, dick, Kettenrau-
cher, das Bild eines Veranstalters. Am Samstagabend machte er
im Kurhaus immer Disko.

Der Uzicanin sagt: »Servus, Hans. In meiner Disko spielen
sie deinen blöden ›Marihuanabam‹ rauf und runter. Magst du
nicht einmal live bei mir spielen?«

Das war 1985. Ich arbeitete noch immer halbtags in der
Werkstatt, auch wenn ich schon recht viele Auftritte hatte, bei
denen ich maximal eine Stunde spielte. Ich konnte mir gar nicht
vorstellen, zwei Stunden allein auf der Bühne zu stehen.

Der Rich hatte mich auf Diskotour geschickt, wo ich bis nach
Freiburg gekommen war, und gerade hatte ich bei zwei richtig

großen Konzerten mitspielen dürfen, beim München Singats und beim Gallimarkt in Mainburg, da waren schon ein paar hundert Leute im Publikum gewesen.

Aber mein Beruf war Mechaniker. Niemals hätte ich mir vorstellen können, dass das Musikmachen zu meinem Beruf wird. Ich war ein guter Mechaniker. Das Schrauben und Schweißen machte mir Spaß. Aber wenn der Uzicanin für mich ein Konzert in Ruhpolding organisieren wollte, auch okay.

Der Uzicanin setzte ein Inserat in die Zeitung und ließ ein paar Plakate drucken, Hans Söllner, Kurhaus Ruhpolding, Samstag, 19.30 Uhr.

Das war das erste Konzert, wo nur ich allein spielen sollte. Zweimal 45 Minuten, 30 Minuten Pause.

Ich fahre an dem Samstag ziemlich spät von München weg. Als ich beim Kurhaus Ruhpolding ankomme, ist der Parkplatz so voll, dass ich mein Auto irgendwo an die Straße stellen muss und mit der Gitarre auf dem Rücken eine Ewigkeit bis zur Kurhalle gehe.

Die Halle ist ausverkauft. Fünfhundert Menschen. Vor der Tür stehen noch hundert, die reinwollen und einen ziemlichen Lärm machen, weil sie keine Karten mehr kriegen. Die Karte kostet zwölf Mark.

Ich denk mir, was ist denn hier los? Ist hier ein Heimatabend? Die können nicht alle wegen mir hier sein.

Aber als ich dann eine halbe Stunde später auf die Bühne gehe, merke ich: Die sind schon wegen mir da. Ich muss direkt lachen, als ich die vielen Köpfe da unten sehe, die zu mir raufschauen wie zum Pfarrer in der Kirche, und weil ich lachen muss, glauben die unten, das gehört zum Programm, und müssen auch lachen. Wenn alle lachen, ist es nicht mehr schwer, gute Stimmung zu machen.

Wie ich dann anfange, meine Lieder zu spielen, merke ich, dass offenbar mehr Platten von mir im Umlauf sein müssen, als es der I. Rich behauptet. Immer wenn ich mit einem Song anfange, warten sie unten darauf, dass ich singe, damit sie erkennen, welches Lied ich spiele. Weil meine Lieder klingen ja am Anfang immer ziemlich ähnlich. Wie beim Dylan auch und beim Marley auch.

Aber die Typen im Kursaal Ruhpolding kennen meine Songs von der Platte, und wenn ich anfange zu singen, singen sie prompt mit. Bei »Endlich eine Arbeit« und beim »Rasenmäher« singen sie leiser mit. Beim »Schwabinglied« singen sie schon ziemlich laut mit, und wenn ich dann mit dem »Marihuanabam« anfange, geht die Post ab.

Hey, Wahnsinn: Die Typen können meine ganzen Texte auswendig und singen von der ersten Strophe an mit, und beim Refrain geht es ab wie am Fußballplatz. Ich muss fünf Zugaben spielen und als letzte Zugabe noch einmal den »Marihuanabam«.

Nach dem Konzert ist für mich eine Brotzeit hergerichtet, das war auch keine Selbstverständlichkeit. Der Uzicanin hat eine Hendlbraterei im selben Haus gehabt, und ich bekomme ein Brathendl und eine Apfelsaftschorle dazu. Gratis.

Damals esse ich auch noch Fleisch. Als ich also da sitze und mir das Hendl schmecken lasse, kommt der Uzicanin und strahlt von einem Ohr zum anderen.

»Schau her«, sagt er und holt aus seiner Hosentasche ein Bündel von Geldscheinen, »das gehört dir.«

Ich hab vermutlich sehr blöd geschaut, weil ich bis dahin maximal zweihundert Mark für einen Auftritt bekommen habe. Aber was mir der Uzicanin da über den Tisch schob, das war mehr. Viel mehr. Als ich es abgezählt hatte, waren es dreitau-send Mark.

Dreitausend Mark! So viel verdiente ich als Mechaniker in einem halben Jahr nicht.

Aber das war noch nicht alles.

»Pass auf, Hans«, sagte der Uzicanin, »ich hab einen Vor-schlag. Wir machen fifty-fifty. Ich organisiere für dich Konzerte. Du hast nichts damit zu tun. Ich sag dir nur, wo du hinkommen musst. Und du nimmst deine Gitarre mit, das reicht.«

»Warum nicht?«, sagte ich und schaute zuerst den Uzica-nin und dann die dreitausend Mark an. Ich dachte, es gibt viel-leicht noch zwei, drei Konzerte für ein paar Hansln irgendwo, und war mit der Idee total zufrieden. Ich habe auch nicht viel Geld gebraucht. Mein Lebensstandard war mehr als bescheiden. Wenn ich nicht wusste, wo ich schlafen sollte, legte ich mich einfach ins Auto.

Das Geld, das ich beim Spielen einnahm, rechnete ich einfach in Arbeitszeit in der Werkstatt um: Für hundertsiebzig Mark musste ich eine Woche arbeiten. Für siebenhundert Mark arbei-tete ich einen Monat. Die Dreitausend, die ich da in der Hand hatte, waren mehr als ein halbes Jahr Arbeit in der Werkstatt. Mann, ich hatte plötzlich so viel Zeit.

Mir gingen ein paar Gedanken durch den Kopf. Warum, dachte ich mir, mache ich nicht in Reichenhall eine eigene Autowerkstatt auf? In der Garage daheim hat schon der Bru-der einen Ölabscheider eingebaut. Mit dem Vater hatte ich auch schon darüber gesprochen. Er hatte gemeint, für ihn wäre das okay, aber ich muss ihm den Strom bezahlen, den ich ver-brauche.

Ich überschlug im Kopf, was für eine Ausrüstung ich für

eine Werkstatt brauchen würde: ein Schutzgasschweißgerät, eine Flex, einen gescheiten Wagenheber und einen Kompressor. Mit den dreitausend Mark konnte ich mir das ganze Zeug auf einen Sitz kaufen.

Aber dann dachte ich mir, die Werkstatt hat eigentlich Zeit, und kaufte mir ein Motorrad, eine geile AME, die auf einen Chopper umgebaut war. Ich wusste ja nicht, ob ich noch einmal so viel Geld auf einmal bekomme. Außerdem wollte ich wegfahren können. Ich hatte Liebeskummer.

13

Die Jahre zwischen 1984 und 1987 waren das Liebesdrama meines Lebens im Schnelldurchlauf.

Zwischen der Ingrid und mir hat es gekriselt. Wir hatten zusammen gewohnt, gemeinsam einen Hund und einen Papagei gehabt. Dann ging sie nach Eichstätt zum Studieren, und ich lernte im MUH die Gabi kennen, und in die Gabi habe ich mich Hals über Kopf verliebt.

Die Gabi hat in der Entenbachstraße gewohnt, und ich bin bei ihr eingezogen. Aber das ging nicht gut. Sie hat mich immer wieder eifersüchtig gemacht, und das habe ich ganz schlecht ausgehalten.

Ich war todunglücklich. Sogar über Selbstmord dachte ich nach, wie damals in meiner Zeit bei der Bundeswehr. Manchmal, wenn ich nirgendwo unterkam, schlief ich sogar in den Isarauen. Aber als der Herbst 1984 richtig nass und kalt wurde, sagte ich mir: Schluss mit der Scheiße. So geht das nicht weiter.

Also bin ich zum Wohnungsamt und hab gesagt, ich brauch eine Sozialwohnung. Das war vor meinem Konzert im Kurhaus

Ruhpolding, zu einer Zeit also, wo selbst das Finanzamt akzeptiert hätte, dass ich nur den Mechanikerlohn habe.

Auf dem Sozialamt hab ich sofort Dringlichkeitsstufe 1 bekommen, 97 von 100 Punkten Bedarf. Aber Wohnung haben sie keine gehabt.

»Ich brauch aber eine Wohnung«, hab ich gesagt.

»Tut uns leid«, haben sie gesagt.

Draußen hat es geregnet. Es war scheißkalt, sechs oder sieben Grad.

Ich bin also mit meinem Schlafsack ins Wohnungsamt, bin ins Wartezimmer gegangen und habe den Schlafsack dort ausgebreitet.

»Was machen Sie hier?«, fragten die vom Wohnungsamt mit großen Augen.

»Ich schlafe heute hier«, sage ich. »Weil im Brotzeitraum von der Werkstatt laufen mir in der Nacht die Mäuse übers Gesicht.«

»Aber Sie können nicht hier schlafen.«

»Dann besorgen Sie mir eine Wohnung.«

Eine Viertelstunde später war die Polizei da. Die nahmen mich mit und steckten mich in eine Ausnüchterungszelle.

Am nächsten Morgen ließen sie mich gehen, und ich fuhr in die Arbeit. Nach der Arbeit bin ich wieder mit meinem Schlafsack ins Wohnungsamt, und zwei Tage später hatte ich eine Wohnung. Achentalstraße in Ramersdorf, eineinhalb Zimmer, Bad, Klo, frisch renoviert.

Du musst ihnen nur genug auf den Sack gehen.

Jetzt hatte ich die erste eigene Wohnung, dabei wollte ich gar keine eigene Wohnung. Ich wollte ja gar nicht alleine wohnen. Ich wollte mit der Gabi zusammenwohnen. Überall in der Stadt traf ich gemeinsame Freunde von der Gabi und von der

Ingrid. Das war zu schmerzhaft. Ich war nicht mehr fähig, einer geregelten Arbeit nachzugehen. Ich konnte mich nicht mehr konzentrieren. Wenn ich damals nicht die Gitarre gehabt hätte, mit der ich mich wenigstens manchmal trösten konnte, wäre ich vielleicht ein Penner geworden. Ich wäre abgestürzt. Der Weg dorthin war nicht mehr weit. Damit ich aus diesem Teufelskreis entkomme, bin ich sogar zurück nach Reichenhall gezogen.

Die Trennung von der Gabi hat fast zwei Jahre gedauert. Ich wollte sogar aufhören, Musik zu machen, wenn mir das unsere Beziehung gerettet hätte. Weil die Gabi hat es schlecht verkraftet, dass sich bei den Konzerten alles nur um mich dreht. Da ist sie eifersüchtig geworden, und diese Art von Eifersucht ist später immer wieder in meinen Beziehungen aufgetaucht.

Ich hätte damals auf jeden Fall eher mit der Musik Schluss gemacht als mit der Gabi. Aber dann hat sie mir diese Entscheidung abgenommen und hat endgültig mit mir Schluss gemacht.

In dieser Zeit habe ich in einer Diskothek zum ersten Mal auch die Barbara getroffen, mit der ich heute verheiratet bin. Manchmal habe ich auch die Ingrid besucht. Weil ich kein Eroberer und kein Draufgängertyp bin. Ich habe schon immer die Vertrautheit geliebt und das Familiäre, und dann ist die Ingrid schwanger geworden.

Das hat mein Leben komplett verändert. Weil plötzlich habe ich gewusst, dass ich Verantwortung habe und dass ich dieser Verantwortung gerecht werden muss. Es ist etwas Neues auf mich zugekommen, und ich wollte gerne alles richtig machen.

14

Im März darauf brachte sich mein Cousin, der Roland, um.

Er war der Sohn der Schwester von meinem Vater, und wir hatten alle auf demselben Grundstück in der Heubergstraße gewohnt. Wir waren gemeinsam zu den Englischen Fräulein in den Kindergarten gegangen und hatten als Kinder viel miteinander gespielt.

Der Roland war ein Entwurzelter. Er war einmal in Reichenhall und einmal in Berlin, ein richtiger Rumtreiber. Seine Malerlehre kriegte er noch irgendwie hin, aber bei der Bundeswehr hatte er weniger Glück als ich und wurde fahnenflüchtig, dafür sperrten sie ihn ein.

Er hat es auch mit dem Alkohol nicht im Griff gehabt und alle möglichen Drogen ausprobiert. Später wohnte er wie ein Penner in einer Baracke in Perach, westlich von Freilassing, direkt an der Eisenbahn. Wenn ihm die Mutter nicht immer wieder ein paar Mark zugesteckt hätte, wäre er wahrscheinlich verhungert.

Als dann der Großvater vom Roland starb, sein Hund vom Zug überfahren wurde und seine Freundin endgültig nichts mehr von ihm wissen wollte, ist er nach Freilassing, hat sich mit Benzin übergossen und angezündet. Als die Feuerwehr kam, war schon so viel von seiner Haut verbrannt, dass er elend krepiert ist.

Ich ging dann auf die Beerdigung nach Freilassing. Dort bin ich gleich schwach angeredet worden, weil ich nicht schwarz angezogen war, sondern ausgelatschte Schuhe und einen roten Pullover anhatte. Nachdem der Roland eingegraben war, sind alle ins Wirtshaus, dort gab es zu essen und zu saufen, und dann hat es vielleicht ein paar Minuten gedauert, und es ist gelacht und gegrölt worden, als wenn nichts gewesen wäre.

Mich hat das so aufgeregt, dass ich gegangen bin, ohne mich

zu verabschieden, und dann bin ich heim und hab das Lied »Für Marianne und Ludwig« geschrieben. Die Marianne und der Ludwig, das waren die Eltern vom Roland.

Ihr hobts überhaupt ned kapiert
Um was do eigentlich ganga is
Koana von eich hot se Gedankn drüber gmacht

Ihr hobts scho lang wieder vagessn
Und ihr hobts nu goa net gmerkt
Dass oana föit bei uns am Disch
Aber ihr lachts

Ihr hobts' n rearn gseng
Aber eire Augn warn blind
Ihr hobts' n schrein hearn
Aber eire Ohrn warn taub
Ned vui is übrig bliebn von dir
Wenn i dro denk wost amoi warst
A boar Gedankn und a Buidl auf meim Disch.

I dad mi schamma wenn i so woar wia iha
I dad mi schamma wenn i überhaupt koa Gfui mehr
*   häd in mia*
Kim geht's weg und lassts mi durch
Lassts mi ausse bei da Dia
I hob so Angst das i neba eich dafrier.

Das Lied kam auf meine zweite Platte, die der Rich im Jahr darauf bei einem Konzert in der Soafa in Dorfen aufnahm. Es war ein untypisches Lied für mich. Bis dahin hatte ich immer eher lustiges Zeug zusammengereimt, aber das hier war anders. Es war ein Lied, mit dem ich mir etwas von der Seele schreiben musste, auch wenn dann zwischen Marianne, Ludwig und mir jahrelang Funkstille herrschte.

Ich wusste damals noch nicht, dass man als Eltern in eine Situation kommen kann, wo man seinen Kindern nicht mehr helfen kann. Das habe ich erst später in der eigenen Familie gesehen, als es mit meinen Brüdern schlimm geworden ist. Erst dann ist mir geschossen, dass ich der Tante und dem Onkel vielleicht unrecht getan habe, und ich bin zu ihnen gegangen, um mich zu entschuldigen.

Sie haben die Entschuldigung angenommen. Es war höchste Zeit, der Onkel ist dann selbst krank geworden und gestorben, und etwas vom Letzten, was er gesagt hat, war: »Schön, dass der Hansi noch einmal gekommen ist.«

15

Das ganze Jahr 1985 war beziehungsmäßig ein Chaos und ein Drama. Ich hörte Bob Marley, »No Woman No Cry«. Ich rauchte Spliffs mit schlechtem Gras. Ich wusste nicht einmal mehr, ob ich jetzt ein Mechaniker war oder ein Musiker. Ich musste nachdenken, aber der Alltag lenkte mich ab. Irgendwann hatte ich dann die rettende Idee: Ich ging ins Reisebüro und buchte einen Flug nach Jamaika. Ich wollte einfach nur noch weg. Ich hatte noch nie in meinem Leben richtig Urlaub gemacht, schon gar nicht allein.

Jamaika war für mich der Notausgang. Jamaika war das Land, das so ausschaut, wie der Bob Marley singt. Jamaika war perfekt. In Jamaika muss man sich nicht den Kopf zerbrechen. In Jamaika kommt man auf Ideen. Dachte ich jedenfalls.

Aber als ich in Montego Bay aus dem Flugzeug ausstieg, kriegte ich schon die erste Watschen. Es war heiß wie in der Hölle und schwül wie im Bierzelt am Oktoberfest. Kaum war ich aus dem Flugzeug draußen, schwitzte ich schon wie ein Schwein, und draußen vor dem Flughafengebäude war ich sofort umringt von Schwarzen, die »Taxi, Taxi« schrien und mich so verlogen komplizenhaft anschauten, als ob sie mir einen Jahresbedarf an Gras verkaufen wollen.

Ich habe dann die Sehenswürdigkeiten von Jamaika abgearbeitet. Alles, was ich in Deutschland gehört hatte, habe ich angeschaut.

Aber Montego Bay war total mit Feriensiedlungen verbaut. Kingston war laut, heiß und dreckig wie jede Großstadt, vielleicht noch dreckiger. Die Rastas schauten mich nicht einmal an.

Ein Fan in München hatte mir die Adresse von einem Deutschen in Kingston gegeben, bei dem ich wohnen könnte, angeblich ein total cooler und lässiger Typ. Den wollte ich jetzt anrufen.

Telefonzelle fand ich keine, also ging ich in eines dieser Luxushotels, von denen es an jeder Ecke eines gab. Von dort rief ich den lässigen Deutschen an. Der war ein Zahntechniker, der ein Apartment auf Jamaika hatte, und ich durfte dort wohnen.

»Es wird dir gefallen«, sagte er mir am Telefon und gab mir die genaue Adresse durch.

Während ich die Adresse auf einen Zettel kritzle, passe ich einen Augenblick nicht auf meinen Rucksack auf, und als ich mich wieder zum Rucksack umdrehe, sehe ich, dass mein Geldbeutel am Boden liegt, und als ich ihn panisch aufhebe, merke ich, dass mir irgendein Arschloch fast mein ganzes Geld gestohlen hat, zweitausend Dollar, die ich mir für die Reise zusammengespart habe.

Aber das ist noch nicht alles.

Das Apartment, das der Zahntechniker mir vermieten will, ist ein Zimmer in einer der typischen weißen Touristensiedlungen, Club Irgendwas, wo die Weißen im Urlaub unter sich bleiben und nur mit den schwarzen Schönheiten an der Bar herumhängen, wenn sie was zum Ficken brauchen. Einheimische kommen nur als Kellner oder Putzpersonal vor.

Ich haute sofort ab, weil wenn ich etwas nicht aushalte, dann sind es fette Weiße, die so tun, als wäre die Sklaverei noch nicht abgeschafft.

Ich zog weiter durch Kingston und suchte nach einem Hotel, das wenigstens so abgerissen aussah, dass ich dort nicht weiter auffallen würde. In einem Haus namens Four Seasons checkte ich ein, rauchte einen Spliff von der Größe einer Zigarre und schlief mir den Frust weg.

Aber dort war es schon wieder dasselbe. Etwas weniger fette Weiße lassen sich von den Schwarzen Cocktails mit Schirmchen bringen. Das hielt ich auch nicht aus.

Such dir ein Haus, Hans, wo nur Schwarze wohnen, sagte ich mir. Dort geht es dir besser. Dann kommst du endlich in Jamaika an. Aber es war auch nicht das Wahre. Weil die Jamaikaner, die dort herumhingen, hatten überhaupt keine Lust, mit mir zu sprechen. Sie schauten mich an, ich schaute sie an. Dann schauten sie durch mich durch, und damit hatte die Kommunikation ein Ende.

Es war ein Spießrutenlauf gegen die Arroganz und gegen die Armut. Davon hat der Bob Marley nicht gesungen.

Nach der Hälfte des Urlaubs treffe ich am Strand von Ocho Rios zwei Rosenheimer mit einem großen Schwarzen, der lange Dreadlocks hat. Das war der Bernd. Er hat ausgeschaut wie ein Jamaikaner, aber als ich hingehört habe, was er sagt, merke ich, dass er genauso Bayrisch redet wie ich.

Weil er war in Rosenheim aufgewachsen und nach Jamaika ausgewandert. Hier hat er eine Familie gegründet.

Ich will mich vorstellen, aber der Bernd schaut mich mit lustigen Augen an und sagt in breitestem Bayrisch: »Wie geht's dir, Hans?«

Weil er schon von irgendwem gehört hat, dass ich auf der Insel bin.

Also erzähle ich ihm, wie es mir geht: »Ich warte, dass mein Urlaub vergeht. Weil ich freu mich auf daheim.«

»Was ist los mit dir?«, fragt der Bernd.

»Scheiße«, sag ich. »Ich hab einen Haufen Geld ausgegeben für beschissene Löcher, wo ich geschlafen habe. Ich bin dauernd über den Tisch gezogen worden. Ich bin beklaut worden. Ich will heim.«

»Sei cool«, sagt der Bernd. »Weißt du was? Du bist auf Jamaika! Lass los, Alter.«

Dann hat er mich eingeladen, dass ich mit ihnen weiterfahre.

Das war der erste Lichtblick in Jamaika. Eine Ahnung von Freundschaft, Wärme und Musik.

»Wo fahren wir hin?«, frage ich den Bernd.

»Nach Snow Hill«, sagt er, und ich denke mir, das ist ein Scherz.

Aber wir sind wirklich zu einem Ort namens Snow Hill gefahren, mitten in der karibischen Hitze, das war ein winziger Ort in der Nähe von Port Antonio. Dort haben wir das Auto stehen gelassen und sind den Hügel hinaufgegangen, weil der Bernd auf dem Snow Hill seine Hütte gehabt hat. Es war ein steiler Anstieg. Die Sonne brannte herunter. Wir haben geschwitzt wie die Schweine. Doch als wir endlich in der Hütte angekommen sind, war es endlich der Frieden, von dem ich schon seit drei Wochen geträumt habe.

Vor der Hütte vom Bernd sind schon ein paar Rastas gesessen und haben Ganja geschnitten. Von drinnen ist schöner Reggaesound herausgekommen, und der Bernd hat zu mir gesagt: »Jetzt setz dich her, weil jetzt rauchen wir einmal was.«

Ich hatte vorher nur einmal mit einem Rasta einen Joint geraucht, der war so stark gewesen, dass ich es nur mehr dreihundert Meter weiter bis in eine Pizzeria geschafft habe. Aber jetzt haben der Bernd und seine Freunde keinen Joint hergerichtet, sondern einen Bong, eine Wasserpfeife.

So einen Bong hatte ich bis dahin noch nie geraucht. Aber auf der Terrasse vom Bernd sind gleich fünf oder sechs kompetente Lehrpersonen gesessen. Ich habe zugeschaut, wie sie das klein geschnittene Ganja, das oben in dem Trichter gelegen ist, mit ein paar kurzen, stoßartigen Atemzügen voll zum Glühen gebracht haben, und wie sie dann mit einem unendlich langen Zug den weißen Rauch eingeatmet haben, wie wenn sie am Ertrinken gewesen wären.

Dann ist der Charlie passiert. Weil der Rauch hat mir die Schädeldecke abgehoben. Ich bin in die Erdumlaufbahn eingetreten und hab ein paar lange Runden gedreht. Da hat der Felix Baumgartner grad das Radfahren gelernt, da war ich schon dort oben unterwegs.

Ich war dann zwei Tage in Snow Hill und bin anschließend zurück nach Negril. Dort wohnte ich ein paar Tage in einer Holzhütte, bevor ich in ein Gästehaus nach Montego Bay weitergefahren bin.

In Negril habe ich die Hyacinth kennengelernt. Sie war Hausmädchen im Gästehaus, und sie hat mir besonders gut gefallen. Es war ein unschuldiges, schönes Kennenlernen, ohne dass wir viel miteinander geredet hätten. Die Hyacinth konnte ja nur Englisch, und ich konnte nur Bayrisch. Aber wir sind nebeneinandergesessen und haben uns angelächelt, und wir haben uns nicht einmal berührt. Wir sind nur gesessen und haben geschaut und uns gefreut, dass der andere da war.

Als der Urlaub zu Ende war, hab ich mich von der Hyacinth verabschiedet, weil ich dachte, dass ich sie nie wiedersehen werde. Aber ich bin noch dreizehn Mal gekommen, und ich habe sie auf jeder dieser Reisen besucht. Es ist eine wunderbare Freundschaft ohne Worte geworden.

Für die letzte Nacht vor dem Abflug war ich dann im Harmony House in Montego Bay untergebracht. Ich liege schon im Bett, als es an der Tür klopft.

Ein Typ steht da und fragt mich, ob ich etwas zum Rauchen brauche und ein Mädchen.

Nein, sage ich und winke mit beiden Händen ab.

Aber er wollte mich wahrscheinlich gar nicht verstehen, weil es zehn Minuten später wieder an der Tür klopfte, und das Mädchen war da.

Scheiße.

Also musste ich ihr erklären, dass ich ganz sicher kein Mädchen dafür bezahle, dass es mit mir ins Bett geht, weil ich es nicht ertragen kann, wenn Weiße sich in Afrika oder Amerika wie die Herrenmenschen aufführen, und das Geschäft gehört für mich leider dazu, auch wenn ich natürlich weiß, dass viele dunkelhäutige Mädels sich verkaufen müssen, um ihre Familie durchzubringen. Und dass es nicht daran liegt, dass sie mir nicht gefällt, im Gegenteil, ich finde dunkelhäutige Menschen ganz besonders anziehend.

Das und noch einiges mehr habe ich ihr erzählt. Sie hat zugehört und gewartet, und vielleicht hat sie doch nicht alles verstanden. Aber sie hat verstanden, als ich ihr die 160 Jamaika-Dollar, die sie haben wollte, doch gegeben habe, ohne dass sie mit mir das tun musste, was sie sonst tun muss, wenn sie zu einem Weißen aufs Zimmer geht.

Dafür habe ich ein Lächeln von ihr bekommen, das war so schön und so ehrlich, dass es jedes Geld wert gewesen wäre. Ich bin mir sicher, dass sie so gelächelt hat, weil sie meinen Respekt gespürt hat. Und alle Mitarbeiter vom Harmony House haben mir zugenickt, als ich am nächsten Tag mit meinem Rucksack Richtung Flughafen verschwunden bin.

Natürlich war der Aufenthalt in Jamaika nicht der Notausgang aus meinen Problemen. Jamaika war das Land, wo ich mich kaum traute, ins Meer schwimmen zu gehen, weil ich Angst hatte, dass mir ein Arschloch mein letztes Geld klaut. Ich war noch nicht offen für Jamaika gewesen. Ich hatte bloß einen Abstand zu dem Ort gesucht, wo mein ganzer Stress war.

Eine Sache hatte ich allerdings doch gelernt: wie gut ein gutes Gras einfährt. Und ich habe das längste Lied geschrieben, das mir bisher eingefallen war. Es hatte 25 Strophen und hieß »Der Charlie«. Und als ich mir am letzten Abend an den Hinterkopf langte, fiel mir auf, dass sich der Rest von meinem Irokesen in eine erste Dreadlock verwandelt hatte.

16

Als ich zurück nach Deutschland kam, sah ich trotzdem ein paar Dinge klarer.

Erstens war klar, dass ich nicht das letzte Mal in Jamaika gewesen war. Ich hatte die Magie der Insel nicht erlebt, weil ich völlig unvorbereitet hingeflogen war und mich angestellt hatte wie ein Depp. Das würde mir beim nächsten Mal nicht mehr passieren. (Und das stimmte auch: Weil von da an fuhr ich dreizehn Jahre lang einmal pro Jahr nach Jamaika, und es war immer der Hammer.)

Zweitens war klar, dass ich nicht mehr in die Werkstatt arbeiten gehen, sondern eine eigene Werkstatt aufmachen und nebenbei Musik machen will. Ich fuhr also zum Uzicanin nach Ruhpolding und sagte ihm: »Du, ich brauch einen, der mir die Konzerte ausmacht. Kannst du das für mich machen?«

»So«, sagte der Uzicanin. »Du suchst also einen Manager.«

»Was tut ein Manager?«, fragte ich den Uzicanin.

»Der macht die Konzerte für dich aus.«

»Also gut. Dann brauche ich halt einen Manager.«

Und dann war er mein Manager für die nächsten Jahre.

Der Uzicanin hatte bei den Benediktinern Theologie studiert. Aber nach zwei Jahren ging ihm das Studium auf den Sack. »Ich bin nicht der richtige Mitarbeiter für den lieben Gott«, sagte er immer.

Dafür konnte er ganz gut Klavier spielen, ganz sicher besser als ich Gitarre. Er trat auch gern mit einer Tanzkapelle auf, und wahrscheinlich war er so ins Kurhaus Ruhpolding gekommen und als Kurdirektor hängen geblieben.

Der Uzicanin kannte alle Kurhäuser in Bayern. Das waren Veranstaltungshäuser, die sich gegenseitig die ganzen Trachtler zugeschanzt haben. Wenn Marianne und Michael in Traunstein gespielt haben, dann hat sie der Veranstalter nachher auch nach Inzell geschickt und hat dafür die Oberkrainer gekriegt, die vorher wiederum in Inzell gespielt haben. Das war ein großes Netzwerk, und der Uzicanin ist wie eine Spinne in der Mitte von dem Netz gehockt.

Ich hab gedacht, wenn er mir einmal im Monat so ein Konzert ausmacht wie das in Ruhpolding, dann ist alles gut. Ansonsten spielte ich meistens im Robinson oder im MUH, und von mir aus hätte es auch ruhig so weitergehen können.

Dann ruft mich der Uzicanin an und sagt: »Hans, es ist Zeit.«

»Okay«, sag ich, »was liegt an?«

»Wir müssen den Plan miteinander besprechen.«

»Welchen Plan?«

»Deinen Tourplan.«

»Was für einen Tourplan?«

»Die Kurhäuser-Tour. Erinnerst du dich eigentlich noch daran, dass du einen Manager wolltest? Einen, der dir Konzerte ausmacht? Jetzt hab ich dir Konzerte ausgemacht, und jetzt musst du nur noch dort hinfahren und die Säle rocken.«

Als wir uns dann treffen, übergibt mir der Uzicanin ein paar Zettel, die mit der Maschine ganz eng beschrieben sind. Darauf steht die Liste, wann ich wo sein soll:

10. September, Bad Bentheim

11. September, Bad Bertrich

12. September, Bad Hersfeld

15. September, Bad Kissingen

16. September, Bad Suderode

Und so weiter. Insgesamt vierzig Termine in zwei Monaten.

»Was sind denn das für Hallen?«, hab ich den Uzicanin gefragt.

»Die sind alle ungefähr so groß wie die in Ruhpolding«, hat der Uzicanin gesagt, »sechs- bis siebenhundert Leute.«

»Spinnst du?«, hab ich gesagt. »Die kriegst du doch nie voll.«

Aber er hat gesagt: »Die krieg ich schon voll«, und er hat sich nicht getäuscht.

Die Tour durch die Kurhäuser war meine erste richtige Tournee. Damit ich die Tour überhaupt spielen konnte, musste ich meinen Job als Mechaniker endgültig in den Wind schreiben, weil der Uzicanin sich nicht darum gekümmert hat, dass die Termine nur am Wochenende stattfinden.

Ich hab damals, als die Tour begann, in Reichenhall gewohnt, weil es beziehungsmäßig gerade wieder schwierig war. Dann hab ich mich angestellt wie der erste Mensch. In der Früh schau ich auf meinen Zettel und sehe, aha, heute Abend spiel ich in Passau. Dann bin ich um drei nachmittags von Reichenhall nach Passau gefahren, hundertdreißig Kilometer, und nach dem Konzert bin ich wieder von Passau nach Hause gefahren, wieder hundertdreißig Kilometer, mitten in der Nacht.

Um drei oder vier in der Früh war ich dann zu Hause und hab mich hingelegt, und am nächsten Tag zu Mittag schaue ich dann wieder auf meinen Zettel, aha, heute Abend Konzert in Bad Füssing, dann bin ich wieder die ganze Strecke von Reichenhall nach Füssing gefahren, hundert Kilometer, anstatt dass ich in Passau ins Hotel gehe und am nächsten Tag die fünfundzwanzig Kilometer nach Füssing rüberfahre.

Für mich war klar, zuerst spielst du, dann fährst du heim. Länger als einen Tag im Voraus hab ich sowieso nicht geplant. In dem Herbst hab ich Bayern und seine Straßen ganz gut kennengelernt, bei Tag und bei Nacht.

Die Konzerte waren der Wahnsinn. Überall, wo ich hinkam, das gleiche Bild. Der Kursaal voll mit coolen Leuten und vor dem Saal ein Gerangel um Eintrittskarten. Irgendwie hatte es sich herumgesprochen, dass es bei meinen Konzerten lustig zugeht, jedenfalls waren die spießigen Säle, wo sonst die Oberrainer auftreten, bummvoll mit Leuten, die noch nie in einem Kurhaus gewesen waren. Manchmal waren auch Kurgäste dabei, aber bei denen sprach es sich auch herum, dass es bei meinen Konzerten lustig zugeht. Bald waren dann keine Kurgäste mehr da.

Nach den Konzerten verkaufte ich von der Bühne herunter meine Schallplatten, und immer öfter musste ich unterschreiben, bis ich fast eine Sehnenscheidenentzündung vom vielen Unterschreiben bekam.

Regelmäßig kam der Uzicanin nachher in die Umkleide, grinste wie ein Honigkuchenpferd und legte Geld auf den Tisch, wie es ausgemacht war. Ich war nach jedem Konzert von Neuem sprachlos darüber, wie dick das Bündel mit Banknoten war, das ich in der Hosentasche mit nach Hause nahm und am Montag bei der Sparkasse auf mein Konto einzahlte.

Damals hatte ich für meine eigene Werkstatt schon das Schutzgasschweißgerät angeschafft, und ich dachte daran, eine Hebebühne aufzutreiben. Aber dann war irgendwann klar, dass ich keine eigene Werkstatt aufmachen muss, und für mein Chaos war die Musik auch die beste Therapie.

17

Ende Oktober hatte ich mehr als 40 000 Mark auf dem Konto. Dafür hätte ich als Mechaniker ein paar Jahre arbeiten müssen. Ich kaufte mir für 20 000 Mark einen Alfa Spider. Der war ein Spielzeug-Glump, aber ich musste ihn unbedingt haben.

Irgendwann fragte mich der Uzicanin, wer mein Steuerberater ist.

»Steuerberater? Für was brauch ich einen Steuerberater?«

»Na, wer macht dir denn sonst die Steuer? Oder machst du deine Steuer selbst?«

»Von was redest du?«, fragte ich. »Steuern? Was für Steuern?«

Der Uzicanin klärte mich dann auf, dass ich Steuern zahlen muss. Darauf war ich überhaupt nicht vorbereitet. Bisher hatte ja das Geld, das mir der Meister in der Werkstatt ausgezahlt hatte, auch mir gehört, und ich hatte keine Steuern zahlen müssen. Dass die Steuern da schon abgezogen waren, davon hatte ich keine Ahnung.

Ich folgte also dem Rat vom Uzicanin und nahm mir in Simbach einen Steuerberater. Der rechnete mir aus, wie viel Steuern ich zahlen musste. Als ich meine Rechnung bezahlt hatte, wurden wir nach Berchtesgaden aufs Finanzamt vorgeladen. Steuerprüfung. Die Finanzer fanden, dass auf meinem Konto zu viel Geld liegt. Mein Steuerberater hat sofort sein Mandat niedergelegt und mich mit dem Scheiß alleingelassen.

»Sie haben da neuntausend Mark, für die wir keine Belege haben«, sagt der Finanzer. »Wo kommt dieses Geld her, Herr Söllner?«

Da fragten sie natürlich den Falschen. Ich hatte ja nie eine Rechnung an den Uzicanin gestellt, sondern immer nur die Kohle genommen, die er mir nach dem Konzert ausbezahlt hatte. Die hatte ich dann auf die Sparkasse gebracht. Aber der Uzicanin hatte das alles genau aufgeschrieben und konnte mir helfen. Das Problem war, dass ich nach jedem Konzert mehr auf der Sparkasse eingezahlt hatte, als beim Uzicanin in seinen Akten stand.

»Denken Sie nach, Herr Söllner«, sagte der Finanzer provokant. »Haben Sie das Geld auf der Straße gefunden? Ist es vom Himmel gefallen?«

»Ich weiß es nicht«, sagte ich.

»Fangen wir noch einmal von vorne an«, sagte der Finanzer. »Was sind Sie von Beruf?«

»Mechaniker.«

»Mechaniker? Aber Sie spielen doch Konzerte.«

»Ja. Ich bin ein Mechaniker, der auch Konzerte spielt.«

»Verdienen Sie mit den Konzerten Geld?«

»Sicher. Sonst würde ich ja keine Konzerte spielen.«

»Verdienen Sie mehr Geld als Mechaniker oder als Musiker?«

»Ich verdiene mehr Geld bei den Konzerten.«

»Dann sind Sie Musiker!«

»Nein. Ich bin Mechaniker. Sie können in der Werkstatt Schuster anrufen, die werden Ihnen das bestätigen.«

So ging das eine ganze Weile.

Irgendwann fiel mir dann ein, dass das Geld, über das wir gerade redeten, vielleicht von den Schallplatten kommt, die ich nach den Konzerten verkaufte. Das sagte ich dem Finanzer. Der hatte gar nicht gewusst, dass es eine Schallplatte von mir gab.

»Welche Schallplatten?«

»Nach den Konzerten verkaufe ich Schallplatten.«

»Was für Schallplatten?«

»Na, meine Schallplatte. Hans Söllner, ›Endlich eine Arbeit‹.«

»Sie haben eine Schallplatte aufgenommen?«

»Ja, sicher hab ich eine Schallplatte aufgenommen.«

»Also sind Sie doch ein Musiker!«

»Nein, ich bin Mechaniker.«

»Aber wenn Sie eine Platte aufgenommen haben …«

»Ich bin eben ein Mechaniker, der eine Platte aufgenommen hat.«

»Ich werde Ihnen jetzt etwas sagen, Herr Söllner: Ein Mensch, der mit Konzerten sein Geld verdient und Schallplatten aufnimmt, die er dann verkauft, ist kein Mechaniker, sondern ein Musiker. Von mir aus ein Musiker, der Autos repariert. Aber auf jeden Fall ein selbstständiger Unternehmer. Ist das klar?«

Seither bin ich endgültig Musiker. Es war aber nicht meine Entscheidung, sondern die vom Finanzer.

Das Finanzamt brummte mir sofort eine Geldstrafe von dreitausend Mark auf wegen fahrlässiger Steuerhinterziehung.

»Was?«, schrie ich den Finanzer an. »Was soll denn das sein, fahrlässige Steuerhinterziehung? Das Geld ist doch da! Auf meinem Konto. Ich habe gar nichts hinterzogen.«

»Doch«, sagte der Finanzer. »Weil es sollte nicht auf Ihrem Konto sein, sondern auf unserem.«

»Also wär es besser, das Geld wär nicht da?«

»Nein, dann könnten Sie ja Ihre Strafe nicht bezahlen.«

»Wenn das Geld also nicht da wäre, müsste ich nichts bezahlen?«

»Nein, dann müssten Sie die Strafe natürlich trotzdem bezahlen.«

Das war dann endgültig zu hoch für mich.

Aber mit den dreitausend Mark Strafe hatte das Finanzamt nicht genug. Weil ich bis dahin noch nie Steuern gezahlt hatte für die Gagen, die ich bei meinen Konzerten bekommen hatte, wollte das Finanzamt eine Nachzahlung. Es gab natürlich nicht eine einzige Rechnung und keinen einzigen Beleg, also zählten die zusammen, wie viele Platten ungefähr im Umlauf waren, wie viele Konzerte ich ungefähr gegeben hatte, wie viel Gage ich dafür gekriegt hatte und wie bekannt ich ungefähr war. Das rechneten sie irgendwie zusammen und kamen auf eine Summe von 30 000 Mark, die ich ihnen bezahlen sollte.

»30 000 Mark? Seid ihr vollkommen bescheuert, oder was?

Wo soll ich 30 000 Mark hernehmen? Die muss ich erst einmal verdienen!«

»Nein, die haben Sie schon verdient.«

»Aber dann wäre das Geld doch auf meinem Konto, verdammt.«

»Nein, das haben Sie hinterzogen.«

Der Typ hatte echt nichts begriffen. Mir reichte es jetzt.

»Wissen Sie was? Sie bekommen gar nichts von mir.«

»Dann machen wir einen Pfändungsbeschluss.«

»Was wollen Sie denn pfänden? Das Geld, das nicht auf dem Konto ist?«

Das Ganze ging von vorne los.

Irgendwann wurde ich müde und sagte: »Also gut. 10 000 Mark. Die hab ich. Die könnt ihr haben, wenn ihr mich dann in Ruhe lasst.«

Damit waren sie einverstanden. Man kann mit dem Finanzamt feilschen wie auf dem Flohmarkt. Bevor sie gar nichts kriegen, nehmen sie das, was du ihnen gibst. Damit war die Sache dann erledigt, und ich habe mit der Steuer nie wieder Probleme gekriegt, nicht einmal in den schlimmsten Jahren der Verfolgung.

Nur mit der Kirchensteuer haben sie mich noch einmal erwischt. Da musste ich 20 000 Mark nachzahlen, obwohl ich sofort ausgetreten bin, verdammt. Aber dann war das auch erledigt.

18

Der Uzicanin hat echt Gas gegeben. Im Jahr darauf hat er schon hundertfünfzig Termine in ganz Bayern gebucht, nicht nur in den Kurhäusern, die hatten wir ja schon hinter uns, sondern in jeder Hütte zwischen Waging und Mainburg, wo eine Bühne hineingepasst hat.

Zwischen München und Reichenhall hat das erstaunlich gut funktioniert. Obwohl die Zeitungen keine Ankündigungen gebracht haben und das Radio sowieso nicht, waren immer sauviele Leute da.

An anderen Orten war es nicht so berauschend, aber das war mir auch recht. Als ich zum Beispiel in der Bräuwastl-Halle in Peißenberg aufgetreten bin, haben sie mir hinter der Bühne schon gesagt: »Du, Hans, heute sind nicht viele da.« Aber als ich dann raus bin, sehe ich, dass überhaupt niemand da ist. Die Bräuwastl-Halle ist eine Halle für achthundert Zuschauer, es sind aber nur ein paar Hansln in der ersten und zweiten Reihe gesessen. Die haben dafür geklatscht und geschrien, als ob sie sich dafür schämen, dass nur sie gekommen sind und alle anderen nicht.

Dann bin ich samt der Gitarre gleich runter von der Bühne und hab gesagt: »Da brauchen wir keinen Strom verbrauchen, wenn wir so wenig sind, kommts her, rückts zamm«, und dann hab ich meine Lieder gespielt und erzählt und gelacht, und es war für mich ein super Konzert, und für die, die da waren, war es auch ein super Konzert, und als ich ein Jahr später wieder in die Bräuwastl-Halle gekommen bin, war sie voll bis auf den letzten Platz.

Auf der Bühne fühlte ich mich inzwischen richtig wohl. Am Anfang war ich ja nur hinaufgegangen, hatte meine Lieder gespielt und war wieder hinuntergegangen. Aber jetzt hatte ich richtig Spaß daran, mit den Leuten zu reden. Ich meine, ich habe auf der Bühne Geschichten erzählt, so wie ich es in meinen Liedern im Grunde auch mache. Oft ist mir etwas eingefallen, was mir gerade erst jemand erzählt hatte, von seinem Chef auf der Arbeit oder vom Ärger mit der Polizei, weil er irgendwo mit einem Gramm Gras erwischt worden ist und behandelt wurde wie ein Verbrecher. Das hab ich dann erzählt, und als ich gemerkt hab, dass mir die Leute gern zuhören, hab ich manchmal sogar mehr erzählt als gespielt.

Meistens fing ich mit den lustigen Liedern an. Das war der einfache Teil. Wenn ich den »Rasenmäher« spielte oder »A jeda is a Spanna«, brachen die Leute fast schon automatisch zusammen vor Lachen. Aber ich wollte nicht nur für die Unterhaltung da oben stehen. Ich wollte, dass sie auch zuhören, wenn ich meine traurigen und ernsten Lieder spiele. Und was ich gar nicht brauchte, war irgendein Besoffener, der mir in eines der Lieder wie »Manchmoi wann i aufwoch« hineinschreit: »Hey, Söllner, hör auf zu heulen und spiel den ›Marihuanabam‹.« Das sagte ich den Leuten dann auch, wenn ich nach der Pause wieder auf die Bühne kam: »Passts auf, jetzt wird es anders als im ersten Teil.«

Meistens klappte das auch. Wenn sich dann einer einbildete, trotzdem stören zu müssen, war er selbst für die Folgen verantwortlich, denn eingefallen ist mir noch auf jeden blöden Spruch ein anderer blöder Spruch. Als sich in Staudham zum Beispiel einer eingebildet hat, er muss mich immer wieder ganz laut als Arschloch beschimpfen, hab ich aufgehört zu spielen und zu ihm gesagt: »Weißt du was: Der einzige Unterschied zwischen dir und mir ist, dass ich weiß, dass ich ein Arschloch bin. Und du musst das erst lernen.«

Es hat mich nicht gestört, wenn die Leute auf die Bühne gerufen haben. Ich habe sie ja animiert, dass sie sich etwas trauen.

An einem Abend hat sich einer aber besonders getraut. Immer wenn ich was erzählt habe, hat er geschrien: »Spui amoi was.«

Und zehn Sekunden später: »Spui amoi was.«

Und noch einmal: »Spui amoi was.«

Und er hat nicht damit aufgehört.

Das hab ich mir eine Zeit lang angeschaut, aber dann ist er mir auf den Sack gegangen.

»Hey, Alter«, hab ich gesagt, »gehst amoi aufa da.«

Und hab ihm gezeigt, dass er zu mir auf die Bühne kommen soll.

Und das Publikum hat sofort zum Klatschen angefangen und gerufen: »Aufa, aufa«, und dem Typen ist nichts anderes übrig geblieben, als dass er irgendwann missmutig auf die Bühne geklettert ist. Weil er natürlich geahnt hat, dass das nicht gut für ihn ausgeht.

Als er oben stand, bin ich runter in den Zuschauerraum gesprungen und hab laut gerufen: »Spui amoi was!«

Und gleich die ganze Halle: »Spui amoi was!«

Er ist in der Pause gegangen. Er war natürlich besoffen gewesen. Weil mich Besoffene im Publikum genervt haben, hab ich dann den Ausschank von Alkohol bei meinen Konzerten verbieten lassen.

Es war eh die Ausnahme, dass sich irgendwer schlecht benommen hat – außer natürlich ich selber. Es ist nämlich immer noch passiert, dass ich ein Lied angefangen und dann gemerkt habe, dass ich den Text nicht mehr weiß. Dann hab ich eben aufgehört und etwas anderes gespielt, und wenn mir der Text dann ein paar Lieder später wieder eingefallen ist, dann hab ich das Lied halt fertig gespielt.

Den Leuten hat das nichts gemacht. Die haben mir verziehen, dass ich keine perfekte Show abliefere wie der Michael Jackson. Weil wenn sie den Michael Jackson sehen wollen, können sie ja zum Michael Jackson gehen. Aber wenn sie zu mir kommen, sehen sie einen, der Geschichten erzählt, wie sie in ihrem Leben genauso vorkommen, und der in seiner Arbeit Fehler macht, so wie sie in ihrer Arbeit Fehler machen, und der nach der Arbeit gern einen raucht, so wie sie nach der Arbeit gern einen rauchen.

Das war so etwas wie die Verabredung, die ich mit meinem Publikum hatte. Dafür verziehen sie mir, dass ich noch immer nicht gut Gitarre spielen konnte und mir der eine oder andere Text nicht einfiel.

Nach dem Konzert kamen dann viele zu mir, weil sie mir ihre Geschichten erzählen wollten, von der Bude, von den Eltern, mit denen sie nicht klarkamen, vom Gericht, wo sie zu ungerechten Strafen verurteilt worden waren. Manchmal konnte ich einem aushelfen, dem sie gerade den Strom abgestellt hatten, weil er wegen seinen Polizeistrafen kein Geld mehr für die Stromrechnung hatte, aber oft hörte ich nur zu, und das reichte den Menschen schon, wenn sie einmal einen hatten, der verstand, wovon sie da erzählten.

Es waren viele einfache Leute, die zu meinen Konzerten kamen, Arbeiter, Lehrlinge, Berufsschüler. Das war mir auch recht, weil das waren Leute, die von dort kamen, wo ich auch herkomme. Als dann der Uzicanin gemeint hat, hey, Hans, die Konzerte laufen immer besser, wir können mit den Kartenpreisen nach oben, habe ich gesagt: Auf keinen Fall. Weil für mich noch immer das Einkommen des Mechanikers die echte, verlässliche Währung war, und ich wusste, dass zwanzig Mark für ein Konzert eine Summe waren, die ein Mechaniker sich leisten konnte. Aber dreißig Mark hätte er sich nicht mehr leisten können. Und ich wollte, dass er beim nächsten Konzert wiederkommen kann, wenn er will, und deshalb blieben die Kartenpreise, wie sie waren.

19

Als ich dann so viel unterwegs war, hat mir der Uzicanin einen Typen zugeteilt, der mit mir fährt und mir bei den Konzerten hilft. Das war der Mühlberger Toni. Er hat ein bisschen gehinkt, also hab ich in den Konzerten gern erzählt, dass ich den Toni aus Jamaika mitgebracht habe. Dort wachsen solche wie er auf dem Baum, habe ich gesagt, und ich habe ihn vom Baum geschüttelt, dabei ist er schlecht aufgekommen und seither hinkt er. Deswegen habe ich auch immer gesagt, der Toni ist mein Neger. Das ist ihm geblieben.

Er war wie ich gelernter Automechaniker, aber er hat auch jede Menge anderer Berufe gehabt, er war Tankwart gewesen und Staplerfahrer, er hatte Eis verkauft, und dann war er im Kurhaus in Ruhpolding zum Aushelfen eingestellt worden und hatte den Uzicanin kennengelernt.

Der Toni musste alles machen, was ich nicht selber machen konnte. Er stellte die Tonanlage auf, setzte sich an die Kasse und verkaufte Karten, stellte sich dann als Ordner an die Tür, wenn Einlass war.

Außerdem war er mein Tontechniker. Er bediente, wenn ich auf der Bühne stand, die Tonanlage. Das machte er gut, auch wenn es dabei ein kleines Problem gab. Weil der Toni hat nicht nur gehinkt, er hat auch schlecht gehört.

Das habe ich erst gemerkt, als die Bühnenanlage einmal ganz grausig gebrummt hat, nicht nur so dumpf im Hintergrund, sondern richtig laut, wie ein kleiner Kompressor.

»Was brummt denn die Anlage so?«, frage ich den Toni, aber der Toni schaut mich nur verständnislos an.

»Die Anlage!«, schreie ich. »Brummt!«

Darauf schaut der Toni die Box unverwandt an und geht mit

dem Ohr ganz nahe zur Membran, die wie ein Lastwagenmotor vibriert.

»Ach. Das bisschen.«

Da habe ich erst gewusst, wie schwerhörig der Toni wirklich ist. Man musste ihn immer anschreien, damit er auch nur ein Wort versteht. Aber das war kein Beinbruch. Wenn aus dem Publikum einer »Lauter« schrie, dann zeigte ich dem Toni einfach mit dem Daumen nach oben, und er drehte lauter – und »Leiser« hab ich sowieso nie jemanden rufen hören.

Wenn wir in großen Hallen gespielt haben, ist der Toni immer schon früher hingefahren, weil wir damals auch schon eine Lichtanlage gehabt haben, die er auch aufbauen musste. Weil blind ist er ja nicht gewesen, der Toni. Ich bin dann zum Konzert gefahren, wenn es angefangen hat, weil auf den Soundcheck konnte ich verzichten, und darauf, in der Garderobe die Zeit totzuschlagen, hatte ich auch keine Lust.

Normalerweise haben wir immer um acht, halb neun angefangen. Eines Tages sitze ich um fünf vor halb zehn bei mir zu Hause und drehe mir gerade einen, als das Telefon läutet.

Der Toni.

»Hans«, schreit er, »wo bist du?«

»Wo soll ich sein, du Depp«, schreie ich zurück. »Zu Hause. Wo hast du mich denn gerade angerufen, du Volldepp?«

»Was hast du gesagt?«, schreit der Toni. »Red nicht so leise.«

»Zu Hause«, brülle ich.

»Aber wieso bist du nicht hier?«

»Wo? Hier?«

»In Lichtenfels, du Depp«, schreit der Toni. »Du hast ein Konzert heute.«

»Scheiße«, schreie ich zurück. »Total vergessen.«

»Was soll ich den Menschen sagen? Die Halle ist bumm-voll. Komm sofort. Die hauen mir sonst die Bude auseinander.«

»Sag ihnen, sie sollen noch eine rauchen gehen und warten. Ich fahr sofort los.«

»Gut«, sagt der Toni. Aus der Fassung hast du ihn nie bringen können.

Ich hatte eine Zahnoperation gehabt und deswegen ein Konzert verschieben müssen. Weil ich mir den Ersatztermin aber nicht richtig in meine Liste eingetragen hatte, hatte ich total übersehen, dass ich heute das abgesagte Konzert nachholen musste.

»Warte«, schreie ich.

»Was ist jetzt noch?«, schreit der Toni.

»Wo ist Lichtenfels?«

»Hinter Bamberg«, sagt er. »Knapp vierhundert Kilometer von Reichenhall.«

Ich also in mein Auto und in exakt zwei Stunden nach Lichtenfels. Um halb zwölf auf die Bühne, die Halle immer noch voll. Bis halb vier gespielt, saugeiles Konzert. Nur der Toni, mein Neger, war hinter dem Mischpult eingenickt.

20

Mit dem Rich hatte ich inzwischen drei Platten gemacht. Oder sagen wir lieber, der Rich hatte mit mir drei Platten gemacht. Nach »Endlich eine Arbeit« kam »Für Marianne und Ludwig« und jetzt »Wos reimt se scho auf Nicki …?«.

Ich hatte die Bänder von der Aufnahme selber schneiden lassen und zu mir nach Hause genommen. Weil ich hatte vom Rich die Schnauze voll. Er war noch immer mit keiner Abrechnung herausgerückt, und ich wollte einfach nicht mehr.

Aber er hatte »Optionsrechte auf 90 Titel« von mir. Das hatte ich unterschrieben. Heute wäre so ein Vertrag ungültig, wegen Sittenwidrigkeit. Aber damals hat er gegolten, und der Rich hat mich dauernd nach den Bändern gefragt. Aber ich hab sie ihm nicht gegeben. Ich hab damals in dem kleinen Zimmer über der Garage bei den Eltern gewohnt, und dort waren auch die Bänder.

Dann hat der Rich darauf gewartet, dass ich nicht zu Hause bin. Er ist ins Haus und hat zu meiner Mutter gesagt: »Guten Tag, Frau Söllner. Ich komme wegen der Bänder.«

Die Mutter hat nichts von Bändern gewusst.

Da hat der Rich angefangen herumzuschreien. Wenn er nicht sofort die Bänder bekommt, setzt es eine Konventionalstrafe von 500 000 Mark, und ich wandere ins Gefängnis.

Das hat die Mutter natürlich eingeschüchtert, und sie hat ihm aufgesperrt.

Er ist sofort an den Plattenschrank gegangen, dort hatte ich die Bänder hineingetan. Samt den Bändern ist er dann abgezogen. Als ich nach Hause gekommen bin und die Mutter mir erzählt hat, dass der Rich die Bänder hat, hat mich fast der Schlag getroffen. Ich hab es überhaupt nicht ausgehalten, dass mich das Arschloch schon wieder bestohlen hat. Ich war voller Hass und sowieso ein bisschen schräg drauf. Ich hab mir gedacht: Das lass ich mir einfach nicht gefallen. Diesmal bring ich die Sau um.

Weil ich jemanden kannte, der Kontakt zu einschlägigen Kreisen hatte, habe ich den gebeten, dass er mir eine Waffe besorgt.

Ein paar Tage später läutet mein Telefon.

»Du kannst dir deine Bestellung abholen.«

Ich bin mit dem Auto nach Straubing gefahren. Da habe ich

den Kontakt auf einem unbewachten Parkplatz getroffen, und ich habe die Knarre, die ich bestellt hatte, in die Hand gedrückt bekommen. Es war ein großer Trommelrevolver wie aus einem Westernfilm. Das Ding war schwer und klobig, und es war geladen.

»Willst du ihn ausprobieren?«

»Ja.«

Ich hatte ja vorher noch nie geschossen.

Jetzt zielte ich auf ein verirrtes Verkehrsschild, das da stand, und drückte ab.

Der Rückstoß von dem Revolver war so stark, dass mir das Ding fast aus der Hand gefallen wäre.

Ich war schon erschrocken über die Wucht der Waffe, als ich abgedrückt hatte. Aber als ich das Loch gesehen habe, das die Kugel in die Verkehrstafel geschlagen hat, machte ich mir augenblicklich in die Hose.

Das Loch hatte sicher einen Durchmesser von zehn Zentimetern.

»Na und?«, sagte der Typ emotionslos. »Willst du ihm den Rücken massieren oder willst du ihn erschießen?«

Das war der Moment, als ich beschloss, den Revolver doch nicht zu nehmen.

Wenn der Rich einmal im Leben Glück gehabt hat, dann an diesem Tag.

Der Rich sagte immer, dass er keinen Problemscheiß auf den Platten haben will. Er hat auch zu »Endlich eine Arbeit« den Untertitel »Nachdenkliches zum Schmunzeln« dazugedichtet, wie wenn das ein Bauernkalender wäre. »Die Leute wollen lachen«, sagte er immer, »die wollen eine Gaudi. Probleme haben sie eh selber zu Hause.« Er war eben im Grund ein Schlagerfuzzi, weil das hatte er ja bisher auch immer gemacht, wertlose Gesangsindustrie mit Zombies, die nur den Mund auf- und zugemacht haben. Zu so einem Zombie wollte er mich auch machen, aber da konnte er mich am Arsch lecken. Ich hatte sowieso schon bald keine Lust mehr, irgendetwas mit ihm zu machen, weil er sich auch nicht für mich interessierte. Der interessierte sich nur für das Geld, das er mit mir machte, und deshalb ließ er mich auch nicht aus dem Vertrag heraus, obwohl ich ihm immer wieder sagte, dass ich keine Lust mehr auf noch eine blöde Platte habe.

Der Trick vom Rich war es, Leute unter Vertrag zu nehmen und über Abschreibungen zu Geld zu kommen, weil die Platten natürlich nicht gegangen sind. Bei mir sind die Platten aber schon gegangen, und er hat eine Menge Geld mit mir verdient, aber wie viel, das ist erst später bei der Gerichtsverhandlung herausgekommen. Weil bis dahin hat er mir ja nie gesagt, dass sich die Platten auch in den Geschäften gut verkauften. Ich hatte immer gedacht, nur ich verkaufe meine Platten nach den Konzerten gut. Dabei verkaufte er ein paar Zehntausend Platten pro Jahr, von denen ich gar nichts wusste.

21

Im Dezember 1987 kam der Robert auf die Welt. Im August 1988 heirateten die Ingrid und ich. Wir wohnten immer noch in der Eineinhalb-Zimmer-Wohnung in Piding, als die Ingrid 1990 wieder schwanger wurde. Da bin ich zu meinem Vater gegangen und habe ihm gesagt: »Pass auf. Entweder du überschreibst mir jetzt das Haus, weil ich jetzt ein Haus und einen Garten brauch. Oder ich kaufe mir irgendwo sonst eines.«

Ich hatte mit meinem Vater ja immer gestritten, und wir hatten uns beschimpft und monatelang nicht gesehen. Aber es war besser geworden. Er hatte zwar keine Ahnung, was ich mit der Musik so treibe und wie man damit sein Geld verdienen kann. Er hat noch immer bedauert, dass ich nicht mehr Mechaniker war. Er hat immer gesagt, dass ich ein guter Mechaniker war. Aber das mit dem Überschreiben des Hauses war überhaupt kein Problem. Er ging zum Notar und überschrieb mir das Haus. Ich zahlte meine Brüder und die Schwester aus. Ich mietete für die Eltern eine Doppelhaushälfte in Bayrisch Gmain, das war für sie der Wahnsinn: Ein Haus mit Heizung, die man einfach aufdreht, und mit einem Herd, den man nicht anschüren muss. Sie waren so glücklich, wie sie halt sein konnten miteinander.

Dann ging ich daran, die bösen Geister aus meinem Haus zu jagen.

Zuerst hängte ich alle Fenster und Türen aus und ließ drei Monate den Wind durch das Haus wehen, damit dreißig Jahre Streit und Hass von meiner Familie verschwinden. Vorher waren auch schon zwanzig Jahre Streit und Hass von meinem Großvater da gewesen. Die mussten auch weg.

Dann baute ich richtige Klos und ein Badezimmer mit Warmwassertherme ein. Ins Bad hatte man bis dahin noch immer Holz hineintragen und anfeuern müssen, damit das Wasser im Boiler heiß wird. Mit dem Wasser aus dem Boiler war dann die Badewanne gefüllt worden, und die ganze Familie hatte im selben Wasser baden müssen, einer nach dem anderen. Ich meistens als Letzter. Badewanne kaufte ich auch eine neue.

Rund ums Haus hatte der Vater Beton wie für eine Autobahnbrücke verbaut – mit Beton kannte er sich ja aus. Das riss ich alles weg. Wo der Vater betoniert hat, säte ich Wiese. Im Garten legte ich einen Teich an.

Ich wohnte zuerst noch in meiner Bude, bis alles so war, wie ich es haben wollte. Dann sind wir eingezogen, die Ingrid, der Robert und ich.

Aber auch das war keine Lösung für immer.

Immer öfter sind Fans einfach bei uns in der Heubergstraße aufgetaucht. Das Haus ist mit der Zeit zu einer Art Pilgerstätte geworden. Es kamen Leute, die sich ein Autogramm holen wollten oder ein bisschen reden, und es kamen Leute, die mir die Meinung geigen wollten, weil ihnen mein Reden über Marihuana gegen den Strich ging. Manche sind auch nur mit dem Moped vorbei, weil sie sehen wollten, wie der Söllner so lebt.

Für die Familie war das natürlich anstrengend, wenn dauernd jemand nach mir gefragt hat. Aber ich habe auf diese Weise einen meiner besten Freunde kennengelernt, den Ted aus Schmölln. Er war aus der DDR und kam nach dem Mauerfall nach Ruhpolding in die Wanderferien. Da ist er so wie viele andere bei mir vorbeigekommen, wir haben geredet und etwas geraucht, weiter geredet und noch etwas geraucht, und es ist etwas sehr Seltenes entstanden, nämlich eine echte Freundschaft.

Der Ted ist jedes Jahr gekommen. Er hat sich so wie ich Dreadlocks wachsen lassen, und er war nicht nur für mich ein Freund, sondern auch für die Buben. Er hat sich immer viel Zeit für sie genommen und ist zu einem richtigen Mentor für sie geworden.

2002 hat mich die Anja angerufen, seine Frau.

»Der Ted ist gestorben«, hat sie gesagt und geweint.

»Was redest du da?«, hab ich gesagt, weil ich den Ted gerade erst gesehen hatte, und er war frisch und gesund gewesen.

Aber es ist bei einem Autounfall passiert. Er war gleich tot.

Wie immer in solchen Zuständen hat mich nur die Gitarre trösten können. Ich hab die Melodie vom Dylan-Lied »Chimes of Freedom« genommen und in zehn Minuten mein Abschiedslied für den Ted geschrieben. Es heißt »A Guada Freind«.

Du warst doch gestern erst no bei mir
I spür dei Hand no warm und stark
Und deine Augn die ned vorbei schaun an de mein.

Da Sommer hod mei Haus verlassn
A koida Luftzug hoit mi fest
Und meine Kinder trauern um an guadn Freind.

A du woitsd ned im Sommer sterbn
Da Winter war no ned ganz vorbei
A tränenreicher Abschied in a tränenreichn Zeit.

Die Seele hod ihr Freiheit kriagt
Und i bin eigsperrt woan auf dera Wöid
Aba den Platz da neba dia den hoidst für mi frei.

Du woast doch gestern erst no bei mir
Dei Schtui steht do wia wenn a wart dassd wieda zruck
*   kimmst*
Und dass di zuawa sitzt zu mir.

Dei Lacha geistert no oiwei durch mei Haus
I wer mei Bett ned frisch beziagn indem i schlaf
So dass morgn no nach dir riacht.

I mach heit olle Fenster auf
Und ganz egal wannst kommst
Nix soi dein Weg vasperrn
Du bist bei mir oiwei gern gseng.

Dei Seele hod ihr Freiheit kriagt
Und i bin eigsperrt woan auf dera Wöid
Oba den Platz da neba dir den hoidst für mi frei.

Du woast doch gestern erst no bei mir
Und unser Abschied war so kurz
Dass i goaned glaub dass des fia oiwei war.

Vielleicht werst grod wo andascht braucht
Vielleicht gehst a bloss voraus
Vielleicht bin i scho ganga und i traam heit mein letztn
*   Traum.*

He du woast so a guada Freind von mia
I hob eh so wenig ghobt
Wos bleibt san meine Tränen wenn mi de Einsamkeit
*   umarmt.*

Dei Seele hod ihr Freiheit kriagt
Und i bin eigsperrt woan auf dera Wöid,
oba den Platz da neba dir den hoidst für mi frei.

Zur Beerdigung bin ich nach Schmölln gefahren. Ich hab bei
den Eltern vom Ted geschlafen, in dem Zimmer, das er bei ihnen gehabt hat. Und ich bin sicher, dass der Ted in dieser Nacht
ganz in meiner Nähe war.

Draußen vor dem Haus wuchsen Fichten, und daneben stand eine Straßenlampe. Das Licht von der Lampe ist in das Zimmer gefallen, wo ich geschlafen hab. Mitten in der Nacht bin ich mit totalen Angstzuständen aufgewacht. Da hat es draußen einen Schnalzer gemacht, und der Strom war weg, in der ganzen Gasse. Für eine Stunde war es stockfinster, du hast nichts und niemanden sehen können, nur die farbigen Punkte vor den eigenen Augen. Das war für mich der Abschied vom Ted. Als eine Stunde später der Strom wieder angesprungen ist, war das Licht wieder da und meine Angst war vorbei.

Als wir alle in Weißbach im renovierten Elternhaus gewohnt haben, hab ich viel geraucht, Zigaretten und Gras. Es war nicht ungewöhnlich, dass ich mir schon in der Früh den ersten Spliff angezündet hab. Aber nicht, weil ich wollte, dass die Zeit angenehm vergeht oder weil ich irgendwas vergessen wollte, sondern weil ich arbeiten wollte. Ich war zu dieser Zeit ziemlich nervös, und das Rauchen hat mich runtergeholt, damit ich mich hinsetzen konnte und schreiben und Gitarre spielen. Ich hab ja viele Konzerte gespielt in dieser Zeit, sicher hundertfünfzig im Jahr, dafür musste ich fit sein.

Das Rauchen war für mich immer eine Art Starter. Es hat mich auf Touren gebracht.

Am liebsten habe ich natürlich in der Nacht gespielt und geschrieben. Ich bin ein Nachtmensch. Das ging aber nicht wegen den Kindern. Also musste ich immer in den Keller zum Gitarrespielen, und das war natürlich nicht das, was ich mir vorgestellt hatte. Zuerst habe ich mir den Anbau neben dem Haus zum Üben hergerichtet, aber als es dort auch nicht ging, habe ich im Ort noch eine Wohnung gemietet, ein paar Hundert Meter von unserem Haus. Dorthin zogen dann die Ingrid und die

Buben. Der Robert und der Dustin waren ja schon da, und 1994 ist dazu noch der Erik auf die Welt gekommen.

Das Elternhaus war jetzt sozusagen das Künstlerhaus, und das andere war das Familienhaus. Mir war beides gleich wichtig: Dass ich für die Kinder und für die Familie da bin und dass ich gleichzeitig meine Arbeit als Musiker machen kann. Weil die Arbeit eines Musikers besteht ja nicht darin, dass man alle paar Tage zu einem Konzert fährt und dort auftritt. Zur Arbeit vom Musiker gehört genauso dazu, dass man Lieder schreibt, dass man mit den Fans redet, die zum Zaun kommen, dass man darüber nachdenkt, wie man das nächste Konzert anlegt, dass man den täglichen Wahnsinn dieses Berufs irgendwie auf die Reihe kriegt.

Jetzt bin ich gleichzeitig aber einer, der ohne seine Familie überhaupt nicht leben kann. Ich liebe meine Familie, und ich will mit ihr in einer richtig bürgerlichen, von mir aus sogar spießigen Beziehung zusammenleben. Ich bin nicht gern allein. Für mich ist es das Schönste, wenn sich jemand auf mich freut, wenn ich nach Hause komme. Ich habe jetzt versucht, den Spagat zwischen der Familie und der Musik hinzukriegen. Ich wollte ein konservatives Leben unter möglichst kreativen Umständen führen.

22

Der Alfa Spider, den ich mir mit den Gagen vom Uzicanin gekauft hatte, war ein Scheißdreck. Der hat überall geklappert, gescheppert und gekracht, sogar als er noch ganz neu war. Kein Auto, um damit 50 000 Kilometer im Jahr zu fahren. Ich brauchte aber ein Auto, mit dem ich 50 000 Kilometer im Jahr fahren kann, weil mir der Uzicanin so viele Konzerte ausmachte.

Ich verkaufte den Alfa und nahm mir dafür einen gebrauchten 520er BMW. Der war besser, auch wenn man nie mehr als zehn Liter tanken durfte, weil der Tank durchgerostet war und das Benzin sonst direkt auf die Straße schwappte. Ich lernte also nicht nur Bayerns Straßen, sondern auch Bayerns Tankstellen gut kennen.

Ich hatte damals noch immer den Schäferhund, den Cheesy. In der Früh war ich immer mit dem Hund spazieren, raus aus dem Ort bis zu einer Eisdiele, zu dem dann auch die Arbeiter vom Schmelzer, vom Neubauer und vom Fröhlich gekommen sind, um Brotzeit zu machen. Mit denen bin ich ganz normal zusammengehockt, das war ein richtiger Stammtisch. Ich hab schon damals keine Zeitung gelesen. Ich hab mit den Leuten geredet. Ich war zwar kein Mechaniker mehr, aber ich gehörte dazu. Das war ein paar Jahre lang so, und wenn ich es genau nehme, ist es immer noch ein bisschen so.

Einmal, wie ich auf dem Spaziergang den Hund und meinen kleinen Buben im Kinderwagen mitgehabt habe, stehe ich nach der Brotzeit auf und sehe gegenüber im Schaufenster von der Mercedes-Werkstatt ein feuerrotes 500er Mercedes-Cabrio. Ich gehe also hinüber zum Mercedes und denke mir, Scheiße, ist das ein geniales Auto. Der BMW war eh schon zum Wegschmeißen, also gehe ich ins Autohaus hinein, um mir das Cabrio ein bisschen genauer anzuschauen.

Der Verkäufer, der gerade noch telefoniert hat, legt sofort das Telefon auf und kommt auf mich zu.

»Moment, Moment! Was wollen Sie hier?«

Vielleicht stört ihn, dass ich barfuß bin, meine alte Zebrahose und das Träger-T-Shirt anhabe. Vielleicht stört ihn auch der Kinderwagen, wo der Robert drinliegt, und vielleicht stört ihn der Schäferhund, der am Mercedes herumschnüffelt.

»Ja, ich würde mich für das Auto interessieren.«

Das hat gestimmt. Das Auto hat mich interessiert. Außerdem war auf meinem Konto Geld genug für so eine Kiste.

»Für was für ein Auto interessieren Sie sich?«

»Für das«, sage ich und zeige auf das Cabrio.

Dann sagt der Verkäufer allen Ernstes: »Ich glaube nicht, dass das Ihre Preisklasse ist.«

Das hat mich geärgert. Der Typ wollte mich absnobben, nur weil ich nicht so ausschaute wie die Anwälte und Schönheitschirurgen, denen er sonst seine Kisten verkaufte.

Also frage ich ihn: »Was kostet der Wagen überhaupt?«

Der Verkäufer sagt: »60 000 Mark.«

»Gut«, sage ich, »dann würde ich ihn gleich mitnehmen.«

»Ja, aber …«, stammelt der Depp, »wie wollen Sie das Auto denn finanzieren?«

»Was heißt das, finanzieren?«

»Na, wer bezahlt das Auto?«

»Na, ich bezahl das Auto. Oder sehen Sie noch wen, der das Auto bezahlen möchte?«

Der Verkäufer schaut kurz den Schäferhund an, der überlegt, ob er eh nicht den Hinterreifen vom Mercedes anpisst, dann schüttelt er den Kopf und wird gleich wieder frech: »Gehen Sie erst einmal auf Ihre Bank und fragen Sie, ob Sie das Geld für den Wagen überhaupt bekommen.«

»Dafür brauche ich nicht auf die Bank gehen«, sage ich. »Ich hab das Geld. Ich muss es mir nicht ausborgen.«

Der Depp legt den Kopf schief und fragt: »Verstehe ich Sie richtig: Sie wollen bar zahlen?«

»Ja, sicher will ich bar zahlen«, sage ich. »Wie kann man denn sonst zahlen?«

Ich habe es tatsächlich nicht besser gewusst. Bis dahin hatte ich mir immer nur etwas gekauft, wenn ich genug Geld dafür am Konto gehabt habe. Was ich kaufte, musste ich mir auch leisten können. Und diesen Mercedes konnte ich mir leisten.

Der Verkäufer muss mich also zu seinem Schreibtisch bitten, um den Papierkram zu erledigen. Ich bestelle das Cabrio in Schwarz und zusätzlich noch für 5000 Mark Extras. Der Verkäufer füllt den Kaufvertrag mit ungefähr so viel Überzeugung aus wie ein Penner, dem man erklärt, dass er im Lotto gewonnen hat.

»Wie machen wir das mit der Anzahlung?«, fragt er mich.

»Welche Anzahlung?«, frage ich.

»Ja, Sie müssen das Auto doch anzahlen, weil sonst bestelle ich vielleicht den Wagen und Sie holen ihn nicht ab.«

Mit dem Scheiß braucht er mir natürlich nicht zu kommen.

»Wissen Sie was«, sage ich so sauer, dass der Schäferhund aufspringt und den Verkäufer scharf anschaut, »so machen wir das sicher nicht. Entweder« – der Hund beginnt zu knurren – »Sie vertrauen mir. Oder ich kaufe mir das Auto woanders.«

Dann wird der Depp schon wieder frech.

»Sie können das Auto nicht woanders kaufen«, ruft er ganz aufgeregt, »Mercedes hat einen Gebietsschutz. Sie als Reichenhaller können Ihren Mercedes nur in Reichenhall kaufen!«

»Wissen Sie was«, sag ich jetzt zu ihm. »Ich hab auch in Augsburg und in München einen Wohnsitz. Ich kaufe mir meinen Mercedes, wo ich will, und wenn Sie Ihre Provision nicht brauchen können, dann trage ich mein Geld eben woandershin.«

Aber das will er auch nicht. Er mandelt sich noch ein bisschen auf, aber dann macht er den Kaufvertrag doch fertig und bestellt das Auto auch ohne Anzahlung.

Zwei Wochen später kann ich den Mercedes abholen.

In der Früh gehe ich mit dem Schäferhund wie immer an die Saalach. Der Hund liebt das Wasser, er kann wirklich gut schwimmen, und er ist natürlich ganz nass, als ich auf die Bank gehe, um das Geld für das Auto zu holen.

Ich habe dem Mercedes-Verkäufer nicht vergessen, wie er mich beim letzten Mal abgesnobbt hat. Deshalb lasse ich mir die 65 000 Mark von der Bank in Zehnern, Zwanzigern und Fünfzigern auszahlen. Im Schalterraum mache ich die Banderolen sorgfältig auf, mit denen die Scheine zu Packerln zusammengebunden sind, und schmeiße alle Banknoten schön durcheinander in die beiden Tengelmann-Tüten, die ich mitgebracht habe. Ich mische sie gründlich durch und gehe erst dann mit den beiden Tüten und dem nassen Hund hinüber zum Mercedes. Barfuß. Im Sommer gehe ich immer barfuß.

Den Verkäufer trifft fast der Schlag als ich ihm die beiden Tengelmann-Tüten in die Hand drücke und ihn frage: »Wollen Sie nachzählen?«

Er ist jetzt natürlich total sauer, weil dass er sagen würde »Nein, Herr Söllner, das stimmt sicher so«, dazu fehlt ihm das Vertrauen, und er will nicht am Abend seinem Chef sagen müssen: »In der Tengelmann-Tüte vom Herrn Söllner waren 500 Mark zu wenig drin«, und der Chef fragt ihn: »Was? Und Sie haben nicht nachgezählt, Sie Idiot?«

Er sitzt also an seinem Tischchen und sortiert Zehner, Zwanziger und Fünfziger. Zweimal verzählt er sich und muss wieder von vorne anfangen.

Normalerweise ist es ja total langweilig, jemandem beim Geldzählen zuzuschauen. Aber diesmal ist es nicht langweilig. Es dauert sicher eine Dreiviertelstunde, bis der Verkäufer endlich sicher ist, dass ich ihn nicht um zehn Mark bescheiße. Erst dann gibt er mir den Schlüssel, lächelt mich säuerlich an und sagt: »Ihr Auto steht dort drüben, Herr Söllner.«

Der Mercedes ist rabenschwarz und nigelnagelneu und total aufpoliert, mit Ledersitzen und allen Schikanen, und kein Kratzer und kein Stäubchen. Ich mache die Tür auf und sage: »Hopp, Cheesy«, und der nasse Schäferhund springt ins Auto auf den Beifahrersitz.

Dann grüße ich den Verkäufer mit meinem breitesten Lächeln und fahre aus der Halle. Der Schäferhund auf dem Beifahrersitz lächelt auch.

23

Zum ersten Mal Ärger mit dem Kreisverwaltungsreferat hatte ich, als ich in München begann, öffentlich aufzutreten und nicht nur auf Kleinkunstbühnen zu spielen: 1985, auf einem Stadtfest oder Straßenkonzert hörte irgendeiner von denen, wie ich den »Marihuanabam« spielte und das »Politessenlied«, und dann kriegte ich einen Brief vom Kreisverwaltungsreferat, in dem ich aufgefordert wurde, ihnen eine Liste aller Titel zu schicken, die ich gerade spiele. Weil wenn ich Lieder spiele, die dazu geeignet sind, die öffentliche Ordnung zu stören, darf ich sie nicht mehr spielen.

Ich schickte ihnen also eine Liste, auf der alle meine Titel standen außer dem »Marihuanabam« und dem Politessenlied. Daran hatten sie nichts zu beanstanden.

Der Refrain vom Politessenlied ging nämlich so:

»Ja, ja, ja, Mama ziag dei Schürz'n aus, schmeiß di in d' Uniform.

Es san bei unserer Polizei scho Bledane wos wor'n.«

Bei den nächsten Konzerten spielte ich das Lied natürlich doch und den »Marihuanabam« natürlich auch, obwohl beide nicht auf meiner Liste standen. Ich kriegte dann prompt einen neuen Brief vom Kreisverwaltungsreferat, in dem mir untersagt wurde, dieses »beleidigende und die Staatsgewalt verächtlich machende Lied« aufzuführen.

Jetzt hatte ich freilich schon treue Fans, die meine Texte auswendig konnten. Ich bin dann beim nächsten Konzert auf die Bühne und hab, bevor ich das Lied gespielt hab, aus dem Bescheid vom Kreisverwaltungsreferat vorgelesen, dass ich das Lied, das jetzt kommt, nicht mehr spielen darf. Dann hab ich es trotzdem gespielt.

Aber beim Refrain, den ich ja nicht singen durfte, hab nicht ich gesungen, sondern das Publikum hat ihn gesungen, und dagegen konnten die Polizisten nichts machen. Im Publikum waren natürlich zwei oder drei Zivilpolizisten, die mussten dann in ihr Protokoll schreiben: »Refrain wurde, ohne dass Hr. Söllner dazu aufforderte, nur vom Publikum gesungen«, und dass ich mich deshalb nicht strafbar gemacht habe.

Es war ja so, dass ich etwas machte, was die nicht genau zuordnen konnten. Das war für mich kein Problem, aber für das Amt war es schon ein Problem.

Ein Liedermacher war ich nämlich nicht. Weil ein Liedermacher macht Protestsongs. Aber ich machte keine Protestsongs, ich machte lustige Songs. Damit war ich aber kein Liedermacher mehr, sondern ein Kabarettist. Aber ein Kabarettist war ich auch nicht, weil ich machte ja Lieder. Und so weiter.

Tatsächlich passte ich in keine der Schubladen, die es für die bayrischen Künstler gab. Da war die Schublade Volksmusik, in der zum Beispiel die Biermösl Blosn oder die Guglhupfa hockten. Aber eine Schublade für mich hat es noch nicht gegeben.

Ich war ordinär, ich war gschert, ich war richtig dreckig, sexistisch, frauenfeindlich. Ich machte alles, was sich auf der Bühne keiner getraut hat. Aber ich machte es nicht, um mich etwas zu trauen. Ich machte es, weil es meine Art war, zu denken und zu erzählen und zu singen. Die Leute, die mich damals schon kannten, die mochten es. Die Polizei, die mich damals noch nicht kannte, mochte es nicht.

Außerdem war ihnen ein Dorn im Auge, dass ich bei meinen Konzerten immer über das Rauchen sprach. Ich machte nie ein Geheimnis daraus, dass ich gerne Gras rauche, und ich machte auch kein Geheimnis daraus, dass ich es für klüger halte, den Konsum von Marihuana zu legalisieren als zu kriminalisieren.

In Oberammergau kamen dann zwei Beamte in Zivil ins Konzert. Die hatten eine Videokamera dabei, und als ich auf die Bühne komme und anfange, meine Geschichten zu erzählen, fängt der eine an mitzufilmen.

Aber da kennt er meine Zuschauer schlecht. Weil die erkennen einen Polizisten auf hundert Meter, auch wenn er ein AC/DC-T-Shirt anhat. Ein paar Zuschauer sagen also dem Toni Bescheid, der hinter dem Mischpult steht und darauf wartet, ob ich ihm »lauter« deute.

Der Toni geht also zu den Typen mit der Videokamera und fragt sie, was sie da tun.

Darauf zeigen sie ihm ihre Ausweise und sagen, dass sie filmen, weil sie Beweismittel herstellen wollen.

»Sie dürfen aber hier nicht filmen«, sagt der Toni.

»Wieso denn nicht?«, fragt der Polizist.

»Weil das verstößt gegen das Urheberrecht«, sagt der Toni. »Alles, was hier auf der Bühne passiert, ist urheberrechtlich geschützt, und die Rechte liegen beim Veranstalter. Und zufällig«, der Toni holt vor Freude tief Luft, »hat der Veranstalter mir für diesen Abend das Hausrecht übertragen. Und ich gestatte Ihnen nicht, das Konzert zu filmen.«

»Was wollen Sie dagegen tun?«, fragt der Polizist frech.

»Wenn Sie nicht aufhören zu filmen, rufe ich die Polizei«, sagt der Toni, und das tut er dann auch, weil der Typ natürlich nicht zu filmen aufhört. Die Polizisten in Uniform haben dann keine andere Wahl, als die Kollegen in Zivil aus dem Saal zu führen. Dafür kriegen sie einen Riesenapplaus. Der Toni erstattet auch noch Anzeige wegen Hausfriedensbruch, aber die ist dann irgendwo verloren gegangen.

Auch in der Szene hatte ich nicht nur Freunde. Es war die Zeit, als sie mich »die Sau aus Berchtesgaden« genannt haben. Den Ausdruck »politisch korrekt« hat es noch nicht gegeben. Aber ganz oft hat es geheißen: »Das kann man so nicht sagen.« Und das war genau dasselbe.

Weil ich konnte es eben genau so sagen und nicht anders.

Ich habe dann oft Diskussionen mit Frauen gehabt, die mir gesagt haben, dass ich total schwanzgesteuert bin, und dann habe ich denen Scheißgeschichten erzählt, dass meine Frau das aber überhaupt nicht findet, weil wenn ich nachts um elf nach Hause komme, dann kniet die schon im Flur und wartet darauf, dass sie mir einen blasen kann. Ein Lacher auf der Bühne, aber natürlich kein Applaus von Seiten der damaligen Frauenrechtsbewegung.

Das fanden die nicht lustig, auch wenn es von mir nur so eine Art Notwehr war, um mich gegen ihre Vorschriften zu wehren, wie ich was zu sagen hatte. Es kam dann oft vor, dass Feministinnen in meine Konzerte kamen, um zu stören, die standen dann mitten im Konzert auf und schrien, dass man mir den Schwanz abhacken soll oder die Eier abschneiden.

Aber mich störte das nicht. Weil ich hatte überhaupt keine Lust auf ein Publikum, das unten sitzt und alles gut findet, was ich mache. Es war keine Strategie von mir, Leute zu provozieren. Aber ich wollte die Leute aufwecken. Mir war es viel lieber, wenn einer aufspringt und Buh ruft, als wenn er immer nur dasitzt und nickt. So einen ähnlichen Satz hab ich auch vom Dylan gehört: Wenn die Leute pfeifen und buhen, dann hat das für ihn einen ganz anderen Stellenwert als der Applaus. Weil man kann auch zu Tode geliebt werden.

Wobei es nicht gerade mein Problem war, dass ich zu Tode geliebt worden wäre. In der Szene war ich der totale Außenseiter. Von den Kollegen, mit denen ich hie und da verglichen worden bin, ist keiner in meine Konzerte gekommen, und wenn wir auf irgendwelchen Festivals gemeinsam aufgetreten sind, haben die auch einen großen Bogen um mich gemacht. Die Presse hat mich sowieso totgeschwiegen, und viele Bühnen haben mich auch nicht engagiert, angeblich, weil ihr Publikum noch nicht bereit für mich war, aber in Wahrheit deswegen, weil sie mich für eine ordinäre Drecksau gehalten haben und außerdem keine Schwierigkeiten mit der Polizei haben wollten.

Mir waren diese Schwierigkeiten aber egal. Ich hatte einfach keine Lust, mir den Mund verbieten zu lassen. Ich fürchtete mich nicht vor denen da oben. Ich fürchtete mich nicht vor den Gauweilers, die mir anschaffen wollten, was ich zu singen habe und was nicht. Ich fürchtete mich auch nicht vor dem Franz Josef Strauß und seiner Kamarilla, die so taten, als ob Bayern ihnen gehört, obwohl sie sich, wenn's drauf ankommt, einen Dreck um Bayern scheren, zum Beispiel im Frühjahr 1986, als in

Tschernobyl der Reaktor durch die Decke geflogen ist und halb Europa verseucht hat mit seiner Radioaktivität. Damals ist von der bayrischen Staatskanzlei immer nur abgewiegelt worden, nein, die Bevölkerung ist nicht in Gefahr, nein, keine besonderen Vorsichtsmaßnahmen nötig, nein, keine erhöhten Strahlungswerte festgestellt – lauter Informationen, die sich später als falsch herausgestellt haben.

Das hat mich so aufgeregt, dass ich den Strauß angezeigt habe, wegen Informationsunterdrückung und unterlassener Hilfeleistung.

Passiert ist natürlich nichts, außer dass ich eine sechshundert Seiten dicke Begründung zugeschickt bekommen habe, warum der Strauß alles richtig gemacht hat.

24

1989 habe ich bei den Konzerten gern den »Charlie« gespielt, das Lied, das ich auf meiner ersten Jamaikareise geschrieben habe, manchmal dauerte es eine halbe Stunde, manchmal aber auch eine Stunde, weil mir immer noch so viel eingefallen ist, das musste dann alles rein. An einem Abend, im Künstlerhaus am Lenbachplatz, wo das MUH inzwischen hingezogen war, tauchte nach dem Konzert ein Typ auf, der aussah wie Gene Hackman und sagte, er ist der Achim Bergmann und er hat eine Plattenfirma.

»Geh weida«, hab ich gesagt, »mit deiner Plattenfirma. Ich brauch keine Plattenfirma. Ich hab schon eine gehabt, die brauch ich wie einen Kropf.«

Aber der Achim hat nicht lockergelassen, weil das Konzert ihm echt gefallen hatte. Irgendwie konnte er gar nicht glauben, was er da angeschaut hat, »vier Neger, i und der Charlie«, eine Stunde lang oder noch länger, und die Leute sind zusammengebrochen.

Dann ist der »Charlie« übergegangen in »Das kleine Lied vom Frieden«. Da hab ich den Leuten gesagt, sie sollen jetzt aufstehen und sich an den Händen nehmen.

In dem Augenblick hat der Achim gedacht, die lachen mich jetzt aus und scheißen auf ein kleines Lied vom Frieden, weil die Typen, die da im Lenbachhaus waren, das waren keine Friedensdemonstranten, sondern Arbeiter und Lehrlinge und Berufsschüler, die gern einen geraucht haben, aber ein Peace-Zeichen hat sich keiner von denen tätowieren lassen.

Aber es sind doch alle aufgestanden und haben sich an den Händen genommen. Weil sie gemerkt haben, dass ich sie nicht verarschen will mit Friede, Freude, Solidarität, sondern dass ich nur will, dass jeder von ihnen bemerkt, dass er einen Nachbarn hat, einen mit kalten oder schwitzigen Händen, und dass er nicht allein im Konzert ist, sondern dass die anderen auch da sind und dass man sie auch spüren kann, wenn man ihnen für eine Minute die Hand gibt, und das hat eigentlich immer geklappt, außer es waren zu viele Grüne oder Sozialdemokraten im Publikum.

Der Achim hat dann nachher erzählt, dass er schon Bücher und Platten gemacht hat und ein kleiner, linker Verlag ist und Trikont heißt. Bei Trikont ist zu der Zeit ziemlich viel von den ganzen Münchner Kleinkünstlern erschienen. Der bekannteste war der Ringsgwandl, ein Arzt aus Reichenhall, der auch Musik und Kabarett macht, mit dem war ich sogar schon einmal gemeinsam aufgetreten, in irgendeiner Klitsche in Starnberg, aber danach waren wir uns nur noch zufällig in Reichenhall über den Weg gelaufen.

Der Ringsgwandl hat dem Achim dann gesagt, er soll sich einmal ein Konzert von mir anhören, weil das anders ist als der Fredl Fesl und die Biermösl Blosn, und vielleicht gefällt es ihm ja. Dem Ringsgwandl selbst hat es ja nicht besonders gefallen.

Deshalb war der Achim da und hat mir eine Menge über Studentenbewegung und Achtundsechziger und die Linke erzählt, ich hab mich ganz schnell nicht mehr ausgekannt.

Aber ich wollte mich auch gar nicht auskennen, weil der Rich hatte mich auch mit allem Möglichen zugeschwallt, und als ich dann mürbe war, hat er mich den Knebelvertrag unterschreiben lassen, aus dem ich nicht mehr rausgekommen bin, und dann hat er mich ausgenommen wie eine Weihnachtsgans.

Also sag ich dem Achim: »Weißt du was: Vielleicht mache ich eine Platte mit dir. Aber du musst mir 10 000 Mark dafür geben, bar und hier auf den Tisch, ohne dass das mit irgendwas rückverrechnet wird.«

Der Achim schaute zwar ein bisschen komisch, aber dann sagte er: »Gut. Einverstanden.«

Ich dachte mir: Dann kann ich mir wenigstens ein Fahrrad kaufen und meiner Frau auch eines und muss nicht weiter meinem Geld nachlaufen.

Der Achim hat mich dann nach Giesing eingeladen, wo die Plattenfirma ist. Dort kriegte ich die 10 000 Mark und unterschrieb den Vertrag mit Trikont. Das war 1989. Da hab ich erst gelernt, was das ist, eine Plattenfirma. Weil die haben wirklich für mich gearbeitet, nicht so wie der Rich, der hat immer nur für sich gearbeitet. Und in dem Maß, in dem sich der Rich immer in die Hosen geschissen hat, war der Achim mutig.

Die erste Trikont-Platte nahmen wir im Schlachthof in München auf. Im Schlachthof in München habe ich jahrelang eine

Gegenveranstaltung zum Oktoberfest gemacht, jeden Abend Söllner gegen die Wiesn, das war die volle Härte. Weil die Leute natürlich zuerst am Nachmittag aufs Oktoberfest gegangen sind, und nachher sind sie zu mir ins Konzert gekommen und waren rauschig wie die Schweine. Das waren die Abende, wo sich herausstellt, ob du auf der Bühne eine Autorität hast oder nicht, aber ich hatte eine Autorität.

Mit dem Achim habe ich ausgemacht, dass ich die Lieder aussuche, die auf die Platte kommen. Das war auch etwas Neues, weil der Rich immer nur die lustigen, zotigen Lieder haben wollte, »Nachdenkliches zum Schmunzeln«, das Arschloch. Aber bei Trikont wollten sie auch die politischen Lieder, und von denen hatte ich inzwischen ja auch schon einige. Ich hab mich zwar nicht für Politik interessiert in dem Sinn von: Das ist linke Theorie und das ist rechte Theorie. Aber ich hab ein sehr gutes Gespür dafür gehabt, wenn etwas Ungerechtes passiert ist, so wie damals bei Tschernobyl, wo der Strauß alle Gefahren für die Leute einfach abgestritten hat.

Oder wenn der Gauweiler, der damals Innenstaatssekretär war, einen Aids-Maßnahmenkatalog herausgebracht hat, in dem drinstand, wie ein Aidskranker ausschaut und wie man ihn erkennt, und dass die Grenzen kontrolliert werden müssen, damit keine aidskranken Ausländer nach Deutschland hineinkommen.

Das war so eine Schweinerei: Wenn einer zehn Pickel pro Quadratzentimeter Haut hat, muss er verpflichtend an der Grenze kontrolliert werden. Solche Sachen sind da dringestanden, und das war so diskriminierend und ausländerfeindlich zusammen, da konnte ich einfach nicht das Maul halten und habe mir bei den Konzerten den Gauweiler vorgenommen.

Weil über den hat man sich ja damals erzählt, dass er nach

außen den harten Max markiert und dabei in Wahrheit selbst ein Homosexueller ist. Also hab ich so Sprüche rausgehaut wie: »Der Peter hat nicht viel zu tun, er freut sich auf den Afternoon.« »Afternoon« konnte man natürlich auch als »After nun« missverstehen, wobei dieses Missverständnis im Auge des Betrachters liegt und nicht bei mir.

Dafür hab ich dann meine erste Anklage wegen Politikerbeleidigung kassiert.

Ich habe damals nichts von Demokratie gewusst. Heute weiß ich noch weniger, weil es keine Demokratie gibt. Aber damals habe ich gewusst, dass es verdammt noch mal mein Recht ist, etwas gegen diese Schweinereien zu sagen, und zwar in meiner Sprache, in einer Sprache, die gehört wird und die jeder versteht. Ich meine, hätte ich sagen sollen: »Verzeihung, Herr Gauweiler, könnten Sie diese Maßnahmen bitte rückgängig machen, weil das tut mir in der Seele weh!«

Die hätten mich doch ausgelacht. Wahrscheinlich nicht mal das, weil sie nicht einmal erfahren hätten, dass meiner Seele gerade etwas weh tut.

Du musst eben laut sein und frech und ordinär, damit sie ihre Ohren aufsperren, die Arschlöcher. Wobei ich damit ausdrücklich niemanden als Arschloch beschimpfe. Außer natürlich die, die sich angesprochen fühlen.

Und der Gauweiler hat sich angesprochen gefühlt.

Dabei habe ich ja gar nicht ihn persönlich beschimpft, sondern die Arschlochtätigkeit, die er ausgeführt hat. Der private Gauweiler war mir ja egal. Nicht egal war mir der, der sein Amt arschlochhaft geführt hat.

Aber ich hab keine Angst gehabt. Weil ich hab keine Sekunde geglaubt, dass ich nicht im Recht bin. Was ich gesagt habe, konnte jeder überprüfen. Ausländer werden diskriminiert. Ausländer werden verunglimpft. Ausländer werden an der Grenze zurückgeschickt, weil man sie für minderwertig hält. Das muss auch jeder Richter anerkennen, hab ich mir gedacht, weil es nämlich so ist. Und es war so und ist noch immer so, aber kein Richter hat es jemals anerkannt.

Auch über den Zimmermann hab ich ein Lied geschrieben. Der war auch eines dieser CSU-Gesichter, die der Strauß nach Bonn kommandiert hat, und dort war er dann Innenminister und hat sich gegen die Ausländer starkgemacht und gegen die Legalisierung von Marihuana sowieso.

Dann hab ich geschrieben, dass ich den Zimmermann besoffen beim Starkbieranstich am Nockherberg im Fernsehen gesehen hab und dass ich mir von einem Säufer nicht erklären lassen will, dass Marihuana eine gefährliche Droge ist.

Der Refrain war dann:

> *Marihuana für die Mama, Marihuana für des Kind*
> *Und da Opa rauchts gegns Rheuma*
> *Weil er net gern Pillen nimmt*
> *Marihuana fürn Herrn Zimmermann*
> *Den zwing ma dass as raucht*
> *Marihuana setzts Gehirn in Gang*
> *Des is genau des wos der braucht.*

Der Zimmermann hat sich auch angesprochen gefühlt.

Den Geißler hab ich auch beschimpft, weil nämlich der Geißler mich beschimpft hat. Er hat damals über die Friedensbewegung gesagt, dass der Pazifismus der dreißiger Jahre Auschwitz erst möglich gemacht hat.

Aber ich bin ein Pazifist. Der Geißler sagt also, dass ich für

Auschwitz verantwortlich bin? Dass ich dafür zuständig bin, wenn sie in Deutschland wieder Konzentrationslager bauen? Da war es doch das Mindeste, dass ich dem Geißler sagen durfte, was ich von ihm halte, und zwar dass er offenbar vom Wixen deppert geworden ist.

Und der Geißler hat sich auch angesprochen gefühlt.

Die Platte, die ich damals im Schlachthof aufgenommen habe, hieß »Hey Staat«. Ich habe bei meinen Geschichten nach jedem zweiten Satz »gell« gesagt, gell, und ein armer Teufel von Cutter musste mindestens achtzig von diesen Gells händisch aus den Bändern herausschneiden.

Die Platte war ganz anders als die, die ich vorher gemacht hatte, und dann wurde plötzlich auch alles ganz anders, als es vorher gewesen war.

25

Am 14. September 1989 begann der Ehrbeleidigungsprozess »Freistaat Bayern gegen Johann Michael Söllner am Amtsgericht München«. Das war mein erster Prozess. Mir wurde vorgeworfen, dass ich mehrere bayrische Politiker beleidigt und herabgesetzt hätte. Dabei hatte ich nur den Strauß einen »dreckigen Faschisten« genannt. Über den Gauweiler hatte ich gesagt, er schaut aus, als ob wir die Reichskristallnacht noch vor uns hätten. Den Stoiber hatte ich freundlicherweise auch in einem Songtext erwähnt: »Früher haben sie Hitler geheißen, Himmler, heute heißen s' Geißler, Stoiber, Strauß.«

Der Strauß war gerade erst gestorben. Aber Zeit dafür, den Strafantrag gegen mich zu unterschreiben, hatte er noch gehabt. Der Stoiber und der Geißler hatten den Antrag auch unterschrieben.

Zum ersten Mal hatte ich jetzt einen Anwalt. Wie ich gemerkt hatte, dass es nicht mehr mit Bescheiden des Kreisverwaltungsreferats getan ist, über die man sich lustig machen kann, habe ich gewusst, ich brauche einen, der sich juristisch auskennt.

Der Achim hat gesagt, da kommt nur einer in Frage: der Jürgen Arnold.

Der Jürgen war damals ein Anwalt in der linken Szene. Er hatte ein paar Leute mit Nähe zur RAF vertreten. Schön, dachte ich, gehe ich zu ihm. Einen anderen kannte ich eh nicht.

Dem Jürgen musste ich dann nicht viel erklären. Er verstand genau, was ich meine. Ihm war klar, dass einer wie der Strauß, der seine politischen Gegner als »Ratten und Schmeißfliegen« bezeichnet, ein »dreckiger Faschist« genannt werden muss, und dass einer wie der Stoiber, der im Fernsehen vom Schreckgespenst einer »durchrassten Gesellschaft« schwafelt, in eine Reihe mit dem Hitler und dem Himmler gestellt gehört.

Der Jürgen legte zuerst Einspruch gegen den Strafbefehl ein. Dadurch kam es zu einer mündlichen Verhandlung. Für diese mündliche Verhandlung ließ die Staatsanwaltschaft 14 Polizisten als Zeugen aufmarschieren. Damit gestand sie öffentlich ein, dass ich seit Jahren von der Polizei bespitzelt und verfolgt worden war. Zum Beispiel gab es diese Weisung der Staatsanwaltschaft an die Polizei:

»Staatsanwaltschaft bei dem Landgericht München I, 13. Mai 1988
Ermittlungsverfahren gegen den Beschuldigten Hans Söllner wegen Beleidigung.

Nach dortiger Mitteilung vom 5.5.1988 tritt der Beschuldigte Hans Söllner in nächster Zeit u.a. wie folgt auf:
16.5.1988 und 17.5.1988: Regensburg, Alte Mälzerei
20.5.1988: Bodenmais, Pfarrheim
21.5.1988: Weiden, Jugendzentrum
31.5., 1.6., 2.6.1988: München, Kleinkunstbühne MUH
1.7.1988: Kempten, Zum Stiefel.
Es wird gebeten, unter Einschaltung der örtlich zuständigen Polizeidienststellen anläßlich dieser Auftritte Beweissicherungen durch Zeugen und Tonbänder vorzunehmen. Von den Tonbändern sind durch die örtlich zuständige Polizei Protokolle anzufertigen.«

Jeder von den 14 Polizisten, die als Spitzel auf meinen Konzerten gewesen waren, wurde dann in den Zeugenstand gerufen und musste vorlesen, was er in meinen Konzerten beobachtet hatte.

Das klang dann so, original wie von der Stasi:

»Am 02.06.1988 fand der letzte von drei Auftritten des Liedermachers Hans Söllner im Theater UnterHolz statt.
Vor vollbesetzter Zuschauerkulisse las Hr. Söllner zunächst den Bescheid des KVR vor (ausgenommen rechtliche Würdigung und Rechtsbehelfsbelehrung). Im anschließenden Programm wurde folgendes vorgetragen:
20.45 bis 21.50 Uhr
»Mercedes Benz«
»Politessenlied« (Refrain wurde, ohne daß Hr. Söllner dazu aufforderte, nur vom Publikum gesungen)
»Wohnungssuche«
»Bayrischer Rundfunk«

»Waldfest in Berchtesgaden«
»Anti-Drogen-Song«
»Allweil wenn i bsuffa bin«
22.15 bis 23.25
»Für Euch«
»Mei Angst« (Gedicht)
»Hey Staat«
»Manchmal wenn i aufwach«
»Mei Protest«
»I kenn a Haus«
»Sogar der Wind hat g'logn«
»Geh weiter, Charly, sing ma miteinand«
»Das kleine Lied vom Frieden«
»I tat mi schama«
Herr Söllner hielt sich an die Auflagen im Bescheid des KVR.
Namensnennungen in den Liedern wurden von ihm durch
Pfeifen ersetzt.
Bei dem Konzert waren von der Polizei zwei Beamte (Herr xxx
und Herr xxx) anwesend. Das Konzert wurde von Herrn xxx
auf Tonband aufgezeichnet.
Zusammenfassend ist festzustellen, dass das Konzert am
02.06.1988 entsprechend den Auflagen im Bescheid des KVR
durchgeführt wurde und keine besonderen Vorkommnisse zu
verzeichnen waren.
Im Auftrag
xxx«

Da war nichts passiert, aber woanders war schon was passiert.

»Da haben Sie aber keine Streicheleinheiten an die hohen Herren verteilt«, sagt der Richter zu mir.

»Wissen Sie was?«, sage ich. »Ich wollte die auch nicht streicheln.«

Wie der Richter dann meinen Anwalt fragt, ob wir diesen Zeugenaussagen etwas hinzuzufügen haben oder widersprechen möchten, sagt der Jürgen: »Nein, die Zeugenaussagen waren zutreffend. Die Kollegen von der Polizei haben sich ja auf bewundernswerte Weise Mühe gegeben, alles sorgfältig aufzuschreiben.«

Dann fragt ihn der Richter: »Geben Sie also zu, die inkriminierten Beleidigungen ausgesprochen zu haben?«

»Nein«, sagt darauf der Jürgen, »es handelt sich nämlich um keine Beleidigungen.«

»Wie?«, fragt der Richter. »Den Ministerpräsidenten einen ›dreckigen Faschisten‹ zu nennen soll also keine Beleidigung sein?«

»Nein«, sagt der Jürgen. »Das ist keine Beleidigung, weil sie nämlich nicht vom Herrn Söllner stammt, sondern Fiktion ist.«

»Das müssen Sie mir aber genauer erklären«, sagt der Richter.

Genau darauf hat mein Anwalt gewartet. Er hat nämlich bei dem Literaturprofessor Erich Kleinschmidt von der Ludwig-Maximilians-Universität in München ein Gutachten in Auftrag gegeben, das meine Texte textwissenschaftlich untersucht hat.

Der Professor wurde persönlich in den Zeugenstand gerufen und begann, sein Gutachten vorzulesen. Das war die erste und die letzte Vorlesung in Textkritik, die ich mir jemals angehört habe.

»Das Gutachten«, sagte der Professor, »basiert auf den Textzitaten des Strafbefehls Cs 112 Js 3397/88 sowie auf einer Aufnahme eines Konzertmitschnitts als reine Tonkassette mir unbekannten Datums. (…) Bewusst wird nicht zum strafrechtlich anstehenden Tatbestand Stellung genommen, dessen Würdigung sich meiner Kompetenz entzieht. Es geht mir darum, die textfunktionalen Grundlagen und Gegebenheiten auf der Basis eines derzeitigen Wissenschaftsverständnisses von Literatur und Sprache für die Söllner'schen Texte zu vermitteln.«

Der Gerichtssaal war bis auf den letzten Platz gefüllt. Es saßen ein paar Journalisten drin, aber vor allem Leute, die sonst immer zu meinen Konzerten kamen. Die hatten von der Verhandlung gehört und wollten bei einem echten bayrischen Zensurprozess dabei sein. Es hatten sich zuletzt auch viele andere Kabarettisten und Musiker über die Anklage gegen mich empört und gefordert, dass Kunst nicht zensuriert werden darf.

Der Professor kam zu seinem ersten Punkt:

»Liedtexte wie auch verbindende Sprechtexte Söllners sind aus textwissenschaftlicher Sicht dem Bereich ›fiktionale Rede‹ zuzuordnen. Der Autor der Texte, dessen gleichzeitige Rolle als Interpret für den Funktionsstatus der Äußerungen unerheblich ist, weil sie grundsätzlich auch ein anderer Sänger vortragen könnte, entwirft eine künstliche Rolle, aus der heraus er formuliert und auf die wiederum rückbezogen eine angemessene Rezeption erfolgen muss. (...)

Das Vorliegen von Rollenrede wird sogar noch anschaulicher greifbar auf der Ebene der einzelnen Liedtexte. In ihnen nimmt der Autor jeweils unterschiedliche Rollen ein (als Autofahrer, Disco-Besucher, Liebhaber, Nachbar usw.), die vom Rezipienten typologisch identifiziert werden. Eine direkte Zuordnung auf den Verfasser Söllner verkennt, dass dieser ja nicht direkt als konkretes, bürgerliches Individuum formuliert, sondern dass das Äußerungssubjekt der Texte ein jeweils nur fingiertes ist. Texttheoretisch ist der ›Erzähler‹ eines fiktionalen Textes nicht identisch mit dem Autor. (...)

Aus der fiktionalen Rollenstruktur heraus entzieht sich
also textwissenschaftlich gesehen der Vortragstext in Lied- wie
Sprechform einer direkten Sanktionierung. Fiktionale Aussa-
gen simulieren zwar pragmatische Sprechhandlungen, doch
fehlt jenen im Gegensatz zu diesen die soziale Verbindlichkeit.
Die Aufforderung im Lied zu einem bestimmten Verhalten –
etwa sich als Verkehrsrowdy zu benehmen – wird vom Rezipi-
enten nicht als direkter Appell verstanden, den man befolgen
müsste. Der fiktionale Sprechakt gilt nur innerhalb der ›sze-
nischen‹ Situation, nicht aber im realen Leben.«

Der Jürgen übersetzt mir simultan, was der Professor gerade
sagt: Dass ich in meinen Liedern nicht als Hans Söllner auftrete,
sondern als viele unterschiedliche Figuren. Und dass man diese Figuren nicht für das, was sie sagen, vor Gericht zerren darf.

Dann seziert der Professor meine Sprache.

»Die Sprache Söllners entwickelt einen aggressiven Aus-
drucksgestus, der als Bestandteil der inhaltlichen Aussage ein-
zuschätzen ist. Zum einen wird dadurch ein spezifisch bayrisch
projizierter, soziokultureller Lebensraum zu charakterisieren
und dann auch zu entlarven versucht, zum anderen geht es da-
bei auch um die reproduktive Zitierung sprachlicher Umgangs-
formen. Die Interaktionsformen des Biertisches werden ebenso
aufgegriffen, wie die Möglichkeiten von Soziolekten (Jugend-
sprache vor allem) eingesetzt sind. Aus der Entscheidung für
eine zugleich intellektuell undifferenzierte und latent oder ex-
plizit aggressive Sprachsphäre beziehen die Söllner'schen Texte
ihre Wirkung.«

Auf Deutsch: Wenn man bayrisch redet, dann muss man so
sprechen, wie die echten Leute in Bayern sprechen, und dann
schimpft man auch und übertreibt und droht. Und Beleidigungen gehören auch dazu:

»*Existente Politiker, die auch als Vertreter bestimmter thematischer Positionen allgemein bekannt sind, werden deshalb benannt, weil nur so die Aussage eindeutig situiert werden kann. Andererseits erfolgt ihre Zitierung immer auch rollenspezifisch und damit verallgemeinernd.*

Söllner verzichtet grundsätzlich auf Chiffrierungen, wie sie häufig in Kabarett- und politischen Liedtexten praktiziert werden. Dieser Grad an Direktheit verschärft zwar eindeutig den Angriff, doch ändert auch eine Verschleierungsstrategie, wie sie im einzelnen auch instrumentiert sein mag, keineswegs etwas an der Grundsituation einer verbalen Konfliktstrategie. Deren Subtilität kann nicht Maßstab der Sanktionierbarkeit sein.«

Das wiederum heißt: Kann schon sein, dass ich ordinär und grob bin. Aber das hat kein Gericht zu interessieren.

»*Dies gilt insbesondere auch für die erstinstanzlich allein noch als Beleidigung gewerteten Äußerungen. Das Obszöne ist der eigentliche Reiz, um den es Söllner geht. Die personelle Zuordnung wäre jederzeit austauschbar, ohne dass der aggressive, antiobrigkeitliche Aussagegestus dadurch an Wirkung verlieren würde. Billigt man Söllner den grundsätzlichen Gebrauch grober, vulgärer und obszöner Sprache als Darstellungsmittel zu, das einer existenten (und den Zuschauern bewussten) Praxis in der alltäglichen Wirklichkeit entspricht, so wird dieses von den Rezipienten als typisches Stilmerkmal begriffen und entsprechend erwartet. Dies bedeutet aber, dass nicht die personelle Zuordnung der Auslöser von Vulgarismen ist, sondern dass alle angesprochenen Themenkreise in gleicher Weise abgehandelt werden. Schon aus diesem textsystematischen Gestaltungsaspekt heraus ist eine herausgelöste Bewertung von Einzelbelegen nicht zu rechtfertigen. In dem Maße, wie ein ganzes Programm ästhetisch auf ›Beleidigung‹ abzielt und daraus*

seine Wirkung bezieht, relativiert sich sein politischer und per-
sonenbezogener Teil. Die Beschimpfung wird zum allgemeinen
Stilmittel, das als solches zählt. Der betroffene Gegenstandsbe-
reich, sei er allgemeiner (Staat, Regierung usw.) wie persönli-
cher Art, ist somit mehr Anlass als individuelles Ziel.«

Man darf, sagt der Professor im Klartext, meine Texte durchaus scheiße finden. Aber man darf sie deswegen nicht verbieten.

Irgendwann fragt mich der Richter: »Haben Sie verstanden,
Herr Söllner, was der Herr Professor gerade vorgelesen hat?«

»Nein«, hab ich gesagt, »nicht viel.«

Dann hat der Richter gesagt: »Dann sind Sie nicht der Einzige hier herinnen.«

Er hat das wahrscheinlich lustig gemeint, aber mit meinem
Anwalt konnte man solche Scherze nicht machen.

Der ist sofort aufgesprungen und hat gerufen: »Wie bitte?
Wollen Sie damit sagen, dass Sie das Gutachten nicht verstanden haben? Dann sind wir nämlich bei Ihnen falsch hier.«

Da hat der Richter grantig gesagt, schon gut, er hat das Gutachten schon verstanden. Aber es würde ihn nicht wundern,
wenn es nicht alle im Saal verstehen würden.

In Wahrheit war der Richter von dem Gutachten nämlich
beeindruckt. Obwohl die Verhandlung ursprünglich nur auf einen Tag anberaumt war, wollte er sich noch persönlich die Vi-
deos und Tonbänder durchhören, auf denen die angeblichen Beleidigungen festgehalten waren.

Dabei blieb nicht viel übrig, was der Richter als strafwürdig
betrachtete. Er verurteilte mich nur für zwei angebliche Beleidigungen und verhängte dafür eine Geldstrafe von dreitausend
Mark. Auf Bewährung. Die Kosten für das Gutachten wurden
vom Gericht übernommen.

Der Staatsanwaltschaft war die Strafe zu wenig. Die Typen schäumten über das Urteil wie warmes Bier. Sie legten Berufung ein, und das Verfahren ging an das Landgericht München I. Dort hielt der Richter nicht so viel von der Freiheit der Kunst wie der am Amtsgericht. Er erhöhte die Geldstrafe auf 8400 Mark, und zwar ohne Bewährung.

Jetzt gingen wieder wir in Revision und brachten den Prozess vor das Bayrische Oberste Landesgericht. Das Argument von meinem Anwalt: Die Beleidigungspassagen dürfen nicht aus dem Zusammenhang gerissen werden, weil ein Konzert von mir ein Gesamtkunstwerk ist, das sich nicht auf seine Einzelteile reduzieren lässt.

Damit hatten wir Erfolg. Das Oberste Landesgericht hob das Urteil des Landgerichts München I mit folgender Begründung auf: »Das Landgericht hat die in der Rechtsprechung des Bundesverfassungsgerichtes entwickelten verfassungsrechtlichen Anforderungen verkannt, welche die Kunstfreiheit bei der Interpretation eines Kunstwerkes gebietet.«

Meine Texte, stand im Urteil, dürfen nur »nach einer Gesamtschau des Werkes« beurteilt werden.

Das kommentierte die »Süddeutsche Zeitung« ausnahmsweise witzig: »Wann und wo dieser Gesamtbetrachtungs-Lokaltermin stattfindet, wissen wir noch nicht. Doch hiermit bestellen wir schon jetzt zwei Karten.«

Im Juli 1992, fast drei Jahre nach dem ersten Sitzungstag, ging der Prozess in die nächste Runde, diesmal wieder vor dem Landgericht München.

Diesmal wurde ein Livemitschnitt eines Konzerts aus dem Roßstalltheater in Germering vorgespielt. Der Richter war erstaunt, dass sich die Leute so gut amüsierten, und der Professor Kleinschmidt war auch wieder da und erklärte dem inzwischen vierten Richter, warum meine angeblichen Beleidigungen keine Beleidigungen sind.

Mir wird das langsam zu langweilig. Wir haben inzwischen schon zwei Buben zu Hause, um die sich einer kümmern muss. Also sag ich zum Richter: »Herr Richter, es weiß doch eh jeder, was ich zu der Sache zu sagen habe. Kann ich nach Hause gehen? Weil ich möchte meinen Buben ein Frühstück machen.«

»Sie werden schön hierbleiben, Herr Söllner«, sagte der Richter.

Aber ich hatte keine Lust mehr.

»Was wollen Sie denn tun, wenn ich jetzt aufstehe und gehe?«

»Wir werden schon Mittel und Wege finden.«

»Aha«, sage ich. »Wollen Sie mich da an die Wand nageln wie den anderen Langhaarigen?«

Weil hinter dem Richter ist ein Kruzifix an der Wand gehangen.

Der Richter hat geseufzt. Dem ist das ewige Streiten mit mir auch auf den Sack gegangen.

»Ich stelle also den Antrag …«, hab ich gesagt.

»Sie können keinen Antrag stellen, Herr Söllner«, hat der Richter gesagt. »Den Antrag muss Ihr Anwalt stellen.«

Da hab ich mich zu meinem Anwalt umgedreht und ihm gesagt: »Würdest du bitte den Antrag stellen, dass ich nach Hause gehen darf?«

Und der Anwalt ist aufgestanden und hat den Antrag gestellt, den Beschuldigten von der weiteren Teilnahme am Prozess zu entbinden.

Dann durfte ich endlich nach Hause gehen. In Abwesenheit wurde ich dann zu 7500 Mark Strafe verurteilt.

Aber auch dieses Urteil hat nicht gehalten.

Weil das Bayrische Oberste Landesgericht hat den Spruch »Der Peter hat nicht viel zu tun, er freut sich auf den Afternoon« nicht als Beleidigung gewertet, sondern als Satire. Und Satire ist gratis. Nur die Einschätzung, dass der Peter ausschaut, »als ob wir die Reichskristallnacht noch vor uns haben«, die ist nicht gratis. Die ist eine Beleidigung.

Das findet mein Anwalt natürlich nicht. Wir gehen zum Bundesverfassungsgericht.

Aber das Bundesverfassungsgericht nimmt die Beschwerde nicht an, das Urteil ist jetzt rechtskräftig. Ich muss 7500 Mark bezahlen und bin wegen Beleidigung zum ersten Mal vorbestraft.

26

Die Leute haben »Hey Staat« geliebt. Dauernd hat mich der Achim angerufen und gesagt: »Du, Hans, wir müssen schon wieder eine neue Auflage pressen. Ich weiß nicht, was die Leute mit der Platte machen, ich glaub, manche fressen die statt Semmeln und brauchen jeden Tag eine neue.«

Mich hat das gefreut. Es hat mich gefreut, dass die Leute die Platte mögen, und es hat mich gefreut, dass ich Geld mit einer Platte verdiene. Aber am meisten gefreut hat mich, dass ich mit den Leuten von Trikont, mit dem Achim und seiner Frau, der Eva, zum ersten Mal Leute kannte, die wirklich mit mir am selben Strang gezogen haben. Ich war ja ein Volldepp, wenn es um Rechte und Abrechnungen gegangen ist, aber seit der Achim und die Eva da drauf geschaut haben, war das plötzlich alles kein Problem mehr.

Im Gegenteil. Ein paar Sachen sind endlich in Ordnung gekommen.

Weil ein paar Monate nachdem die »Hey Staat« herausgekommen ist, hat Trikont zum ersten Mal eine Abrechnung von der GEMA bekommen. Die GEMA ist die Gesellschaft für musikalische Aufführungs- und mechanische Vervielfältigungsrechte. Das heißt, wenn Musik im Radio gespielt wird oder zum Beispiel in Diskotheken öffentlich aufgeführt wird, müssen die Veranstalter einen Beitrag an die GEMA bezahlen, und je nachdem, wie oft deine Platten gespielt worden sind, kriegst du als Künstler deinen Anteil davon.

Es kommt also die erste Abrechnung von der »Hey Staat« zum Achim, und bei den einzelnen Titeln steht: »Aber olle samma Wixer: Titel: Hans Söllner, Text: Hans Söllner, Musik: Hans Söllner.« Aber unter Verlag ist PPM gestanden, das war die Firma vom Rich.

Gegen die hatten wir ja geklagt, damit wir meine Rechte zurückbekommen.

Dann stand aber auch noch ein Vermerk dabei: »Tantiemen weiterleiten an Hans Söllner. Dessen Adressen und Konten sind nicht bekannt.«

Da ist der Achim stutzig geworden und hat mich gefragt, was ich denn für einen Vertrag mit dem Rich habe und ob der vielleicht die Verlagsrechte an meiner Musik hat. Das hätte bedeutet, dass ihm ein Anteil an den Umsätzen zusteht.

Ich hab natürlich nicht genau gewusst, für was man einen Musikverlag eigentlich braucht. Aber ganz sicher gewusst hab ich, dass ich mit dem Rich keinen Vertrag mehr hatte, für gar nichts.

Aber der Rich hat gesagt: Doch, der Söllner steht bei mir unter Vertrag. Und er hat eiskalt die Verlagsrechte bei der

GEMA eingefordert. Und die GEMA hat dem Rich das Geld überwiesen, mitsamt der Aufforderung, dass er die Tantiemen, die mir zustehen, an mich weiterleitet. Weil das ist ja auf den Abrechnungen draufgestanden: Tantiemen an den Künstler weiterleiten.

Der Rich hat aber gar nichts an mich weitergeleitet. Der hat das Geld einfach eingesteckt und gesagt, das ist wegen dem Verlagsvertrag, den er mit mir hat. Wie der Achim ihm dann gesagt hat, dass er den Verlagsvertrag einmal sehen möchte, hat ihm der Rich nur eine Kopie gezeigt, die ganz unleserlich war und Spuren von Wasser draufgehabt hat, und Unterschriften hast du überhaupt keine gesehen.

Wir sind dann also schon wieder beim Jürgen Arnold in der Kanzlei gesessen. Der Jürgen hat gesagt, wir müssen die Tantiemen vom Rich einklagen, also haben wir ihn verklagt. Wie ich den Achim gefragt hab, um wie viel Geld es da jetzt ungefähr geht, hat er mir gesagt: um ein paar Hunderttausend Mark sicher. Weil es ja nicht nur um die Tantiemen von der »Hey Staat« gegangen ist, sondern auch um die ersten drei Platten, von denen ich überhaupt kein Geld gesehen habe.

Da bin ich dann schon sauer geworden. Ich habe Schulden machen müssen, damit ich mein Haus umbauen kann und den Eltern die Doppelhaushälfte mieten und einrichten, und wenn ich das Geld gehabt hätte, das mir der Rich unterschlagen hat, dann hätte ich mir das alles leisten können und hätte der Bank keine Zinsen zahlen müssen.

Zu der Zeit war in Traunstein eine Anhörung, bei der der Rich vom Richter befragt worden ist und dann ich.

Dort hab ich den Rich dann getroffen, wie er mit seinem Anwalt aus dem Saal gegangen ist, und er hat mich auch noch schwach angeredet:

»Du bist so ein Volldepp«, hat er gesagt, »wir zwei hätten so gut zusammenarbeiten können.«

Der ist aus dem Breisgau gekommen und hat so einen komischen Dialekt gehabt.

Da hab ich einen Zorn gekriegt.

»Weißt du was?«, hab ich gesagt. »Schieb mir einfach die 500 000 Mark rüber, die du mir schuldest, und verschwinde aus meinem Leben, du blöde Sau. Und sei vorsichtig, weil sonst hau ich dir noch eine rein.«

Da hat sich der Anwalt eingemischt.

»Wollen Sie uns etwa drohen, Herr Söllner?«

Den hab ich natürlich gerade noch gebraucht.

»Was bist denn du für ein Kasperl«, hab ich gesagt, »schau, dass du dich schleichst, sonst kriegst du auch deine Watschen.«

Weil mich das richtig aufgeregt hat, dass sich der Rich von mir eine ganze Existenz unter den Nagel reißt. Der hat sich auch ein Haus gebaut und zwei Autos vor die Tür gestellt, alles von meinem Geld.

Es ist dann dauernd hin und her gegangen vor Gericht, und am Schluss lief es immer darauf hinaus, dass der Rich sagt, er hat diesen Vertrag mit mir und da fährt die Eisenbahn drüber. In den Akten ist dann derselbe Schmierzettel dringesteckt, den der Rich auch dem Achim gezeigt hat, ohne Unterschriften und voller Geschmier.

Bis dann der Achim die zündende Idee gehabt und meinem Anwalt gesagt hat, er soll bei der nächsten Verhandlung fordern, dass der Rich den Originalvertrag herzeigen muss. Weil den gab es ja gar nicht, den Originalvertrag, es gab nur immer die schmierige Kopie.

Der Richter hat also vom Rich gefordert, dass er den Originalvertrag zeigt.

Aber den hat der Rich nicht gehabt.

»Warum nicht?«, hat der Richter gefragt.

»Der ist bei einem Wasserschaden zerstört worden«, hat der Rich gesagt.

»Bei einem Wasserschaden?«, hat der Richter gefragt. »Wo haben Sie denn den Vertrag aufbewahrt?«

Ja, hat da der Rich gesagt, er hat den Vertrag im Keller aufbewahrt in einer Kiste, und es war ein Hochwasser, und bei dem Hochwasser sind alle Akten nass geworden, und dabei ist auch der Verlagsvertrag zerstört worden.

Der Richter hat aber schon ein bisschen Einblick in die Geschäfte vom Rich gehabt. Deshalb hat er auch gewusst, dass er mit keinem anderen Musiker so viel verdient hat wie mit mir.

Er hat den Rich dann gefragt, ob er das ernst meint. Weil ich mit Abstand sein bestes Pferd im Stall bin, und ausgerechnet diesen Vertrag bewahrt er dort auf, wo das Hochwasser in den Keller rinnen kann?

Das war der Moment, wo dem Rich keiner mehr geglaubt hat, und bei der nächsten Verhandlung hat der Richter entschieden, dass er mir insgesamt 300 000 Mark bezahlen muss, einmal 140 000 und einmal 160 000 Mark.

Aber der Rich hat gar nichts bezahlt. Weil er war natürlich ein schlauer Fuchs, der dauernd am Abgrund spazieren gegangen ist und sich zu helfen gewusst hat. Der hatte schon längst sein Haus und sein Vermögen an seine Kinder überschrieben, da war nichts zu holen. Er schuldet mir das Geld noch immer, und von dem, was er mit den ersten drei Platten verdient hat, rede ich gar nicht, da konnte man nichts mehr machen, weil es den Knebelvertrag ja wirklich gab, und der war auch beim Hochwasser nicht zerstört worden.

27

Ich war 26, als ich angefangen habe, Marihuana zu rauchen. Das war ein gutes Alter, um überhaupt mit Drogen anzufangen. Bis dahin hatte ich nur Zigaretten geraucht. Alkohol habe ich keinen getrunken, bis ich 44 Jahre alt war, und vor harten Drogen hat mir gegraust, weil ich zu Hause gesehen habe, was harte Drogen, vom Schnaps bis zum Heroin, aus Menschen machen.

Das Marihuanarauchen war Teil von dem Zauber, den die Musik vom Marley auf mich ausgeübt hat. Seine Reggaemusik hat mich berührt. Da wollte ich probieren, wie das mit dem Marihuana ist, über das der Marley dauernd gesungen hat.

Bei anderen war es genau umgekehrt: Die haben zuerst geraucht, und dann haben sie Typen mit Dreadlocks kennengelernt, die ihnen dann die Musik vom Marley vorgespielt haben.

Ich sage das, weil mein erster Kontakt zum Rauchen nichts von dem Elenden hatte, wie der Einstieg in die Drogenhölle so gern beschrieben wird. Da war keiner, der mir was zugesteckt hat, und kein Pulver, das man aufkochen musste, und kein Blech zum Erhitzen und keine Spritze, die man aufziehen musste.

Da war nur eine Pflanze mit schön geformten Blättern und kräftigen Blütenständen. Das hat mir keine Angst eingejagt. Weil ich hatte ja immer Angst vor Drogen, ich hatte Angst, dass mir irgendein Pulver vielleicht auch so taugt wie meinen Brüdern und dass ich nicht mehr davon runterkomme.

Aber schon bei meinem ersten Freundeskreis in München habe ich gesehen, dass es auch anders geht. Die haben auch geraucht, und dann sind sie miteinander am Tisch gesessen und haben geredet und diskutiert und gelacht.

Mich hat das Marihuana kalibriert. Es hat mich zu mir kommen lassen.

Da habe ich mir schon gedacht, dass es bei uns zu Hause vielleicht auch anders gewesen wäre, wenn der Vater vor dem Abendessen einen geraucht hätte und nicht schon im Wirtshaus sechs oder acht Bier getrunken. Weil nach sechs oder acht Bier bist du grantig und schlecht drauf, außerdem willst du dann immer noch ein Bier und noch ein Bier. Weil so funktioniert der Alkohol.

Beim Rauchen ist das anders. Wenn du einmal richtig angezogen hast, denkst du sicher nicht als Erstes daran, dass du gleich noch einmal anziehen willst. Weil du kriegst Zeit, wenn der Turn kommt. Dann sitzt du eben da und schaust, und die Zeit vergeht, und in deinem Kopf spielt sich etwas ab, über das du alles andere vergisst. Du begibst dich auf eine Reise. Mit Dylan, mit Marley. Das waren die Reisen, die ich gemacht habe.

Dabei habe ich gelernt, dass man für diese Droge ein eigenes Bewusstsein entwickeln muss. Und ich habe lernen müssen, wie man damit umgeht.

Erstens habe ich nicht schon als Halbwüchsiger damit angefangen, das war wichtig. Und ich habe Mentoren gehabt, die mir gezeigt haben, wie man wirklich raucht. Das war bei meinen nächsten Reisen nach Jamaika, wo mir Rastas gezeigt haben, wie es geht. Da ging es natürlich nicht um Spliffs, und schon gar nicht um solche, die mit Tabak gedreht werden.

So hatte ich ja angefangen zu rauchen: mit Zigaretten, in die man ein paar Krümel von getrockneten Marihuanablättern gebröselt hat. Das hat mit dem richtigen Rauchen nichts zu tun.

Richtig rauchen tust du mit einer Wasserpfeife, und du atmest den Rauch ein. Du ziehst es nicht ein, wie wenn du gerade fünf Minuten unter Wasser warst und halb erstickst, sondern du atmest es ganz still ein, in deinem eigenen Atemrhythmus, und dann wird etwas mit dir passieren, was dem Begriff »Bewusstseinserweiterung« am nächsten kommt – aber das kann eh nur ein Hilfsausdruck sein.

Ich habe damals, wie ich zu Trikont gegangen bin und die »Hey Staat« aufgenommen habe, viel geraucht. Damals hab ich auch noch Zigaretten geraucht, sicher zwanzig bis dreißig Stück am Tag, und einen Joint hab ich dann auch meistens noch geraucht.

Und ich hab bei meinen Konzerten gern und viel über das Rauchen gesprochen. Weil ich damals schon der Meinung war, dass man Cannabis legalisieren soll, und der Meinung bin ich heute auch noch. Solange der Cannabiskonsum kriminalisiert wird, profitieren davon nur die Dealer und die Justiz. Junge Menschen, die lieber einen rauchen, als sich sechs oder acht Bier reinzudrücken, riskieren Vorstrafen und völlig unverhältnismäßige Sanktionen. Zum Beispiel, dass sie von der Schule fliegen oder die Lehrstelle verlieren.

Manche müssen sogar in den Knast, weil sie zwei oder drei Gramm einstecken haben und Wiederholungstäter sind. Wenn man in Deutschland jeden Alkoholiker einsperren würde, wäre das Land leer.

Das muss das Resultat einer regelrechten Gehirnwäsche sein. Sonst könnte es nicht sein, dass das Rauchen von Marihuana so rigoros verfolgt wird.

Ende der achtziger Jahre war das noch viel weniger schlimm. Wenn ich mit meinem Mercedes-Cabrio auf der Autobahn siebzig oder achtzig gefahren bin, weil ich gerade so friedlich drauf war, ist das keinem Polizisten aufgefallen. Wenn mich einer aufgehalten hat, hat er nur gefragt: »Haben Sie etwas getrunken?« Und da habe ich wahrheitsgemäß geantwortet: »Noch nie, Herr Polizist.« Das Rauchen war für die meisten noch immer etwas Fremdes, etwas Exotisches, etwas, was man vielleicht einmal im Kino in »Easy Rider« gesehen hat. »Marihuana« hat ja keiner auch nur buchstabieren können. In Reichenhall haben sie immer nur von den »Haschern« geredet. Wenn einer »Ich gehe kiffen« gesagt hat, haben die anderen geglaubt, er hat sich geirrt und geht schiffen.

Wie ich dann zum ersten Mal aus Jamaika zurückgekommen bin, hab ich mir im Garten ein Beet mit ein paar Pflanzen angelegt. Das hat damals niemanden interessiert. Heute fahnden sie danach.

Zwei, drei Mal habe ich auch aus Jamaika Gras nach Deutschland geschmuggelt. Dafür habe ich mir eine Stange Zigaretten gekauft, ganz vorsichtig das Zellophan runtergemacht, eine Schachtel herausgenommen und so präpariert, dass statt den Zigaretten mein ganzes Gras in der Packung steckt. Dann das Zellophan wieder drübergemacht, so dass keiner was sieht, und dann noch eine Stange Zigaretten im Duty-free kaufen und alles zusammen im Handgepäck mitnehmen.

Einmal bin ich in München rausgeholt worden.

Zuerst musste ich mich ausziehen. Dann haben sie mein Gepäck gecheckt.

Ich habe eine Stange Camel dabeigehabt, da war kein Gras drin, und eine Stange Craven »A«, wo die präparierte Schachtel drin war.

Der Typ vom Zoll hat den Trick offensichtlich gekannt. Er hat gleich die Stange Camel aufgemacht, drei Packerl herausgeholt, aufgerissen und die ganzen Zigaretten rausgenommen.

Dann hat er den Scheiß auch bei den Craven »A« wiederholt, aber wie er angefangen hat, die Zigaretten rauszuholen, hab ich ihm gesagt: »Ich weiß gar nicht, was Sie wollen. Sind Sie vom Gesundheitsamt und wollen mir helfen, dass ich das Rauchen aufhöre?«

Da hat er gelacht und gesagt, na gut, und er hat die Packung, die er schon in der Hand gehabt hat, wieder zurück in die Plastiktüte geworfen, und es war natürlich genau die Packung, wo das Gras drin war.

Ich bin dann vor dem Flughafengebäude – damals war das noch München-Riem – an die frische Luft gegangen und habe mir einen kleinen Spliff gedreht. Das war immer mein Willkommensritual, wenn ich von Jamaika nach Hause gekommen bin.

So große Mengen hab ich nach diesem Erlebnis nicht mehr geschmuggelt. Aber ich habe mir von meinen Rastafreunden so winzige Kugeln aus Gras machen lassen, kleiner als ein Aspirin, die man mit Alu umhüllt hat und zwischen die Finger klemmen konnte. Das war ein super Versteck, das nie aufgeflogen ist, und ich hatte immer das Gras, um vor dem Flughafen meinen Spliff zu rauchen.

Manchmal sind wir auch nach Amsterdam gefahren. Dort konnte man ja legal Gras kaufen. Billig war es auch. Das haben wir dann auf fünf oder sechs Packerl aufgeteilt und per Post nach Deutschland geschickt, da hat niemand nachgeschaut. Auch auf dem Bahnhof oder dem Flughafen waren die Kontrollen total Kinderkacke. Zwar haben die Zöllner schon nachgeschaut, ob du was dabeihast, wenn du aus Amsterdam gekommen bist. Aber mit ein bisschen Fantasie bist du immer durch die Kontrolle gekommen, weil sehr genau haben sie es nicht genommen. Es gab auch noch keine Drogenhunde, die dir am Gepäck und zwischen den Beinen geschnüffelt haben.

Aber das meiste hab ich selbst angebaut. Das war auch gar nichts Neues. Wie ich meiner Oma gesagt hab, dass ich im Garten ein paar Stauden Marihuana angepflanzt hab, ist sie zuerst furchtbar erschrocken und hat gesagt: »Um Gottes willen, bist du ein Hascher, Bub?«

Aber dann hat sie sich die Pflanzen angeschaut und hat gesagt: »Geh weida, das ist doch Hanf. Das hat der Opa auch schon immer in die Pfeife getan.«

Das war auch ein Grund, warum ich bei den Konzerten immer darüber geredet habe. Weil ich wollte, dass die Leute wissen, dass es nichts Neues und nichts Gefährliches und nichts Unanständiges ist. Weil ich wollte, dass es kein Verbrechen mehr ist, wenn ich mir einen drehe. Weil ich wollte, dass ich dafür keine Strafe zahlen muss und nicht wie ein Verbrecher hingestellt werde. Deswegen habe ich bei jedem Konzert meine Lieder über das Rauchen gesungen und meine Geschichten über das Rauchen erzählt.

Die meisten sind bei den Geschichten zusammengebrochen. Aber natürlich hab ich mir damit nicht nur Freunde gemacht, jetzt einmal abgesehen von der Polizei und den Staatsanwälten. Viele Kiffer kamen zu mir und sagten: »Hey, Söllner, musst du so einen Wind ums Kiffen machen? Wir wollen doch nur einen rauchen und unsere Ruhe haben.«

Der Kiffer ist ja von Haus aus ein Feigling. Der will vor allem seine Ruhe haben und keine Schwierigkeiten kriegen, wenn er mit dem Auto unterwegs ist. Aber ich war ein Kiffer, und ich war leider kein Feigling, und das hatte damit zu tun, dass ich mir nicht schon als Bub die Birne weggekifft habe, sondern langsam und vernünftig einen Umgang damit lernen konnte.

Deswegen konnte ich auch sagen, dass es nichts Gefährliches ist, wenn einer kifft, und dass er nicht automatisch zu einem Fixer oder Junkie wird. Sondern dass es viel gefährlicher ist, wenn einer jeden Tag seine drei Bier trinkt und am Wochenende dann zehn und dazu einen Schnaps. Und dann ist er Alkoholiker und scheißt in die Windeln und muss in der Trinkerheilanstalt auf Staatskosten trockengelegt werden.

Das musste ich sagen, und zwar immer wieder. Weil überall, wo ich hinkam, gab es noch ein paar Deppen, die das noch nicht wussten.

28

Mit meinen Eltern war es jetzt so: Sie waren happy, weil sie in dem neuen Haus gewohnt haben und nicht mehr den Herd schüren mussten, um einen Kaffee zu kochen. Was ich so machte, davon haben sie keine Ahnung gehabt. Es hat sie auch nicht wirklich interessiert.

Ich habe meinen Vater ein bisschen besser zu verstehen begonnen, als ich selber Familie gehabt habe. Er hat zwar noch immer nicht verstanden, warum ich als Koch aufgehört habe und dann auch noch als Mechaniker. Aber wahrscheinlich hat er sich gedacht, wenn ich mit einem Mercedes unterwegs bin, dann kann es mir nicht ganz schlecht gehen. Er wollte immer nur von mir wissen, ob ich auch versichert bin. Dass man versichert ist, war für ihn das Wichtigste überhaupt.

Mit meiner Mutter bin ich aber auch jetzt nicht wirklich warm geworden, allein durch ihre Depression. Sie ist immer rumgesessen und hat gejammert, was alles falsch ist, der Mann, die Gegend, die Kinder. Da hab ich den Vater schon verstanden, dass er das nicht ausgehalten hat und lieber ins Wirtshaus ist.

Natürlich war der Vater auch ein Volldepp. Er ist immer besoffen mit dem Auto gefahren und war jähzornig und unberechenbar. Einmal ist er einem anderen Auto, das ihm die Vorfahrt genommen hatte, vierzig Kilometer weit nachgefahren, damit er den Fahrer stellen und beschimpfen kann. Das hat ihm natürlich eine Anzeige wegen Bedrohung eingehandelt.

Ein anderes Mal hat er beim Ausparken vor dem Wirtshaus einen Kratzer in ein parkendes Auto hineingemacht, und jemand hat es gesehen und die Polizei angerufen. Die Polizei ist dann gleich zum Roider gefahren, weil sie gewusst haben, dass der Vater sicher gleich ins nächste Gasthaus fährt, und dort haben sie ihn vom Stammtisch weggeholt und ihn blasen lassen und ihm den Führerschein abgenommen.

Am nächsten Tag hat er dann eine Anhörung in Reichenhall gehabt. Da wollte er mich unbedingt dabeihaben. Aber er hat mich nicht gebeten, sondern nur gesagt: Der Hans geht mit.

Als ich ihn auf die Polizei gebracht habe, ist es gleich losgegangen. Die Beamten waren eigentlich sehr freundlich, aber mein Vater ist sofort aus der Haut gefahren. »Du Bazi«, hat er geschrien, »du Bazi!« Was ihnen einfällt, dass sie ihn wie einen Verbrecher aus dem Roider schleppen, wie das ausschaut, soll sein Stammtisch denken, dass er ein Volldepp ist oder ein Verbrecher?

Die Polizisten haben sich das sogar eine Zeit lang angehört. Aber dann ist ihnen die Geduld gerissen und sie haben ihre Vernehmung fertig gemacht und uns rausgeschmissen. Aber der Vater hat neben mir weitergeschimpft, bis wir zu Hause waren, und dann hat sich wahrscheinlich die Mutter den Scheißdreck anhören müssen.

Als der Vater dann später zum dritten Mal den Führerschein verloren hat, hab ich ihm gesagt: »Hey, Papa. Geh hinüber ins Fahrradgeschäft und such dir ein Radl aus. Ich geh es dann zahlen.«

Das hat er gemacht. Er ist dann bis zum Schluss nur mehr mit dem Radl gefahren, und den Führerschein hat er sich gar nicht mehr abgeholt.

Mit der Mutter hab ich mich immer wegen demselben Scheiß herumstreiten müssen. Sie hat gemeint, weil ich jetzt Geld hab, soll ich mich um die ganze Familie kümmern. Weil da war ja der eine Bruder, der nichts verdiente, und der andere Bruder, der auch nichts verdiente. Weil sie beide nicht in die Arbeit gingen, weil du einfach nicht fünfmal in der Woche aufstehen kannst, wenn du vorher gesoffen hast am Abend. Sie sind besoffen mit dem Auto gefahren und haben Unfälle gebaut und haben dann kein Geld gehabt, um die Strafen zu bezahlen.

Das habe ich zu diesem Zeitpunkt übernommen.

Aber ich hab der Mutter auch gesagt, dass es mir auf den Sack geht, dass hier jeder macht, was er will, weil er weiß, dass es immer einen gibt, der für seine Schulden aufkommt. Ich möchte gerne Bruder sein oder Sohn, aber nicht Finanzierer.

»Du, Mama. Ich hab vielleicht viel Geld. Aber ich hab auch Schulden, und ich hab jetzt selber eine Familie. Und ich bin nicht der Vater von meinem Bruder. Wenn er Scheiße baut, dann baut er seine eigene Scheiße.«

Weil ich diesen Türken-Style nicht kenne: Mein Bruder, mein Bruder, egal, was er getan hat, ich werde ihm helfen. Wenn mein Bruder besoffen mit dem Auto fährt und einen Unfall baut und dann auch noch Fahrerflucht begeht, dann ist er nicht zuerst mein Bruder, sondern ein Arschloch.

Darüber hab ich mit der Mutter immer gestritten, und ich hab eh oft genug etwas hergegeben für die Brüder oder für sie. Aber es hätte immer noch mehr sein müssen.

Was ein Musiker ist, haben die Eltern nicht gewusst. Weil auf einem Konzert waren die nie, höchstens einmal zum Tanzen im Biergarten. Und Musik war, was aus dem Radio kommt, da war es kein Wunder, dass sie von mir nichts gehört haben.

Aber wie ich dann so viele Konzerte gespielt hab, in Oberbayern, in Niederbayern, in Oberfranken, Unterfranken, bis hinüber zum Bodensee, dann haben sie schon einmal was von mir gehört.

Viel Gutes kann es nicht gewesen sein, weil als ich das nächste Mal zum Vater gekommen bin, hat er mich sofort angemacht: »Was machst du denn eigentlich für einen Scheißdreck? Die Leute reden schon über dich. Du mit deinem blöden Marihuana und dem ganzen Scheiß …«

Und dann hat er sofort wieder mit seiner Versicherung angefangen: »Bist du überhaupt versichert? Eines sag ich dir: Wenn dir irgendwas passiert, von mir kriegst du keine müde Mark!«

Dann hab ich ihm gesagt, dass ich versichert bin, weil der Achim und die Eva sich um alles kümmern, und das hat er überhaupt nicht mehr verstanden: dass ich Leute kenne, die sich darum kümmern, dass ich versichert bin.

Als ich 1990 im Sternenzelt in Bad Reichenhall spielte, hab ich die Eltern eingeladen. Es war das erste Konzert in etwas größerem Rahmen, das bei uns in der Nähe stattgefunden hat. Nach München wären sie nie gefahren, um sich anzuschauen, wie ich auf der Bühne stehe, nicht einmal nach Traunstein. Aber nach Reichenhall sind sie dann doch gekommen.

Das Sternenzelt ist ein total schöner Ort. Dort passen 1200 Leute hinein, wenn es voll ist. Es war allerdings so schnell ausverkauft, dass die Veranstalter gleich am nächsten Tag ein Zusatzkonzert angesetzt haben, und das war auch sofort ausverkauft.

Der Vater und die Mutter sind zum ersten Konzert gekommen. Sie haben sich etwas Schönes angezogen, weil sie geglaubt haben, das muss man, wenn man in ein Konzert geht.

Dann hat sie meine Schwester abgeholt und zum Sternenzelt gebracht.

Ich war im Backstagebereich und hab noch einen geraucht, da habe ich schon gewusst, dass die Eltern da sind, aber ich habe nicht gewusst, wo sie sitzen.

Was dann passiert ist, hat mir die Schwester nachher erzählt.

Weil ich ein bisschen länger backstage geblieben bin, haben die Leute schon angefangen, zu applaudieren und zu rufen, und dann hat einer begonnen, »Hansi, Hansi« zu schreien, und dann haben die anderen eingestimmt und das ganze Zelt hat »Hansi, Hansi« geschrien.

Der Vater hat zuerst gar nicht gewusst, was da los ist, und er hat ja auch Hansi geheißen. Der hat geglaubt, dass die Leute sich aufregen, weil das Konzert so lange nicht anfängt. Aber dann hat ihm die Schwester gesagt, die rufen, dass ich endlich kommen soll. Das sind alles Fans.

»Was für Fans?«, hat der Vater gefragt.

»Na, vom Hans«, hat die Schwester gesagt. Weil das hat der Vater sich noch immer nicht vorstellen können, dass es ein Zelt voller Menschen gibt, die alle Fans von seinem Sohn sind.

Dann bin ich hinaus auf die Bühne, die Gitarre, ich und mein Smile.

Da ist das ganze Zelt aufgesprungen, und alle haben zu toben begonnen und geschrien und sich gefreut, dass ich da bin.

Das war dem Vater dann einfach zu viel.

Er ist sitzen geblieben und hat so zum Weinen begonnen, wie ihn meine Schwester nie weinen gesehen hat. Weil mein Vater war keiner von den Männern, die geweint haben. Der konnte böse sein und er konnte manchmal auch lustig sein, aber wenn ihm zum Heulen war, hat er lieber drei Bier gesoffen, als dass er eine Träne vergießt.

Aber jetzt war er so gerührt, dass es ihn einfach nicht ausgelassen hat. Er hat geheult, wie ich »Griaß eich« zum Publikum gesagt hab, und er hat geheult, wie ich das erste Lied gespielt hab, und er hat nicht aufhören können zum Heulen, als ob er die ganzen Tränen, die er sich immer verboten hat, jetzt rauslassen müsste, er hat eine halbe Stunde nichts wie geheult, weil er so gerührt war, mein Vater, dieser harte Mann, darüber, dass ich auf einer Bühne stehe vor zwölfhundert Leuten, die über jeden Witz lachen, den ich mache, und bei jedem Lied ruhig sind, das ich spiele. Das hat der Vater sich nie vorstellen können, dass es so etwas gibt und dass ich, sein Bub, in der Mitte davon bin.

Es war ein total schönes Konzert, und ich hab mich natürlich gefreut, dass es dem Vater gefallen hat. Am nächsten Tag war wieder ein schönes Konzert. Aber ein zweites Mal hat es sich der Vater nicht mehr angeschaut. Weil was er hat sehen müssen, das hat er gesehen.

Von dem Tag an war alles ausgestanden. Ich musste mir kein Gemecker mehr anhören, dass Musiker doch kein Beruf ist, und kein Nörgeln, ob ich auch versichert bin. Von dem Tag an hat der Vater gewusst, dass er sich um mich nicht mehr kümmern muss.

Manchmal hat er noch gesagt: »Du warst doch so ein guter Mechaniker, Bua«, weil das hat er besser verstanden, was ein guter Mechaniker und ein schlechter Mechaniker ist als was ein guter Musiker und ein schlechter Musiker. Aber ich hab schon gehört, wie stolz er auf mich ist und wie froh er war, dass er sich wenigstens um mich keine Sorgen mehr machen muss.

Ich habe dann ein paar Sachen ausprobiert. Über den Achim und die Eva bin ich auch mit anderen Musikern zusammengekommen, und wir haben geschaut, ob wir vielleicht etwas gemeinsam machen können. Mit dem Richard Kurländer von der Fraunhofer Saitenmusik hab ich geschaut, ob vielleicht eine Stubenmusi zu meinen Liedern und Texten passt.

Aber es hat nicht gepasst.

Mir ist nämlich etwas ganz anderes vorgeschwebt. Seit ich die Musik vom Bob Marley gehört hatte, wollte ich selber einmal Reggae spielen. Aber dafür brauchte ich eine Band.

Irgendwer hat mir gesagt, dass die Dub Invaders aus Landshut super Reggae spielen, also bin ich zu einer Probe von denen gegangen und hab zugehört, und dann hab ich sie gefragt, ob wir nicht etwas gemeinsam machen.

Eigentlich wollten sie schon, und ich wollte auch. Aber es ist nicht so gefahren, wie ich mir das vorgestellt habe. Die Dub Invaders waren super Musiker und haben einen sehr modernen Reggae gemacht, mit komplizierten Rhythmen und Drumcomputer, und ich habe mir eher den klassischen Reggae vorgestellt, den einfachen, den magischen Reggae, wie ihn der Marley mit den Wailers gemacht hat. Den fanden aber die Dub Invaders zu primitiv, und so ist aus der Sache nichts geworden.

Vom Hörensagen kannte ich einen Peter Schneider, der damals Gitarre beim Willy Michl gespielt hat. Der war zu der Zeit in der Szene schon eine große Nummer. Er konnte richtig super Gitarre spielen, und ich wusste, dass er ganz viele verschiedene Stilrichtungen draufhat. Der Peter konnte nicht nur Blues und Funk spielen wie ein Schwarzer, er konnte auch Reggae spielen wie ein Rasta.

Also sagte ich dem Uzicanin, er soll mir einen Termin mit dem Peter Schneider ausmachen. Ich hatte jetzt nur mehr diesen Groove im Kopf. Ich wollte die Reggaeband, und ich wollte sie so schnell wie möglich.

Der Peter und ich haben dann zu zweit ein Demo gemacht, er am Synthesizer und ich am Singen, mit dem bin ich dann zum Achim von Trikont gegangen.

»Das ist die Zukunft, Achim«, sagte ich total begeistert und spielte ihm die paar Songs vor. »Wie findest du's?«

Was der Achim nie hatte, war eine Hemmung zu sagen, was er denkt.

»Das ist scheiße, Hans«, sagte er.

Und wie ich ihn fragte, ob er es bei Trikont herausbringen will, sagte er: »Auf gar keinen Fall.«

Ein Jahr später habe ich mich vom Uzicanin getrennt. Es war eine gute, harmonische Trennung, keine Streiterei. Er hat einfach gesagt: »Wenn du aus Bayern rauswillst, musst du dir einen anderen suchen. Das hab ich nicht im Kreuz.«

Deshalb habe ich die Birgitt Binder gefragt. Die kannte ich schon aus dem MUH, dort hatte sie früher serviert und in der Küche gearbeitet. Dann hatte sie die Soafa in Dorfen übernommen, wo ich zwei Platten aufgenommen hatte, und jetzt hatte sie gerade mit der Soafa aufgehört und konnte sich vorstellen, dass sie für mich arbeitet. Sie bekam ein Gehalt von mir und hat sich ein Büro eingerichtet. Sie war dann von 1990 bis 1998 Bookerin in meiner Agentur.

Ich fand die Aufnahmen, die ich mit dem Peter Schneider gemacht hatte, viel zu gut, um sie in die Tonne zu treten. Außerdem hatte der Peter ein eigenes Label, das hieß United Sounds.
Weil Trikont die Platte ja nicht machen wollte, hatte der Achim
auch nichts dagegen, wenn sie bei United Sounds herauskommt.

Jetzt brauchten wir nur noch einen Namen für die Band,
die ja nur aus dem Peter und aus mir bestand. Ich wollte, dass
der Name irgendwie auf den Bob Marley hinweist oder auf die
Wailers, seine Band, und dass die Band aus Bayern kommt, sollte auch klar sein.

Weil ich mich ja gerade mit dem Gauweiler herumgestritten
habe, dachte ich mir, ärgere ich ihn ein bisschen und nenne die
Band »The Gauwailers«.

Aber so ein gutes Karma hatte der Name dann auch wieder nicht.

(Viel später kamen dann Musiker aus Nürnberg zu mir, die
Reggae auf Fränkisch spielten und fragten, ob sie den Namen
verwenden dürfen. Dürfen sie.)

Wir nannten unsere Platte dann wie die bekannteste Platte
vom Bob Marley: »Rastaman Vibration«. Nur statt »Rastaman«
nahmen wir »Bayerman«. Damit war das auch geklärt.

Dass ich bei der Band dabei bin, haben wir gar nicht groß auf
den Umschlag geschrieben. Nur innen auf der Platte ist mein
Name gestanden, als »Autor« von den Liedern.

Der Peter hat ein paar Hundert Platten pressen lassen und
eine Single ausgekoppelt, die hieß »Alfa Spider« und auf der
Rückseite »Heil«. Dass die Platten ein Erfolg werden, haben wir
sowieso nicht gedacht. Aber es war für uns ein Spaß, und deshalb haben wir es gemacht.

Während über meine »Hans Söllner«-Platten nie irgendwer geschrieben hat, gab es plötzlich gute Kritiken.

Das war im Frühjahr 1990.

Im Frühsommer passierte dann etwas noch Unglaublicheres. Die Birgitt, meine neue Managerin, ruft mich ganz aufgeregt an: Wir sind Anfang September zum Reggae Sunsplash nach Gemünden am Main eingeladen.

Das Reggae Sunsplash ist jetzt kein Konzert irgendwo in einem bayrischen Herrgottswinkel. Zuerst hat es das Reggae Sunsplash nur in Jamaika gegeben, und es haben der Bob Marley und der Jimmy Cliff und der Peter Tosh und alle Giganten dort gespielt. Dann gab es auch in Amerika und in Europa Reggae-Sunsplash-Festivals, wo die besten Reggaebands der Welt aufgetreten sind. In diesem Jahr in Gemünden war das der Bunny Wailer. Der Bunny Wailer hat mit dem Bob Marley und dem Peter Tosh in den siebziger Jahren die Wailers gegründet. Der war einer der Erfinder von dieser Musik. Und mit dem sollten wir jetzt auf einer Bühne spielen.

Es gab allerdings ein Problem: Wir hatten zwar eine Platte. Aber wir hatten keine Band.

Ich rief den Peter Schneider an und erzählte ihm von dem Engagement: »Jetzt bist du dran, Peter. Mach was.«

Der Peter rief dann bei so vielen von seinen Freunden an, bis er eine Band beinandergehabt hat, mit der wir uns nicht völlig blamieren. Die bestellte er in sein Studio und mich auch. Weil wir mussten jetzt proben.

Das war für mich etwas völlig Neues. Für meine Einzelauftritte hatte ich nie proben müssen. Da hatte es gereicht, wenn die Gitarre gestimmt war und ich nicht zu viel geraucht habe. Bei einer Band gibt es aber unendlich viele Details, auf die man achten muss, damit ein Song nicht umkippt und lächerlich wirkt.

Aber es war Reggae. Ich stand hinter dem Mikrophon und sang meine Lieder, und es war nicht mehr nur mein Gitarrengeklimper, sondern der große, magische Rhythmus vom Bob Marley. Und obwohl wir bis zum Umfallen proben mussten, ging ich total gern in den Proberaum hinein und ganz glücklich wieder hinaus, was vielleicht auch daran lag, dass ich ganz im Sinn des Erfinders den einen oder anderen Spliff dabei rauchte.

Trotzdem haben wir uns ziemlich in die Hose geschissen, als wir am 6. September zum Konzert nach Gemünden gefahren sind. Weil alle anderen Bands waren Superstars, die schon seit Jahren bei Festivals auftraten, und wir waren Bayerman Vibration, und das war unser erstes Konzert.

Als ich angekommen bin, hat schon eine andere Band gespielt, und von der Bühne hat man gesehen, dass ich mit meinem Cabrio hinter die Bühne fahre, und das hat den Sänger von der Vorband genervt.

Er hat sein Lied unterbrochen und gerufen: »Da kommt der Hans Söllner, der große Star, mit seinem Cabriolet.«

Weil er gedacht hat, dass die Reggaetypen davon auch genervt sein werden.

Aber die haben nicht Buh geschrien, sondern applaudiert.

Wir sind dann schon um eins zu Mittag an der Reihe. Es ist so wahnsinnig heiß, dass sich die Leute im Publikum dauernd die Wasserflaschen über den Kopf leeren.

Ich habe ja schon vor vielen Leuten gespielt. Aber vor so vielen noch nie. Vor unserer Bühne stehen 25000 Menschen, es schaut genauso aus wie in Woodstock.

Wir legen los mit »Heil«, was auch die erste Nummer auf der Platte ist. Da geht es um neue Nazis in Deutschland, die manchmal auch eine grüne Uniform anhaben, und da ist das Publikum sofort wach. Wir spielen »I schaam mi net«, was der Peter und ich als erstes Lied gemeinsam gemacht haben, und die Leute kippen total in den lässigen Groove, und ich auch und die Band auch, es ist der Wahnsinn. Wir spielen dann »Alfa Spider«, was die Single gewesen ist, und dann spielen wir die neue Version vom »Marihuanabam«, die der Peter für die Band arrangiert hat, und im Publikum ist die Hölle los. Wir spielen auch noch Zugaben, bis wir alles, was wir spielen können, auch gespielt haben, aber die Leute schreien noch immer, wir könnten wahrscheinlich weiterspielen, bis es dunkel wird.

Ein paar Tage später schreibt dann der »Musik Express«, dass Bayerman Vibration die Sensation von diesem Reggae Sunsplash war und das Publikum mehr begeistert hat als der Bunny Wailer.

31

Als 1992 in Jugoslawien der Krieg angefangen hat, ist Bundespräsident Weizsäcker ins Fernsehen gegangen und hat in einer Rede an alle Bundesbürger gesagt, sie sollen Menschen, die aus Jugoslawien fliehen, bei sich zu Hause aufnehmen.

Ich hab das eigentlich gut gefunden. Aber ich hab nicht verstanden, warum der Bundespräsident nicht selbst ein paar Flüchtlinge aufnimmt, wo er doch in einem Präsidentenpalast wohnt mit zwanzig Zimmern, da hätten schon ein paar Familien mit ihren Kindern Platz gehabt.

Die Ingrid hat dann im »Stern« eine Reportage über den Krieg gelesen, über die Serben, die in Bosnien mit ihren »ethnischen Säuberungen« begonnen hatten, was ja nur ein schöneres Wort für Massenmord war. Da ist eine Telefonnummer dabeigestanden, wo man sich melden kann, wenn man Flüchtlinge aufnehmen will, und dort haben wir angerufen. Wir haben ja Platz gehabt, und wenn ich dem Bundespräsidenten ausrichte, er soll Flüchtlinge bei sich aufnehmen, muss ich selbst ja wohl auch Flüchtlinge aufnehmen.

Bei der Telefonnummer haben sie aber zuerst gesagt, dass sie keine geeigneten Flüchtlinge für uns haben. Aber sie wollten zurückrufen, wenn welche kommen.

Erst war ein paar Wochen nichts, obwohl es sich in Jugoslawien ganz furchtbar zugespitzt hat, aber dann ist der Rückruf gekommen, dass sie jetzt ein Ehepaar mit einem neugeborenen Kind haben, und das könnten wir am nächsten Tag auf einem Parkplatz in Marzoll übernehmen.

Das war die Familie J. Die Familie J. ist aus dem Dorf Vitinica in Bosnien gekommen, ungefähr fünfzig Kilometer südlich von Tuzla. In Vitinica haben vor allem Muslime gewohnt. Die Familie J. war auch muslimisch. Der Fikret, seine Schwester und seine schwangere Frau Jasmina sind schon bald nach Ausbruch des Krieges nach Deutschland zu den Schwiegereltern geflohen. Die Schwiegereltern haben schon lang in München gewohnt, und dann haben der Fikret, seine Schwester und seine Frau mit den Schwiegereltern in einem dreizehn Quadratmeter großen Zimmer gewohnt.

Die Mutter und der Bruder vom Fikret sind aber noch in Bosnien gewesen, und er ist dann auch nach drei Monaten, als der Krieg schon viel schlimmer war als am Anfang, wieder nach Hause zurück und hat sich dort von der Armee der muslimischen Bosnier rekrutieren lassen. Zu der Zeit ist in München seine Tochter Edina auf die Welt gekommen.

Die bosnischen Muslime sind voll zwischen die Fronten von den Serben und den Kroaten gekommen. Auf der serbischen

Seite war der »Arkan« im Einsatz, der ein Freiwilligenkorps befehligt hat, das vor nichts zurückgeschreckt ist. Auf der anderen Seite hat der Faschist Franjo Tudjman, der mit seiner Unabhängigkeitserklärung Kroatiens den Krieg vom Zaun gebrochen hat, die Chance gesehen, sich auch ein Stück von Bosnien unter den Nagel zu reißen.

Der Fikret ist genau dazwischen gewesen. Seine Mutter hat ihm gesagt, er soll jetzt endlich zurück nach Deutschland, weil er sonst seine Tochter vielleicht nie mehr sieht. Er hat seiner Mutter gesagt, sie soll mitkommen, aber sie wollte nicht. Auch sein Bruder wollte lieber weiterkämpfen, als nach Deutschland zu flüchten.

Der Fikret hat sich also einen Urlaubsschein ausstellen lassen, angeblich um Verwandte in Slowenien zu besuchen, in Wirklichkeit aber, um an der Grenze nicht sofort als Deserteur festgenommen zu werden. Nach einigen Schwierigkeiten ist er mit dem Bus über die Grenze nach Zagreb und wollte von dort den Zug nach Österreich nehmen. Aber an der Grenze wird er aus dem Zug geholt und zurückgeschickt. Er probiert es ein zweites Mal mit dem Bus. Auch diesmal wird er erwischt. Als er dann auf einem Parkplatz vor der Autobahngrenze darauf wartet, dass er es noch einmal probieren kann, trifft er zwei andere Bosnier, die dort Lkw-Fahrer ansprechen, ob sie im Laderaum über die Grenze mitdürfen.

Mit denen verabredet er, es in der Nacht über die grüne Grenze nach Österreich zu versuchen. Das ist zwar riskant, aber im Vergleich zu allem, was die drei im Bürgerkrieg erlebt haben, eher ein Witz. Sie schaffen es in der Nacht leicht über die Grenze und gehen der Autobahn entlang bis zur ersten Autobahnraststätte in Österreich. Dort reden sie einen Slowenen an, der sie bis nach Villach mitnimmt.

Von Villach aus kann er endlich seine Frau in München anrufen, die natürlich außer sich vor Angst war. Sie sagt ihm, er soll bleiben, wo er ist, und schickt sofort einen gemeinsamen Freund los, der ein Auto hat und den Fikret am Bahnhof in Villach abholen soll.

Der Fikret war jetzt vier Tage unterwegs, dreckig und völlig übermüdet. Wie der Bekannte in Villach angekommen ist, hätte er den Fikret fast nicht erkannt, weil der wie ein Penner auf einer Bank vor dem Bahnhof lag und geschlafen hat.

Das waren die Flüchtlinge, die wir übernehmen durften. Wir haben sie dann auf dem Parkplatz abgeholt und im Anbau in Weißbach untergebracht. Sie haben fast nichts dabeigehabt und konnten kaum Deutsch, aber der Fikret hat es sehr schnell gelernt. Wir sind fast jeden Tag miteinander spazieren gegangen, dabei hab ich ihm Sachen gezeigt und das deutsche Wort dafür gesagt, und er hat das bosnische Wort dafür gesagt, aber er hat sich Deutsch viel besser gemerkt als ich Bosnisch.

Es hat nicht lang gedauert, bis wir richtig miteinander reden konnten. Wir haben irgendwann gemerkt, dass wir beide dieselben Probleme mit unseren Familien haben. Das hat zwischen dem Fikret und mir so eine Art Verwandtschaft hergestellt.

Ich hab ihn dann auch auf Tour mitgenommen, als Roadie. Er konnte helfen, die Anlage auf- und abzubauen, und sich damit ein paar Mark verdienen. Außerdem hat er mir natürlich seine Geschichte erzählt und was er auf den Ämtern erlebt hat, und ich habe die Geschichten immer auf der Bühne erzählt, damit die Leute einmal begreifen, was es wirklich heißt, ein Flüchtling in Deutschland zu sein und von zu Hause fortzumüssen, weil Krieg ist, und nicht weil man woanders als Sozialschmarotzer leben möchte, wie es die Arschlöcher immer behaupten.

Und selbst wenn es so wäre und er wäre ein Wirtschaftsflüchtling, so hat das den Grund, dass ihm jemand die Wirtschaft kaputtgemacht hat.

Dann hat die Mutter vom Fikret eine Nachricht geschickt, dass der Edin gestorben ist. Der Edin war der Bruder vom Fikret, und eine Granate hat ihm den Kopf weggerissen. Aber sie hat gesagt, der Fikret soll auf keinen Fall kommen, weil es viel zu gefährlich war, und seine Frau und seine Tochter brauchen ihn mehr als sie.

Der Fikret musste natürlich stark mit sich kämpfen, weil er unbedingt zur Beerdigung vom Edin wollte, aber er ist zum Glück nicht gefahren. Er hat gelitten wie ein Hund, und es war furchtbar, weil dauernd die Meldungen gekommen sind, dass in Bosnien ein Dorf nach dem anderen in Trümmer geschossen wird. Seine Mutter wollte aber auf keinen Fall weg von zu Hause, und ein paar Wochen später kam die Nachricht, dass jetzt auch die Mutter vom Fikret von einer Granate erwischt worden war und das Dorf Vitinica in Schutt und Asche liegt.

Die Schwester vom Fikret hat inzwischen in Frankfurt gewohnt, und er hatte sie nicht gesehen, seit er damals zurück nach Bosnien gegangen war, um zu kämpfen. Aber weil er nur eine »Duldung« für den Freistaat Bayern gehabt hat, konnte er sich nicht einfach in den Zug setzen und nach Frankfurt fahren, um seine Schwester zu treffen. Dafür brauchte er eine Ausnahmegenehmigung.

Diese Ausnahmegenehmigung musste das Landratsamt Berchtesgadener Land ausstellen. Der zuständige Beamte war ein gewisser Herr K. Der Fikret ist also nach Reichenhall gefahren und hat beim Herrn K. nachgefragt, ob er eine Ausnahmegenehmigung für die Reise nach Frankfurt kriegt. Aber der

Herr K. hat ihn abblitzen lassen. Nur um die Schwester zu besuchen, hat er ihm gesagt, gibt es keine Ausnahmegenehmigung. Dafür braucht es schon einen besseren Grund, zum Beispiel, dass die Schwester schwer krank ist. Die war aber zum Glück gesund, bloß für die Ausnahmegenehmigung vom Fikret war es nicht gut.

Ich hab geglaubt, ich hör nicht recht, wie der Fikret vom Landratsamt zurückkommt und mir erzählt, was der Herr K. ihm gesagt hat. Ich hab geglaubt, dass es sich um ein Missverständnis handelt, es kann ja nicht sein, dass ein Flüchtling mit gültigen Papieren nicht von Bayern nach Frankfurt fahren darf.

»Pass auf«, hab ich ihm gesagt, »da gehen wir morgen noch einmal gemeinsam hin.«

Wir sind also in der Früh zum Landratsamt nach Reichenhall gefahren, damit wir mit dem Herrn K. sprechen können. Der war vierzig Jahre bei der Bundeswehr gewesen, bevor sie ihn im Ausländeramt genommen haben, und so hat er auch geredet.

»Was machst denn du schon wieder da?«, hat er den Fikret gleich einmal angeschrien.

Da hab ich mir gedacht, vielleicht war es doch kein Missverständnis.

Aber ich hab den Herrn K. ganz höflich darauf aufmerksam gemacht, dass ich heute mit dem Fikret gekommen bin, weil es ja ein Missverständnis gewesen sein muss, dass der nicht nach Frankfurt fahren darf.

»Nein«, hat der Herr K. geschrien. »Das ist gar kein Missverständnis. Weil eine Ausnahmegenehmigung wird nur erteilt, wenn es eine Ausnahme ist, und wenn der da nach Frankfurt fahren will, damit er seine Schwester besucht, ist das noch lange keine Ausnahme.«

Ich hab dann auch herumgeschrien, weil ich mich vor dem

Fikret geschämt habe, dass ein deutscher Ausländerbeamter so herumschreit.

»Ich hör immer nur Nein«, hab ich geschrien. »Können wir vielleicht einmal erfahren, warum?«

»Weil«, hat der Herr K. dann geschrien, »wenn ich den nach Frankfurt fahren lasse, dann stehen morgen zwanzig andere da und wollen auch nach Frankfurt.«

»Aha«, hab ich gesagt, »das ist ja ein besonders guter Grund. Wie heißt dein Vorgesetzter?«

Weil wenn der Herr K. zum Fikret du sagt, darf ich auch du zum Herrn K. sagen.

»Das ist der Landrat S.«, hat der Herr K. geschrien, »aber bei dem beißt ihr auf Granit.«

Dann sind der Fikret und ich zum Landrat S. gegangen. Aber der war in einer Besprechung. Ich hab mich in sein Vorzimmer gestellt und laut mit der Sekretärin vom Landrat S. darüber geredet, wer dem Landrat S. eigentlich sein Gehalt zahlt und warum der Landrat S. keine Zeit für die Leute hat, von denen er sein Gehalt kriegt, und da ist der Landrat S. schon aus seinem Zimmer gekommen und hat gefragt, was hier eigentlich los ist.

Dann ist die ganze Geschichte von vorne losgegangen.

Nein, hat der Landrat S. gesagt, es gibt auf keinen Fall eine Ausnahmegenehmigung für den Fikret, weil wenn der Fikret eine kriegt, dann stehen morgen von der Sorte zwanzig da und wollen auch eine Ausnahmegenehmigung.

Er hat wirklich »von der Sorte« gesagt.

Dann hab ich noch einmal zum Schreien angefangen.

»Siehst du die Bäume da draußen?«, hab ich geschrien.

»Ja freilich«, hat der Landrat S. zurückgeschrien.

»Und was siehst du da?«

»Bäume«, hat er gesagt und sich nicht mehr richtig ausgekannt.

»Ja, sicher«, hab ich gesagt, »aber der eine Baum ist eine Kie-
fer, und der andere Baum ist ein Ahorn. Und du sagst trotzdem,
dass alles Bäume sind.«

»Ja und?«, hat der Landrat S. gefragt.

»Aber wenn einer ein Jugo ist, dann ist er ›von der Sorte‹.
Anstatt dass du einfach Mensch zu ihm sagst und dem Fikret
die Scheißausnahmegenehmigung einfach gibst.«

Aber er hat sie dem Fikret nicht gegeben.

Dafür hab ich ihm dann ein Lied geschrieben. Das heißt
»Hey wos is«, und ich hoffe, er hat es sich so oft angehört, bis
ich ihm jetzt die Ausnahmegenehmigung erteile, dass er sich
etwas anderes anhört.

Der Fikret hat dann einen Job bei einem Elektriker bekommen.
Damit hat er nicht nur einen Wohnsitz, sondern auch eine Arbeit gehabt, und hat keine Sozialhilfe mehr gebraucht. Er hat
mit seiner Familie insgesamt drei Jahre bei uns gewohnt. Als
dann der Bosnienkrieg 1995 zu Ende war und die Flüchtlinge
dazu aufgerufen wurden, dass sie zurückkommen und das zer-
störte Land wieder aufbauen, hab ich mit dem Fikret geredet.

»Du, hör zu«, hab ich zu ihm gesagt. »Du brauchst jetzt keine Hilfe mehr, weil du hast Arbeit und kannst für deine Familie
sorgen. Such dir eine Wohnung. Du kannst noch ein paar Monate hierbleiben, aber bis dahin zahlst du mir Miete, nicht viel,
aber dreihundert Mark im Monat.«

Weil ich helfe gerne, solange meine Hilfe nötig ist. Aber
wenn sie nicht mehr nötig ist, sollen sich die Leute selber helfen.

Zuerst, wie der Fikret bei mir gewohnt hat, haben sich die
Rechten darüber aufgeregt, dass ich das Ausländergesindel bei

mir unterkriechen lasse. Jetzt, wo der Fikret sich wieder um sich selber kümmern musste, haben die Linken gesagt, schau her, der Söllner, dieses Arschloch, lässt sich von einem armen Flüchtling auch noch Miete bezahlen.

Aber die einen waren mir so egal wie die anderen.

Der Fikret ist noch drei Jahre in Deutschland geblieben, dann ist er zurück nach Bosnien. Seine Frau, die Jasmina, ist mit der Edina aber in Deutschland geblieben, und er ist immer hin- und hergefahren und hat irgendwelche Geschäfte gemacht. Bei einer dieser Fahrten hat er in Salzburg einen Unfall gehabt und ist ums Leben gekommen.

Ich habe das nur erfahren, weil plötzlich ein Cousin vom Fikret bei mir vor der Tür gestanden ist und gesagt hat, dass der Fikret verunglückt ist. Weil er hatte noch Schulden bei mir, und der Cousin musste das jetzt regeln. Bei den Muslimen müssen die Verwandten die weltlichen Sachen regeln, wenn einer stirbt, und der Cousin hat gefragt, ob er das Geld in Raten zahlen kann.

Da habe ich ihm gesagt: »Hey, der Fikret ist tot. Damit sind für mich seine Schulden erloschen.«

Der Cousin ist später noch einmal gekommen und hat mir ein Geschenk gebracht, um sich zu bedanken. Mit der Jasmina und der Edina habe ich noch immer Kontakt.

32

Nach dem Auftritt beim Sunsplash hat es jede Menge Anfragen für Bayerman Vibration gegeben. Es hat auch noch immer viele Anfragen für Solokonzerte von mir gegeben, aber ich wollte jetzt, wo es sie gab, weiter mit der Band spielen. Also sagte ich der Birgitt, dass sie Konzerte für die Band ausmachen soll, wenn es nur genug Gage für alle gibt.

Weil das war das Problem: Die Band hat viel Geld gekostet, jeder hat seine Gage gebraucht, und deshalb konnten wir nicht einfach klein anfangen und uns durch kleine Clubs und Kleinkunstbühnen spielen, bis jeder Song sitzt und jeder von uns blind weiß, was der andere macht.

Also sind wir das nächste Mal in Nürnberg aufgetreten, im Resi. Das war eine ehemalige Margarinefabrik, in die ein paar Tausend Leute hineingepasst haben. Jetzt waren wir nicht als »Bayerman Vibration« angekündigt, weil der Veranstalter Angst hatte, dass das zu wenig zieht. Auf den Plakaten stand also Hans Söllner, und wie wir auf die Bühne sind, merke ich schon, dass sich das Publikum etwas anderes vorgestellt hat. Die wollten mich und meine Gitarre, aber ich wollte Reggae und die Band.

Dazu kam, dass die Anlage schlecht war, und die Vorgruppe war auch schlecht gewesen. Meine Stimme war so leise, als ob sie der Mühlberger Toni eingepegelt hätte, und die Band war so laut, dass man außer dem Bass nur den Bass gehört hat.

Ich hab sofort gemerkt, wie scheiße das rüberkommt. Die Leute haben von unten raufgeschrien, dass sie die Scheißband nicht hören wollen, und ich konnte es sogar verstehen. So gut wir beim Sunsplash zusammengespielt hatten, so beschissen war dieser Auftritt in Nürnberg. Ich stand auf der Bühne und schämte mich. Das war mir vorher noch nie passiert, selbst bei den peinlichsten Gelegenheiten nicht. Da wusste ich schon, dass ich etwas ändern muss und wir noch bessere Musiker brauchen.

Einen hab ich gekannt, der so gespielt hat, wie ich mir das vorgestellt habe. Das war der Sepp Ferdl, den ich bei den Dub Invaders kennengelernt hatte. Aber die Dub Invaders hatten sich aufgelöst, und der Sepp ging wieder arbeiten.

Als ich ihn dann gefragt habe, ob er bei uns einsteigen will, hab ich sofort gemerkt, dass ich es mit einem richtigen Reggae-Musiker zu tun habe.

»Wie einsteigen?«

»Mit uns spielen«, hab ich gesagt. »Wir haben eine Tournee.«

Das Spielen hat er sich noch vorstellen können, der Sepp. Aber die Tournee hat ihn geschreckt.

»Geh weida mit der Tournee«, hat der Sepp gesagt, »viel zu viel Stress.«

»Ist nicht so schlimm«, hab ich gesagt, »so viele Konzerte sind es auch wieder nicht.«

»Aber wie komm ich dorthin?«, hat der Sepp gefragt.

»Na, mit dem Auto«, hab ich gesagt.

»Aber wie komm ich dann wieder zurück?«

»Na, auch mit dem Auto.«

»Aber wenn ich etwas geraucht hab, dann kann ich nicht mehr Auto fahren.«

Ich musste ihm also allen Ernstes versprechen, dass ich ihn bei jedem Konzert von zu Hause abhole und wieder nach Hause bringe.

Aber es hat sich ausgezahlt.

Weil der Sepp hat eine so unwiderstehliche Orgel gespielt, dass der Sound der ganzen Band sich von heute auf morgen in einen Reggae verwandelt hat, der total klar und präzise war, nicht mehr so eine Soße wie in Nürnberg. Es war jetzt eine Peter-Schneider-Band mit einer Ferdl-Orgel. Ich bin beim Singen total klargekommen. Weil Reggae ist meistens Sprechgesang, und meine Lieder sind auch Sprechgesang, von daher hat das perfekt gepasst, und wir sind von Konzert zu Konzert besser geworden.

Am besten haben die großen Reggaefestivals funktioniert, weil da sind Leute hingekommen, die Reggae hören wollten. Zu den Söllner-Konzerten sind Leute gekommen, die Söllner hören wollten, denen war die Band egal, und das hat sich immer auf die Stimmung geschlagen. Ich hab das trotzdem durchgezogen, weil es mir solche Freude gemacht hat, mit der Band zu spielen. Aber ich habe natürlich gemerkt, dass auch die Band froh war, wenn wir wo aufgetreten sind, wo Reggae-Fans waren, die mit unserem super Groove auch etwas anfangen konnten.

Das ist heute anders. Denn ich habe heute wirklich meinen eigenen Stil. Ich habe viel zu lange probiert, so zu sein wie die Großen, bis ich am Schluss gemerkt habe, dass ich für das Große nicht zuständig bin, sondern in meinem Sprachraum ich selbst sein muss.

33

Mein Vater ist tragisch gestorben. Zuerst hat er nicht mehr arbeiten können. Er hat grausame Probleme mit seinen Bandscheiben gehabt. Das war kein Wunder, weil er vierzig Jahre lang schwer am Bau gearbeitet hat, deshalb war er ja auch so froh, als ich Koch gelernt hab, weil er gemeint hat, das ist ein schöner Beruf, wo man nicht immer frieren muss und nass wird und schwer heben muss.

Wie der Rücken so kaputt war, hat er erst richtig zum Saufen angefangen und war böse und grantig und unleidlich, allein wegen der Schmerzen. Ich habe inzwischen auch drei Bandscheibenvorfälle gehabt und weiß, was das bedeutet. Gehustet hat er auch immer, das ist vom Rauchen gekommen. Weil der Vater hat ja über dreißig Jahre lang stark geraucht, da sind die Bronchien eben im Arsch.

Er und die Mutter haben getrennte Zimmer gehabt, seit sie in die Doppelhaushälfte umgezogen sind. Sie waren noch immer verheiratet, aber sie haben sich nicht geliebt. Sie sind miteinander ausgekommen. Jeder hat gemacht, was ihm gerade eingefallen ist. Dann hat die Mutter das Essen gekocht, und sie sind am Tisch zusammengehockt, und wenn sie zusammengehockt sind, haben sie gestritten und sich angefeindet. Wenn ich die zwei so gesehen habe, dachte ich mir manchmal, dass der Vater damals wahrscheinlich besser unten in Afrika geblieben wäre. Aber er ist pflichtbewusst zurückgekommen in so eine Welt voller Ablehnung und Hass und Verweigerung.

An dem Wochenende, an dem er gestorben ist, war die Mutter in Niederbayern bei einer Freundin auf Besuch. Und mein Vater hat wahrscheinlich in der Nacht von Freitag auf Samstag einen Schlaganfall gehabt. Das wissen wir, weil im Haus keine »Bild«-Zeitung vom Samstag war. Er ist sonst in der Früh immer ganz zeitig aufgestanden und hat sich am Kiosk die »Bild«-Zeitung geholt.

Aber am Samstag hat er sich keine »Bild«-Zeitung mehr geholt.

Ich wollte ihn an diesem Samstag noch besuchen und hab an der Tür geklingelt. Von der Seite, wo die Tür war, hab ich aber nicht gesehen, ob die Jalousien unten sind oder hinaufgezogen. Und der Nachbar hat gesagt, dass am Samstag den ganzen Tag die Vorhänge von dem Zimmer zu waren, wo mein Vater geschlafen hat.

An diesem Samstagabend ist die Mutter aber wieder von Niederbayern nach Hause gekommen, und ihre Freundin hat sie begleitet. Natürlich hat sie den Vater nicht angetroffen, weil der schon mit dem Schlaganfall im Bett gelegen ist.

Aber dann ist das passiert, was ich nicht verstehen kann. Sie hat nicht einmal kurz in sein Zimmer geschaut, damit sie sagt: »Servus, Hans, ich bin wieder da«, oder: »Geht's dir eh gut?«. Sie hat wahrscheinlich gedacht, dass er sich schon schlafen gelegt hat oder dass er besoffen ist. Vielleicht hat sie auch gar nichts gedacht und nur keine Lust gehabt, noch einmal nach ihm zu sehen. Auf jeden Fall ist sie nicht nachschauen gegangen.

Und der Vater ist ein Zimmer weiter im Bett gelegen, und das Bett war schon total vollgeschissen und angebrunzt, und vielleicht hat er sogar noch gehört, dass jetzt jemand kommt, und hat gehofft, dass man ihn endlich findet, aber es hat niemand in sein Zimmer geschaut.

Ich finde, trauriger kann eine Ehe nicht zu Ende gehen.

Erst am nächsten Vormittag hat die Freundin von der Mutter gesagt: »Komisch, was ist denn heute mit dem Hans? Der steht doch sonst nicht so spät auf.«

Da war es schon neun oder halb zehn, und dann haben sie endlich in sein Zimmer geschaut, und da lag er in seiner Pisse und seiner Scheiße und hat sich nicht mehr bewegen können. Aber er war noch nicht tot, sondern er hat noch gelebt.

Es ist dann der Krankenwagen gerufen worden, und der ist mit Tatütata angebraust gekommen, aber da war es natürlich schon viel zu spät dafür, dass sich jemand beeilen muss. Sie haben den Vater ins Krankenhaus nach Reichenhall gebracht, und wie sie ein CT von seinem Kopf gemacht haben, ist die eine Hälfte ganz schwarz gewesen. Das halbe Gehirn war voller Blut. Im Kopf ist alles zerstört gewesen. Er ist dann noch zwei Tage im Koma gelegen, und dann ist er endlich gestorben.

Ich habe dann oft darüber nachgedacht, ob der Vater vielleicht noch gehört hat, wie ich am Samstag geklingelt hatte. Ich hab auch darüber nachgedacht, ob er vielleicht noch weitergelebt hätte, wenn ich ins Haus gegangen wäre und nachgeschaut hätte. Aber ich bin sicher, dass er nicht so weitergelebt hätte, wie er sich das vorgestellt hat. Er wollte ganz bestimmt nicht im Rollstuhl sitzen und sich von seiner depressiven Frau pflegen lassen.

Dabei hätte ich mir einen Lebensabend mit dem Vater eher vorstellen können als mit meiner Mutter. Für meine Mutter habe ich eine Wohnung hundert Meter von meinem Haus entfernt in Weißbach gefunden. Zuerst hat sie sich dort noch allein versorgt, aber dann sind wir draufgekommen, dass sie immer mehr vergessen hat. Überall im Haus sind Schüsseln mit Katzenfutter gestanden, wo oft schon die Maden drin waren. Aber ihr ist das nicht aufgefallen.

Als dann Alzheimer diagnostiziert worden ist, hab ich sie zu mir in den Anbau genommen. Ich hab sie dann zweieinhalb Jahre gepflegt. Das war ein Fulltime-Job. Es hat auch eine Zeit lang gedauert, bis ich gemerkt habe, wie abwesend meine Mutter wirklich war.

Sie ist zum Beispiel auf der Bank vor dem Tisch gesessen und hat die Katze auf dem Schoß gehabt. Die hat sie am Rücken gestreichelt und dazu hat sie immer gesagt: »Wo ist die Katz? Wo ist die Katz?«

»Aber Mama«, hab ich gesagt. »Du hast die Katz doch auf deinem Schoß.«

Weil gesehen hat sie auch nichts mehr wegen einem grauen Star und ihrer Zuckerkrankheit.

»Nein«, hat sie aber gesagt. »Das ist nicht meine Katz.«

»Sicher«, hab ich gesagt, »ist das deine Katz.«

»Nein«, hat sie gesagt. »Meine Katz, die hat so Dinger, so Dinger.«

Dazu hat sie den Daumen am Zeigefinger gerieben.

»Was für Dinger?«, hab ich gefragt.

»So Dinger halt«, hat die Mutter gesagt, und es hat ewig gedauert, bis ich draufgekommen bin, dass sie die Ohren von der Katze meint. Dann hab ich die Katze umgedreht, und die Mutter hat die Ohren gestreichelt und gesagt: »Ja. Das ist meine Katz.«

Das klingt vielleicht lustig. Aber es war nur anstrengend.

Gegessen hat sie auch nicht mehr mit Messer und Gabel. Ich musste ihr alles klein schneiden, dann hat sie es mit den Fingern in den Mund getan.

Das einzig Gute war, dass sie nicht mehr mitbekommen hat, wie meine Schwester gestorben ist.

Die Elke hat Lungenkrebs gehabt. Von der Diagnose bis zum Tod sind vier Jahre vergangen. Die Elke war kein glücklicher Mensch. Sie hat keine guten Beziehungen gehabt, immer nur zu verheirateten Männern, die nebenbei ein bisschen Spaß haben wollten. Das hat sie verbittert.

»Ich möchte nur überleben«, hat sie immer zu mir gesagt.

Und ich hab geantwortet: »Siehst du, und ich möchte nur leben.«

So haben wir miteinander gesprochen.

Am Tag bevor sie gestorben ist, war ich noch eine Nacht bei ihr in der Palliativstation. Sie hat wie ein kleines Baby ausgeschaut mit ihrem Glatzkopf von der Chemotherapie. Sie hat sich noch zu mir gekuschelt und gesagt: »Ich kann dir gar nicht sagen, wie peinlich mir das ist.«

Ihr war es peinlich, dass sie gestorben ist. Aber dem Krankenhaus war es nicht peinlich, ihr noch in den allerletzten Stunden einen Einlauf zu geben und mit dem Sauerstoffgerät anzurücken, obwohl sie gewusst haben, dass es gleich aus ist. Das ist alles nur ein großes Geschäft. Ein Pflegefall in diesem Land will ich auf keinen Fall werden.

Die Elke ist am selben Tag gestorben, und ich war ganz allein bei ihr. Der Vater war tot, die Mutter konnte nicht mehr, der eine Bruder war im Heim und der andere irgendwo unterwegs.

Sie war schon nicht mehr ansprechbar. Jeder Atemzug eine rasselnde Qual. Es war gut, als es endlich ruhig war.

Ich bin noch lange bei der Elke gesessen, dann hab ich sie gewaschen und schön angezogen und mit einem Tuch einen Turban gebunden, damit man ihre Glatze nicht sieht. Dann hab ich ihr noch zwei Euro in die Hosentasche gesteckt für den Fährmann und eine Glocke in meinen Baum der Seelen gehängt.

Sie hatte ein Testament gemacht, darin stand, dass ich den Nachlass regeln soll. Jeder darf sich was nehmen. Für die Kosten von der Beerdigung war eine Lebensversicherung da, und was übrig bleibt, sollen die Neffen und die Nichte bekommen. Das ganze Testament war mit der Hand geschrieben, aber diesen Zusatz hatte sie mit der Hand zum Testament dazugeschrieben.

Es waren ungefähr 20 000 Euro auf dem Konto, die hab ich an die Kinder verteilt.

Aber dann ist das Sozialamt gekommen und hat gesagt, dass der Zusatz zum Testament nicht unterschrieben war und dass der Haupterbe unsere Mutter ist. Und obwohl ich ein graphologisches Gutachten bestellt habe, hat sich daran nichts mehr geändert, und ich habe das Geld ans Sozialamt überweisen müssen, weil den Kindern konnte ich es natürlich nicht mehr wegnehmen. Dann hat das Sozialamt das Geld für die Betreuung der Mutter kassiert.

Weil die Mutter war inzwischen im Altersheim. Dorthin habe ich sie gegeben, als ich eine längere Tour gehabt habe und niemand da war, der sie versorgt hätte.

Als ich nach drei Wochen zurückgekommen bin, hab ich gemerkt, dass es der Mutter besser geht. Es hat ihr zuerst gutgetan, Gesellschaft zu haben, und sie ist dann im Altersheim geblieben. Richtig gut war es aber auch nicht. Es ist viel zu wenig Personal in diesen Einrichtungen, alles muss schnell, schnell gehen, und weil die Mutter so langsam gegangen ist, haben sie sie immer in ein Wagerl gesetzt und herumgeschoben.

Dann hat sie aufgehört zu gehen, und dann hat sie aufgehört zu reden. 2010 ist sie gestorben.

In einem Album von ihr hab ich ein Foto von ihr gefunden, auf das sie für den Vater einen Spruch geschrieben hatte: »Wenn einmal nach vielen Jahren / mein Name wird genannt, / dann blicke weit zurück und sag, / Dich hab ich gut gekannt.«

Das hat mich sehr gerührt. Weil es gezeigt hat, dass dieses traurige Leben wenigstens einen guten Anfang gehabt hat.

34

1995 hatten wir mit dem Günter Hablik und der Elisabeth Daigfuß eine Doku gemacht, die hieß »Wer bloß lacht, is ned frei«. Da hatten wir zu meinem Lied »A dog wie jeder andre« grausame Szenen hineingeschnitten, wie Fischer Delfinen bei lebendigem Leib den Kopf abschneiden und Schildkröten bestialisch schlachten.

Nach einem Konzert sind dann Tierversuchsgegner, die den Film gesehen haben, zu mir gekommen und haben mich gefragt, ob ich eigentlich Fleisch esse.

Damals hab ich noch Fleisch gegessen.

Warum hörst du nicht auf damit, haben sie mich gefragt.

Aber mir sind nur die üblichen Ausreden eingefallen.

Sie haben mir dann eine DVD mitgegeben, wo sie ganz furchtbare Szenen aus Versuchslabors draufgespielt haben. Es waren radikale Tierschützer, die nachts in Labors einbrechen und Versuchstiere befreien.

Wie ich dann ein paar Tage später heimgekommen bin, wollte ich mir die DVD anschauen. Aber ich habe sie nicht auf einmal anschauen können, weil die Szenen so schrecklich waren.

An dem Tag, an dem ich mich dann durch die letzten fünfzehn Minuten gezwungen habe, war ich ziemlich verwirrt. Die Bilder hatten mich mitgenommen, und ich dachte darüber nach, ob ich jetzt auch aufhören soll, Fleisch zu essen. Es konnte einfach nicht sein, dass ich nach dieser Erfahrung weitermache wie zuvor. Wenn man etwas weiß, kann man nicht so tun, als ob man es nicht weiß.

Ich hatte für den nächsten Tag den Flug nach Jamaika geplant und musste noch einen Farn versorgen. Der stand auf dem Dachboden, aber weil ich in einem Zimmer die Decke rausgenommen hatte, wuchs er schön, und man konnte ihn von unten sehen.

Weil ich aber den Kopf bei den Tierquälereien gehabt habe und bei den Überlegungen, was ich für Konsequenzen daraus ziehen soll, habe ich mich nicht konzentriert. Ich wollte mich an einem Pfosten vom Dachstuhl festhalten, als ich zu dem Farn hinübergelangt habe, bin dabei aber abgerutscht und zuerst mit dem Kopf an einem Balken angeschlagen und dann aus gut drei Metern Höhe ungebremst hinunter ins Zimmer gefallen, genau dorthin, wo noch immer die eichene Werkbank von meinem Opa gestanden hat. Auf die bin ich mit dem Hinterkopf voll draufgeschlagen.

Dann war Pause.

Als ich wieder aufgewacht bin, greife ich an meinen Hinterkopf. Alles voller Blut. In meinem Schädel ein Donnern. Es hat gedröhnt und gepfiffen wie eine übersteuerte Anlage. Irgendwie bin ich auf die Beine gekommen und hab die Ingrid angerufen, sie soll sofort den Sanka rufen. Dann hab ich noch alle Türen aufgemacht, damit die Sanitäter ins Haus können, und mich im Wintergarten hingelegt, stabile Rückenlage, ganz vorschriftsmäßig, Beine hochgelagert.

Es hat gedröhnt und gedonnert, aber ich war ganz klar im Kopf.

Lieber Gott, hab ich gesagt, machen wir einen Deal. Ich will noch nicht abtreten. Wenn ich das hier überstehe, verspreche ich, ich esse kein Fleisch mehr.

Der liebe Gott hat eingeschlagen.

Sieben Minuten später war der Sanka da und hat die Wunde untersucht, und der Sanitäter hat gesagt, dass er mir die Haare abrasieren muss.

Da konnte ich schon wieder sagen: »Auf gar keinen Fall.«

Ein Dread hat es aber nicht überstanden, weil sie die Platzwunde behandeln mussten.

Und am nächsten Tag bin ich trotz meiner Gehirnerschütterung nach Jamaika abgeflogen.

So bin ich Vegetarier geworden. Ich esse nur Fisch, weil ich die im eigenen Weiher habe. Ich esse auch ein bisschen Butter und Sahne und die Eier von den Zwerghühnern, die in meinem Garten wohnen. In dem Maß, finde ich, ist mir das erlaubt. Denn dafür bräuchte es keine Massentierhaltung.

Deshalb sage ich auch immer auf der Bühne: »Essts ein Jahr keine Hühner.«

Weil das ist ein Anfang. Und wenn man zum Nachdenken

angefangen hat, kann man nicht mehr aufhören nachzudenken, und so kommt das eine zum anderen.

35

An einem Abend ruft mich der Achim an.

»Hör mal«, sagt er. »Es haben sich zwei Krankenschwestern aus dem Rechts der Isar bei mir gemeldet.«

»Na und«, sage ich. »Wollen sie mir wieder einen Gips verpassen?«

Im Rechts der Isar habe ich damals, als mir mein Schäferhund das Bein gebrochen hat, den schönen Fernsehgips gekriegt.

»Nein«, sagt der Achim. »Aber die haben einen Patienten, der ein Riesenfan von dir ist.«

»Dann ist ja klar, warum sie ihn eingeliefert haben«, sage ich, weil heute mein lustiger Tag ist.

»Sei ruhig«, sagt der Achim. »Der Bub ist schwer krank. Er hat Krebs. Er wird sterben. Der wünscht sich nichts mehr, als dass er dich einmal persönlich kennenlernt.«

Darüber muss ich nachdenken. Weil einerseits ist es natürlich etwas Schönes, wenn sich ein Mensch nichts mehr wünscht, als einmal mit dir zu reden. Du hast ja auch eine gewisse Verantwortung gegenüber den Fans.

Andererseits geht mir nichts mehr auf den Sack als die sogenannten Stars, die einen Fotografen und einen Journalisten zu ihren Wohltaten mitnehmen und sich dann in der »Bild«-Zeitung dafür feiern lassen, dass sie einer Oma Blumen ins Krankenhaus gebracht haben.

»Pass auf«, sage ich dem Achim. »Ich mach es. Aber nur, wenn kein Mensch davon erfährt.«

»Okay«, sagt der Achim. »Wenn du im Rechts der Isar bist, frag einfach nach dem Kai.«

Vielleicht drei Wochen später, als ich einmal in München war und Zeit hatte, bin ich ins Rechts der Isar und hab mich in die Onkologie durchgefragt. »Ich komm zum Kai«, hab ich den Schwestern gesagt, und die haben schon Bescheid gewusst und mich hinunter in den Garten geschickt, wo der Kai gerade einen Spaziergang gemacht hat.

Jetzt hab ich den Kai nicht gekannt und bin durch den Garten geschlendert, wo die Lungenkranken am Rauchen waren und die Leberkranken am Biersaufen, und hab mich dort nach Leuten umgeschaut, die ausschauen wie ein Krebspatient. Ein junger Mann ist mir aufgefallen, der ist im Bademantel auf einer Parkbank gesessen und hat eine Glatze gehabt, und seine Haut war wie Papier, so wie die Haut eben ausschaut, wenn einer eine Chemotherapie bekommt.

»Servus«, hab ich gesagt und ihn gefragt, ob er der Kai ist.

»Ja«, hat er gesagt, und ich hab ihn gefragt, ob ich mich hersetzen darf.

»Freilich«, hat er gesagt, und dann haben wir angefangen zu reden, über alles Mögliche, gar nichts Besonderes, dass die Blumen im Garten schön blühen und dass so viele Kranke Bier trinken und wie lang der Sommer wohl noch so heiß ist, und der Kai hat keine Ahnung gehabt, wer ich bin und warum ich mit ihm auf der Bank sitze. Aber wie er mich dann gefragt hat, warum ich eigentlich hier bin, hab ich ihm gesagt, dass die Schwestern von seiner Station bei mir angerufen haben und dass sie gesagt haben, dass er meine Musik mag.

Dann hat er erst gecheckt, dass ich der Hans bin. Wir haben über meine Musik geredet und über seine Krankheit, und dann hat er gesagt, dass er in ein paar Tagen entlassen wird, weil seine Chemotherapie jetzt abgeschlossen ist. Die Krankenschwestern haben gesagt, dass er »austherapiert« ist. So sagen die Ärzte, wenn sie nicht mehr weiterwissen.

Ich hab ihm meinen Walkman dagelassen, da waren neue Stücke von mir drauf.

»Wenn du dann nicht mehr im Krankenhaus bist«, hab ich ihm gesagt, »kannst du mich ja zu Hause besuchen und den Walkman zurückbringen.«

»Gern«, hat der Kai gesagt, und ein paar Tage später ist er mich wirklich besuchen gekommen. Er hat meine Buben, den Dustin und den Robert, kennengelernt, und wir haben Tee getrunken, und ich hab ihm gezeigt, was im Garten alles wächst. Wir haben über alles Mögliche gesprochen, über unwichtige Sachen und über wichtige Sachen, und bevor er wieder gefahren ist, hat sich der Kai ein Foto gewünscht, wo er und ich gemeinsam drauf sind. Dieses Foto haben wir auf der Bank vor meinem Haus in Weißbach gemacht. Er, der Kai, mit seiner Glatze, und ich mit meinen Dreadlocks. Unterschiedlicher konnte man gar nicht ausschauen.

Wir haben dann einige Zeit nichts mehr voneinander gehört, aber der Kai ist mir nicht aus dem Kopf gegangen. Ich hab oft darüber nachgedacht, was es ausmacht, dass einer so bald gehen muss und ein anderer nicht, und was daran Zufall ist und was Schicksal – solche Sachen. An Gott hab ich zu diesem Zeitpunkt längst nicht mehr geglaubt, weil das hätte er mir erst einmal erklären müssen, warum er so einen jungen Kerl so krank werden lässt. Das Foto vom Kai und mir, die Glatze neben den Haaren, habe ich immer dabeigehabt, auch wenn ich auf Tournee gegangen bin. Es war, als wäre der Kai plötzlich ein Verwandter von mir.

Ist das alles wirklich passiert? Manchmal hocke ich einfach da und tue, was Astrid Lindgren »das Grundrecht jedes Kindes« nennt: sitzen und schauen. Über das Leben nachdenken. Einmal mehr die Frage stellen: Ist das alles wirklich passiert?

Meine urbayrische Familie, aber sicher keine Idylle: mit Oma und Opa (oben) gab es regelmäßig Streit, ich (re.) und mein älterer Bruder Sepp (li.) wuchsen in Weißbach auf. Die Eltern – Hochzeitsfoto von Therese und Johann Söllner (unten) – hatten schwer mit ihrem Alltag und miteinander zu kämpfen. Mein Vater Johann war als Betonbauer regelmäßig auf Montage, einmal sogar für ein halbes Jahr in Afrika (unten links). Ich habe das Gefühl, er wäre gern dort geblieben.

Leichte Lektüre Anfang der sechziger Jahre (ich ganz links mit »Felix«-Heft); angemessen feierlich der Blick bei der Erstkommunion 1964. Als Halbwüchsiger zog ich meinen Parka kaum aus (»Vietnam-Style«, 1971 als Lehrling), bevor ich 1986 mit meiner ersten Gitarre von München nach Bad Reichenhall zurückkehrte (unten rechts).

Tierliebe war bei mir schon immer sehr ausgeprägt. Ich habe Mäuse gepflegt und Vögel aufgezogen. Um einen charakteristischen Look habe ich mich auch bemüht: Der Irokese war Mitte der achtziger Jahre während meiner Lehrzeit in der Autowerkstatt sowie auf den bayrischen Kleinkunstbühnen mein Markenzeichen. Beim Auftritt in Dorfen (unten rechts, Anfang der neunziger Jahre) hatte ich den Irokesen bereits gegen die Dreadlocks eingetauscht, nachdem ich Reggaemusik und Rastakultur kennengelernt hatte. Am Anfang stand Bob Marley. Dessen Musik hörte ich zum ersten Mal in der Autowerkstatt. Und die Tierliebe ließ auch später nie nach. Links unten bei mir zu Hause in Weißbach vor dem Aquarium.

Bei einem Konzert Mitte der neunziger Jahre. Ich hatte schon früh gemerkt, dass mir Menschen zuhören, wenn ich auf der Bühne stehe. Ob ich jetzt singe oder rede oder schimpfe. Manche haben sogar immer mitgeschrieben. Das waren meine Freunde von der Polizei.

Schon seit Jahrzehnten kämpfe ich für die Legalisierung von Cannabis. Als junger Amateurmusiker mit Zebrahose (oben links) sang ich bereits über den »Marihuanabam«, ohne dass ich selbst Erfahrungen mit Gras gesammelt hätte. Das änderte sich mit der Begeisterung für Bob Marley, die Rastakultur und Jamaika. Auf Jamaika hole ich mir Sonne, Rauch und Inspiration (1992, unten). Die beiden anderen Aufnahmen stammen aus der Aufnahmesession für das Album »Der Charlie ...«.

Meine Gitarre und ich beim Konzert »Im Regen«, 2005. Noch immer werden meine Konzerte von den Medien totgeschwiegen und von der Polizei beargwöhnt. Aber meine Fans kommen nach wie vor, und es kommen viele neue. Egal, ob es sich um große Open-Airs oder um kleine Auftritte auf Wirtshausbühnen handelt.

Mein Auftritt beim »Wiesen-Sunsplash«, 1998. Von allen
Reggaefestivals ist das im burgenländischen Wiesen das
mit den besten Schwingungen. Hier werde ich spielen,
solange man mich einlädt.

Long Time Companions – meine Band Bayaman'Sissdem: Peter Pichler, Manfred Puchner, Stephan Hofer und Gerald Moder an der Technik.
Mit meinem Freund, dem Trikont-Macher Achim Bergmann (mit erhobener Faust) im Wiener Orpheum (links).

Unterschiedlicher könnten die
Momente nicht sein. Zu Hause
mit den Bienen, deren Stöcke
in meinem Garten in Weiß-
bach stehen (oben), bei meiner
Selbstanzeige wegen des Besitzes
einer kleinen Menge Marihuana
im Jahr 2000 (rechts) und vor
Publikum in der Burgarena
Finkenstein in Kärnten.

Ein ehemaliger Automechaniker möchte gerne mit einem guten Auto unterwegs sein (hier ein klassischer BMW). Aber wenn mich jemand fragt, warum es ausgerechnet ein Mercedes sein müsse (ich hatte auch Coupés und Cabrios mit dem Stern), war meine Antwort immer: »Ich wollte nur beweisen, dass jedes Arschloch einen Mercedes fahren kann.«

Porträt, 2015. Fotografiert von Bernhard Müller. Ein Gesicht, das fragt: Ist das alles wirklich passiert? Weil: Es ist noch so viel mehr passiert.

Es sind wieder ein paar Monate vergangen, ich war viel unterwegs, weil wir dauernd gespielt haben. Nach einem Konzert in Freising steht plötzlich der Kai hinter der Bühne. Ich hab ihn zuerst gar nicht gekannt, weil er ganz anders ausgeschaut hat als auf dem Foto. Er hat wieder Haare auf dem Kopf gehabt und Farbe im Gesicht, und er hat erzählt, dass es ihm besser geht, und ich hab gemerkt, er hat wieder Hoffnung, dass er trotz seinem Krebs weiterleben darf. Zu der Zeit ist die Ingrid mit dem Eric schwanger gewesen, meinem dritten Sohn, und ich hab den Kai eingeladen, dass er wieder einmal in Weißbach vorbeischaut, damit er auch den Eric kennenlernt.

Dann hab ich längere Zeit nichts mehr gehört vom Kai. Als nach einem Konzert in Wunsiedel jemand bei mir im Hotel anruft und sagt, sie ist die Mutter vom Kai, hab ich's aber schon gewusst.

»Der Kai liegt im Sterben«, hat sie gesagt. Er ist nicht im Krankenhaus, sondern daheim in seinem Elternhaus in Dachau, und sie hat mir die Nummer gegeben, damit ich's aber ihn anrufen kann.

Gleich nach dem Konzert hab ich den Kai angerufen. Er hat ganz schwach geklungen, aber hat sich bemüht, dass er nicht traurig klingt und nicht verzweifelt, und er hat gesagt, dass es ihm nicht gut geht, dass der Krebs wieder zurück ist und dass es nicht so gut ausschaut für ihn.

»Hör zu«, hab ich zu ihm gesagt. »Du musst dir mit dem Sterben noch ein bisschen Zeit lassen. Weil ich kann jetzt nicht weg von hier, und ich will dich noch besuchen kommen.«

Da hat er gelacht und gesagt, dass er es versuchen will.

Ein paar Tage später war dann ein Konzert in Günzburg. Von dort war es näher nach Dachau.

Der Kai ist, wie ich gekommen bin, in seinem Bett gelegen

wie ein kleiner Vogel, der aus dem Nest gefallen ist. Ich hab mich zu ihm gesetzt und weinen müssen. Wir haben nicht viel geredet, ich bin nur bei ihm gesessen und hab seine Hand gehalten.

Irgendwann hat er angefangen zu reden. Er hat gesagt, er spürt, dass er bald stirbt, und er hat gesagt, dass er schon ein bisschen Angst hat, weil er nicht weiß, was jetzt kommt.

»Schade«, hat er gesagt, »dass ich deinen Buben nicht mehr sehe.«

Da habe ich gesagt: »Du siehst ihn als Erster, noch vor mir.«

Draußen ist ein Hubschrauber vorbeigeflogen, und der Lärm hat den Kai gestört. Er war so hellhörig, und mir ist erst in diesem Augenblick aufgefallen, wie selbstverständlich draußen alles weitergeht, während drinnen ein Mensch stirbt.

Ich bin dann von Dachau mit dem Auto in Richtung Augsburg gefahren, und das Bild vom Kai ist mir nicht aus dem Kopf gegangen. Ich bin rechts ran, bin über die Leitplanke in eine Wiese gestiegen und hab so laut ich konnte in die Dunkelheit geschrien, die Trauer, die Angst.

Ein paar Stunden später hat mich dann seine Mutter angerufen, dass der Kai gestorben ist.

Der Kai war der Erste von vielen, die ich besucht habe auf der Palliativstation oder im Wachkoma. Das gehört zu meiner Arbeit. Ich erzähle vom Leben, deshalb hört man mir zu. Deshalb bin ich nicht nur ein Musiker, sondern auch ein Streetworker.

36

Eine Sache ist klar: Marihuana macht kreativ. Ich hatte auch schon einen geraucht, wie ich einmal mit meinen Buben in Weißbach im Garten saß. Wir haben damals noch Cola aus Aludosen getrunken, die Kinder haben das gern gehabt und ich auch.

Es war Herbst, es hat viele Wespen gegeben. Zuerst sehe ich noch, wie eine Wespe auf der Dose landet und in der Trinköffnung verschwindet, dann sehe ich, wie der Robert zu der Dose greift und trinken will.

Ich springe auf und schlage ihm die Dose aus der Hand. Der Bub ist total erschrocken und heult los, aber bei mir macht es zack im Kopf.

Sofort hole ich mir einen Bleistift und ein Blatt Papier und zeichne eine Dose, bei der mit dem Öffnen der Dose ein Gitter über die Öffnung klappt, so dass keine Tiere hineinkrabbeln können.

Weil ich die Idee großartig fand, rief ich einen Typen an, den ich kannte. Der war Erfinder.

Der Erfinder war sofort Feuer und Flamme.

Er erzählte mir die Story von dem Typen, der den Verschluss erfunden hatte, der heute noch auf jeder Getränkedose ist. Vorher waren die Verschlüsse ja einfach abgezogen und weggeschmissen worden, bis der neue Verschluss nur noch nach hinten klappte, die Dose öffnete, aber keinen Schrott mit scharfen Kanten produzierte, an dem man sich die Füße aufschneidet.

Der Mann, der sich diesen Verschluss patentieren ließ, hat damit 30 Millionen Dollar verdient.

Verdammte Scheiße, dachte ich, dann wird der insektensichere Coladosenverschluss ganz sicher ein noch größerer Renner. Weil es da draußen hundertprozentig Tausende Menschen gibt, die Wespen oder Bienen geschluckt haben, als sie aus ihrer Dose getrunken haben, und an einem Stich in der Mundhöhle kannst du bekanntlich sterben.

Wir haben dann ein Federstahlblech gebaut, das an derselben Niete befestigt war wie der jetzige Verschluss. Wir haben ewig lang herumgetüftelt, wie groß die Löcher im Gitter sein müssen, damit genug Flüssigkeit durchfließen kann. Wir haben Prototypen gebaut, die du öffnest, der Verschluss geht auf und das Sieb schnalzt von unten herauf – perfekt!

Wir haben uns schon überlegt, was wir mit dem vielen Geld anstellen wollen. Eine Ranch in Amerika wäre zum Beispiel etwas gewesen, eine richtige Ponderosa. So haben wir herumgesponnen.

Der Erfinder hat dann das Patent angemeldet.

Aber die großen Konzerne sind nicht aufgesprungen. Coca-Cola hat abgesagt. Bei Red Bull haben wir keinen Termin gekriegt, nur eine Absage, dass dieses Projekt zurzeit nicht in ihre Planung passt. Nur ein Angebot kam herein, wo ein Hersteller das Patent haben wollte, um es vom Markt zu kriegen. Es hat plötzlich überall nur mehr Plastikflaschen gegeben, und alle haben geglaubt, bald gibt es eh keine Aludosen mehr, und so ist nichts aus meiner Erfindung geworden.

Als mein Erfinderfreund auf einen falschen Weg gekommen ist, habe ich ihn im Gefängnis besucht, und wir haben das Patent auf mich überschreiben lassen. Ich besitze es noch immer. Wenn jemand von Coca-Cola dieses Buch liest und Interesse hat, soll er sich melden.

Es wäre eine Erfindung, die eindeutig dem Marihuanakonsum zu verdanken ist. Weil wenn ich vier Bier getrunken hätte, wäre mir die Wespe wahrscheinlich gar nicht aufgefallen. Aber ich habe geraucht, und Rauchen macht meinen Kopf schnell und nicht langsam.

37

Nach den vier, fünf Jahren, in denen ich viel mit der Band unterwegs war, bin ich auch gern wieder allein auf Tour gegangen. Die Band war super, aber sie war auch anstrengend. Dauernd musst du dich darum kümmern, dass alle da sind, dass alle gut drauf sind und dass keiner aus dem Blick verliert, worum es geht: dass die Band nämlich eine Band ist und keine Bühne für einzelne Stars, die den Zuschauern zeigen, wie super sie den Bass zupfen oder was für Solos sie auf dem Schlagzeug spielen können. Das hat mich immer am meisten aufgeregt: wenn einer aus der Band geglaubt hat, heute ist er der Star und nicht die Band.

Also hab ich mir von der Birgitt, die für mich die Konzerte ausgemacht hat, eine Tour gewünscht, die ich ganz allein machen kann, und zwar auf dem Fahrrad. Das war 1994, und die Birgitt hat mir eine Strecke durch ganz Österreich zusammengestellt. Ich bin gut beieinander, hab ich ihr gesagt, ein paar Kilometer dürfen schon zwischen den Hallen sein, wo ich spiele. Es war meine erste Fahrradtournee, später hab ich noch vier gemacht.

Wenn du meinst, hat sie gesagt, und es war dann eine lange Liste, die ich von ihr gekriegt hab. Auf der Liste waren die Kilometer zwischen den einzelnen Stationen eingezeichnet. Aber die Berge zwischen den Stationen waren nicht eingezeichnet. Vielleicht hat die Birgitt gemeint, dass ich die Berge dann schon selber sehen werde.

Die Tour hat im April angefangen, und die erste Etappe war von Braunau nach Eggerding. Die Tour war wie immer so eingeteilt, dass ich möglichst viel am Stück spiele, damit ich dann wieder möglichst lang am Stück bei der Familie sein kann. Ich hab ein gutes Fahrrad gehabt, weil die Firma Corratec hat mir ein grün-gelb-rotes Bike namens Grizzly geschenkt, auf das sie »Marihuana-Express« draufgeschrieben haben. Ich hatte auch gerade den Versuch gemacht, mit dem Zigarettenrauchen aufzuhören, und schon zwei oder drei Monate hinter mir. In Braunau hab ich noch mit dem Mühlthaler Peter Kaffee getrunken, der mein Tourneeleiter war. Der war dafür zuständig, dass ich rechtzeitig in der Halle bin, auf die Bühne kann und dort anfange zu spielen.

Nach Eggerding war es jetzt nicht besonders weit, vielleicht fünfzig Kilometer. Aber der Weg ging über kleine Straßen und Hügel, die ich mir auf der Karte rot angestrichen hab. Wie ich losgeradelt bin, war es saukalt und es hat geregnet, aber davon hab ich mich natürlich nicht aufhalten lassen. Ich bin los, und der Peter ist noch im Kaffeehaus gesessen und wollte mit dem Transporter später nachkommen.

Im Innviertel gibt es viele Hügel und kleine Straßen und Abzweigungen, und weil ich mir das eine oder andere Mal gedacht hab, ich nehme vielleicht eine Abkürzung, hab ich mich plötzlich nicht mehr ausgekannt. Das war, als der Regen dann langsam in Schnee übergegangen ist und das Radfahren plötzlich weniger Spaß gemacht hat als geplant.

Dann hab ich auf die Uhr geschaut und gesehen, dass ich nach meinen Berechnungen eigentlich schon in Eggerding sein sollte. Aber gesehen hab ich das Scheißeggerding nirgends. Es hatte Hochwasser gegeben, überall waren Umleitungen. Irgendwann bin ich auf die Straße von Obernberg nach Eggerding gekommen und hab mich wieder ausgekannt, und weil ich schon spät dran war, hab ich mich total hineingehängt und bin voll in die Pedale, aber es war ein Scheißgegenwind und Eis und Schnee, und ich hab schon ausgeschaut wie ein Schneemann, und die Dreadlocks hatten sich in Eiszapfen verwandelt.

Da ist mir ein Transporter entgegengekommen. Der hat, als er mich gesehen hat, zum Blinken und zum Hupen angefangen, dann hat er gebremst und ist stehen geblieben, und es war der Mühlthaler Peter, der auf dem Weg von Braunau nach Eggerding war.

Er hat sich bis zum Bauch aus dem Fenster gelehnt und geschrien: »Hey, Hans, hast du im Hotel was vergessen?«

Ich war zwar auf der richtigen Straße, nur bin ich in Richtung Obernberg gefahren, nicht Richtung Eggerding, weil ich falsch abgebogen war.

Das war, muss ich zugeben, ein nützlicher Hinweis vom Peter.

Wir sind dann vom Innviertel weiter bis ins Burgenland und von dort über die Steiermark zurück nach Oberösterreich. Der Peter hat sich dann auch eingebildet, dass er mit dem Rad fahren muss, aber ich hab ihm gleich gesagt: »Pass auf, Peter, ich wart nicht auf dich, und ich mach auch keinen Aufbau in der Halle. Schau, dass du rechtzeitig wegfährst.«

Wir mussten von Leoben nach Bad Hall über den Präbichl, und der Peter ist nicht vor mir weggefahren. Das waren hundertzwanzig Kilometer und alles fast nur Bergstraßen. Wir sind gemeinsam von Leoben weg, aber schon nach der ersten Steigung hab ich den Peter nicht mehr gesehen. Weil ich mir das aber schon gedacht hatte, hab ich mir vom Peter das Hotel sagen lassen, wo wir in Bad Hall gewohnt haben.

Ich will nicht klagen. Aber die Etappe war der Wahnsinn. Als ich endlich in Bad Hall angekommen bin, hab ich geschwitzt wie ein Schwein, war von oben bis unten dreckig und hab mich darauf gefreut, dass ich mich jetzt duschen und etwas trinken und ausruhen kann, bevor am Abend das Konzert beginnt.

Aber wie ich bei der Adresse ankomme, die mir der Peter aufgeschrieben hat, weiß keiner von nichts. Es war auch kein Hotel, sondern so eine Art Sanatorium oder Pflegeheim.

Ich bin in mein Zimmer, und das war sogar verglichen mit den übleren Zimmern, wo ich schon geschlafen hatte, ein übles Zimmer. Es war nur eine Waschmuschel im Zimmer, kein Klo und keine Dusche.

Also gehe ich wieder hinunter zum Portier und frage ihn: »Wo ist meine Dusche?«

Fragt er mich: »Bist du schon so ein Star, dass du eine Dusche brauchst?«

Dabei bin ich vor ihm gestanden, verschwitzt von hundertzwanzig Kilometern auf dem Rad und nichts im Kopf als unter die Dusche und ein bisschen ausruhen, bevor das Konzert anfängt.

Also hab ich die Birgitt angerufen, sie muss mir ein neues Zimmer besorgen.

Das Hotel, wo das andere Zimmer war, hat sogar einen Pool gehabt. Das hat mich gefreut, weil ich nach dem Duschen ein bisschen schwimmen gehen wollte. Aber am Pool sind zwei gesessen, die mich angeschaut haben wie eine Ölpest.

Der Typ, der seiner Frau imponieren wollte, hat unverschämt auf meine Dreads geschaut und gesagt: »Ich gehe ja nicht davon aus, dass Sie Läuse haben.«

Und sie: »Das ist ja unappetitlich.«

Aber ich bin in den Pool und habe gesagt: »Da müssen Sie jetzt durch.«

Als ich dann zum Konzert gehen will, kommt der Direktor zu mir.

»Wir haben eine Beschwerde, Herr Söllner.«

Es war ihm peinlich, das hast du gesehen.

»Ein Stammgast hat sich beschwert.«

Aber es war ihm nicht der Stammgast peinlich, sondern dass der Stammgast vielleicht nicht mehr kommt. Da habe ich ihm helfen können.

»Machen Sie sich keine Sorgen«, hab ich gesagt. »Morgen bin ich weg. Sagen Sie ihm ruhig, dass Sie mich rausgeschmissen haben.«

Das Konzert am Abend sollte eigentlich in einem Zelt stattfinden. Plötzlich war es aber in einer Tennishalle, die viel größer war. Der Veranstalter war derselbe, der auf derselben Tour schon ein Konzert in Amstetten organisiert hatte. Dort waren wir in einem Saal gewesen, wo er gesagt hat, dass er tausend Plätze hat. Der Saal war bis auf den letzten Platz gefüllt gewesen, und wir haben bei der Abrechnung unseren Anteil von den tausend Karten bekommen. Aber weil sich der Peter gedacht hat, komisch, das ist aber ein großer Saal mit tausend Plätzen, ist er noch einmal durch den Saal gegangen und hat die Plätze gezählt, und es waren nicht tausend, sondern 1400. Wie er das dem Veranstalter gesagt hat, hat der gesagt: »Echt? Das tut mir aber leid, weil dann muss ich mich geirrt haben.«

Diesmal hatte er sich leider schon wieder geirrt. Ich habe allen Veranstaltern immer gesagt, dass meine Karten nicht teurer sein dürfen als 20 Mark, und in Bad Hall sollten sie 160 Schilling kosten.

Wie ich aber an den Kartenvorverkaufsstellen der Gemeinde vorbeikomme, sehe ich, dass die Karten nicht 160 Schilling kosten, sondern 260 Schilling. Das waren damals fast vierzig Mark.

Ich rufe also den Peter zu mir und sag ihm, er muss den Veranstalter holen.

Der Veranstalter ist gleich gekommen, und er hat gleich die Vizebürgermeisterin von Bad Hall mitgebracht, weil die Gemeinde Mitveranstalter war.

»Passts auf«, hab ich den beiden gesagt. »Wir haben eine Sache ausgemacht: Die Karten kosten 160 Schilling.«

»Ja«, hat dann die Vizebürgermeisterin gleich gesagt, »aber das Konzert ist ausverkauft. Die haben die 260 Schilling bezahlt, ohne mit der Wimper zu zucken.«

Sie hat wahrscheinlich geglaubt, dass ich es gut finde, wenn mehr Geld zusammenkommt. Dann verdiene ich ja auch mehr.

»Ja schon«, habe ich dann gesagt. »Aber das ist Betrug. Wir haben 160 Schilling ausgemacht, und deswegen kosten die Karten auch 160 Schilling. Ist das klar?«

Natürlich war den beiden überhaupt nichts klar. Also hab ich es ihnen erklären müssen.

»Wie viele Karten habt ihr verkauft?«, hab ich den Veranstalter gefragt.

»Neunhundert«, hat er gesagt.

»Gut«, hab ich gesagt, »dann besorgst du jetzt neunhundert Hundert-Schilling-Scheine. Und jeder, der seine Karte abreißen lassen will, kriegt einen Hunderter zurück.«

»Das kannst du nicht machen«, hat der Veranstalter geschrien, und dass er sicher nicht das Geld zurückzahlt.

»Gut«, hab ich gesagt. »Dann machen wir's anders. Wir beide gehen gemeinsam auf die Bühne, und ich sage den Leuten, dass das Konzert ausfällt, weil du zu hohe Kartenpreise verlangt hast.«

Das wollte er aber auch nicht. Lieber ist er verschwunden, damit er die Hundert-Schilling-Scheine besorgt. Wie dann die Leute gekommen sind, haben ihnen die Kartenabreißer das Geld zurückgegeben, und die Leute haben sich gefreut wie die DDR-ler, die nach dem Fall der Mauer ihr Begrüßungsgeld bekommen haben.

Der Veranstalter und die Vizebürgermeisterin haben dann zuschauen müssen, wie bei mir am Stand die Hölle los war, weil die Leute eine Freude gehabt haben, dass sie mit dem Hunderter auch eine CD oder ein T-Shirt kaufen können. Manchmal gewinnt die Gerechtigkeit tatsächlich.

38

Auf meine Menschenkenntnis kann ich mir nicht immer etwas einbilden. Ich bin oft irgendwelchen Schwindlern auf den Leim gegangen, großen Schwindlern, wie bei meinem ersten Plattenvertrag, Freunden, denen ich unter die Arme gegriffen habe und die das später vergessen haben, aber auch kleinen Schwindlern, die mich um einen Zwanziger angebettelt haben, weil sie sich eine Fahrkarte nach Hause kaufen wollen, und in Wirklichkeit wollen sie doch nur um die Ecke drei Bier saufen. Aber ich hatte nie Lust darauf, den Menschen zu unterstellen, dass sie bei mir nur Geld abziehen wollen, wenn ich welches hatte. Manchmal war es so, und oft war es nicht so, und ich konnte jemandem aus der Patsche helfen, dem sonst vielleicht niemand aus der Patsche geholfen hätte. Oft ist irgendwer nach einem Konzert zu mir gekommen und hat mir zweihundert Mark gegeben und hat gesagt: »Hey, Hans. Hier sind die zweihundert Mark, die du mir voriges Jahr geliehen hast. Danke, dass du das Vertrauen gehabt hast.«

Auf die Menschenkenntnis bilde ich mir nichts ein. Aber ich bilde mir etwas darauf ein, dass ich Menschen helfen will. Weil ich helfe nicht nur netten Menschen, sondern auch Arschlöchern. Deswegen hatten es die Betrüger ja auch oft so leicht mit mir. Ich habe sie nur selten zur Rede gestellt. Ich wollte, dass sie selber merken, dass sie mich ausnützen, und dass es ihnen nicht recht ist, wenn ich mich von ihnen ausnützen lasse.

Damals ist zum Beispiel ein Typ von einer grünen Bezirksorganisation in München zu mir gekommen. Er hat Karl geheißen. Wir haben uns gut gekannt, er war eigentlich ein Freund von mir. Der Karl war sehr besorgt und aufgeregt, weil er einen Freund gehabt hat, den sie im Irak eingesperrt haben.

»Weißt du, was das heißt, im Irak im Knast zu sitzen?«, hat er mich gefragt, und ich hab es nicht gewusst, aber ich hab es mir vorstellen können, weil ich war ja dort gewesen und wusste, dass ich sicher nicht östlich von Österreich im Knast sitzen will.

Als ich den Karl gefragt habe, was ich tun soll, hat er gesagt: Die im Knast wollen 80 000 Mark Kaution, damit sie seinen Freund herauslassen. Aber ohne 80 000 Mark bleibt der Freund eingesperrt, und keiner weiß, wie lang er das überlebt und was ihm in diesem Knast alles widerfährt. Ob ich ihm diese 80 000 Mark leihen kann, weil er sie leider nicht hat.

Zufällig hab ich die 80 000 Mark gerade gehabt, und ich hab sie dem Karl gegeben, damit sein Freund aus dem Knast freigelassen wird.

Aber ein paar Wochen später ist der Karl wieder da gewesen. Er hat in München ein Sportartikelgeschäft gehabt.

»Eine Katastrophe«, hat er gesagt. Das Geld ist zwar im Irak angekommen, aber sein Freund kommt jetzt vor Gericht, und er braucht dringend noch einmal Geld, damit man am Gericht etwas für ihn bewirken kann.

»Wie viel Geld?«, hab ich gefragt.

Der Karl hat auf den Boden geschaut und gesagt: Wir brauchen noch einmal 80 000 Mark. Also habe ich dem Karl noch einmal 80 000 Mark gegeben.

Ich hab das Geld eben gehabt und hatte keine Pläne damit. Deshalb konnte ich es ihm auch leicht geben. Dann hab ich aber nichts mehr von ihm gehört. Von seinem Freund habe ich auch nichts gehört und von meinen 160 000 Mark schon gar nichts. Erst als ich dann einmal nachgefragt habe, hat es geheißen: Ja, der Karl, und dass sein Sportartikelgeschäft pleitegegangen ist. Da hat sich herausgestellt, dass der Karl gar keinen Freund im Irak gehabt hat, sondern dass er mir zweimal 80 000 Mark aus der Tasche gezogen hat, damit er sein Geschäft vor der Pleite rettet. Aber es hat ihn nicht vor der Pleite gerettet, und mein Geld war auch weg.

Aber er wollte es wenigstens wiedergutmachen. Er hat gesagt, er veranstaltet ein Konzert von mir in der Muffathalle und verzichtet auf seinen Anteil als Veranstalter. Das war okay für mich. In die Muffathalle passen 1700 Leute hinein, wenn die alle zwanzig Mark bezahlen, dann kommt schon etwas zusammen.

Aber am Tag vor dem Konzert habe ich zu Hause meinen Brunnen sauber gemacht, weil er verstopft war. Irgendwer hatte da ein Glas hineingeschmissen, und als ich in den Abfluss hineingreife, schneide ich mir den Ringfinger von der Griffhand auf, ganz oben an der Fingerkuppe. Das war keine große Verletzung, aber sie ist genau dort am Finger gewesen, wo ich die Saiten hinunterdrücke. Wie sollte ich nur Gitarre spielen mit dieser blöden Wunde? Ich klebte mir ein Pflaster auf den Finger, aber genauso gut hätte ich mit Fäustlingen Gitarre spielen können.

Es war also eh schon schwierig. Aber als ich am nächsten Tag in die Halle komme, trifft mich fast der Schlag. Weil in dieser großen Halle, in die 1700 Menschen locker hineinpassen, nur 600 Stühle gestanden sind, die erste Reihe zehn Meter von der Bühne entfernt, links fünf Meter Platz, rechts fünf Meter Platz, und in der Mitte ein Gang, der auch noch einmal fünf Meter breit war. Es hat erbärmlich ausgeschaut, und ich wusste vom ersten Augenblick an, dass das Konzert ein Debakel wird.

Der Karl hatte einfach zu wenig Plakate aufgehängt gehabt und gehofft, dass seine Freunde von den Grünen es herausrei-ßen. Es sind also nicht nur wenig Leute, sondern auch noch lau-ter Grüne dringesessen. Das hast du sofort gemerkt, dass die mit meinen Witzen nichts anfangen konnten und mich entweder frauenfeindlich oder rassistisch, aber ganz sicher politisch inkor-rekt und einen Volldeppen fanden, und dass es eine Zumutung für sie war, dass sie sich meinen Scheißdreck anhören müssen.

Ich hab denen meine Hand gezeigt und dass ich nicht gut Gitarre spielen kann, aber darauf gab es keine Reaktion. Es gab auch kaum eine Reaktion, als ich angefangen habe, meine Ge-schichten zu erzählen. Weil ich wusste ja genau, wie meine Ge-schichten sonst ankommen, an welchen Stellen die Leute lachen und wo sie die Luft anhalten. Aber die Grünen haben nur die Luft angehalten, und als ich mich dann endlich in die Pause ge-rettet hatte, war ich so verzweifelt, dass ich das Pflaster von mei-ner verletzten Hand abgemacht und einen geraucht habe. Nach zwanzig Minuten bin ich wieder hinaus auf die Bühne und hab ein Lied nach dem anderen gespielt, bis mir das Blut so über die Hand und die Hose und die Gitarre geronnen ist, als ob ich eine Sau abgestochen hätte.

Aber es hat auch nichts genützt. Die haben sich von ihrer Verachtung für mich auch nicht durch einen Viertelliter Blut abbringen lassen.

Das hat mich gekränkt, weil ich es nicht verstanden habe. Ich habe zwar die Hallen vollmachen dürfen, und die Muffathalle wäre auch voll gewesen, wenn nicht dieser Volldepp von Karl keine Plakate aufgehängt hätte. Aber die ganzen Grünen und Sozialdemokraten und kritischen Liedermacher und Veranstalter und Journalisten wollten nichts mit mir zu tun haben. Die haben mich halt noch immer für die »Sau von Berchtesgaden« gehalten und wollten nicht anstreifen an dem Proleten und seinem Proletenpublikum. Obwohl sie es im Sternenzelt oder beim Tollwood gern in Kauf genommen haben, dass meine Konzerte ausverkauft waren und dem Veranstalter dadurch eine hübsche Summe übrig geblieben ist.

39

Am 27. Januar 1996 habe ich ein Konzert in Immenstadt gespielt. Immenstadt ist eine kleine Stadt im Oberallgäu, aber für mich hat in Immenstadt die Verfolgung angefangen, die Verfolgung durch die Justiz mit dem Ziel, mich zu brechen und auszumerzen. Es war schon vorher nicht lustig gewesen mit der Polizei und mit der Justiz. Aber es war alles nichts im Vergleich zu dem, was angefangen hat, nachdem ich an diesem Abend im Stadtsaal von Immenstadt aufgetreten bin.

Es war wieder einmal die Polizei im Saal. Die haben aufgepasst und mitgeschrieben, ob ich wieder jemanden beleidige. Aber weil gerade die Prozesse wegen meiner Ausnahmegenehmigung für den Cannabisanbau stattgefunden haben, wollten sie mich auch beim Rauchen erwischen, damit sie mir zeigen können, wo in Bayern der Hammer hängt.

Es war ein gutes Konzert, aber ich musste viel über Politik reden. In Hoyerswerda in Sachsen war ja ein paar Jahre zuvor dieses Flüchtlingsheim angegriffen und ausgebrannt worden, und die Polizei hatte sich einen Scheißdreck darum bemüht, die Täter zu fassen und vor Gericht zu bringen. Und vor Gericht wurde dann überhaupt kaum jemand verurteilt dafür. Und ich habe ja vom Fikret, dem Bosnier, der bei uns gewohnt hat, gewusst, wie in Bayern mit Flüchtlingen umgesprungen wird, und ich wollte, dass die Leute das auch wissen. Weil nur wenn viele es wissen, wird sich vielleicht etwas ändern können. Ich wollte auch, dass die Polizisten, die im Saal sind, wissen, wie sich ihre Kollegen verhalten haben, weil es auch Polizisten mit gutem Charakter gibt, die eine Wahrheit aushalten können und sich anständig benehmen.

Aber es gibt eben auch andere Polizisten und Polizistinnen, und eine von denen hat sich in der Stadthalle Immenstadt herumgedrückt, damit sie vielleicht etwas Interessantes über mich herausfindet. Sie wollte eigentlich privat kommen, aber ihr Einsatzleiter hat sie ausdrücklich in den Dienst versetzt, weil es ja bei meinen Konzerten angeblich wiederholt zu Verstößen gegen das Betäubungsmittelgesetz gekommen ist. Sie hat also dienstlich herumgeschnüffelt und dann hat sie etwas gesehen.

Die Garderobe, wo wir untergebracht waren, ist im Keller gewesen. Sie hat nur ein Oberlicht gehabt, durch das man von draußen hineinschauen konnte. Wie ich in der Pause in meine Garderobe gegangen bin, ist die Polizistin draußen gestanden und hat hinunter in die Garderobe geschaut. Dort bin ich an einem Tisch gesessen, den Rücken zu ihr.

Und dann hat sie etwas gesehen, was außer ihr niemand sehen konnte. Sie hat gesehen, dass ich »Mischbewegungen« mache. So hat sich diese Polizistin nämlich vorgestellt, dass ich mir einen Joint drehe: indem ich Tabak und Marihuana mische, zu einem Joint drehe und diesen anschließend illegalerweise aufrauche.

Sie hat offenbar nicht gewusst, dass ich Marihuana nur pur rauche und dass ich für einen Spliff keine »Mischbewegungen« machen muss. Aber weil sie sich einbildet, dass ich mir gerade einen drehe, wittert sie Gefahr in Verzug und alarmiert – das habe ich später aus den Polizeiprotokollen erfahren – ihre Kollegen.

Ich habe die Frau dann am Fenster stehen gesehen, und sie hat mich angesprochen. Sie hat mich gefragt, was ich eigentlich gegen Polizisten habe, die machen auch nur ihren Job, und ich habe gesagt, es kann aber nicht ihr Job sein, dass ich meinen Job nicht machen kann. Wir haben dann so herumgestritten, und dann habe ich ihr von unserem Büfett ein Käsebrot gebracht und gesagt, sie soll das jetzt in den Mund stecken und mich in Ruhe lassen.

Das Konzert hat fast bis Mitternacht gedauert, und es hat sicher noch eine Stunde gebraucht, bis endlich die Bühne abgeräumt und alles im Tourbus verstaut war und alle noch etwas gegessen haben und wir endlich aufbrechen konnten. Wir wollten in derselben Nacht noch weiter nach Krün in Oberbayern. Da haben wir am nächsten Abend gespielt.

Wir fahren also los, aber gleich hinter dem Ortsschild von Immenstadt überholt uns plötzlich mit Blaulicht ein Polizeiwagen. Der Polizeiwagen wird langsamer, dann hält schon einer die Kelle aus dem Fenster, und wir müssen anhalten.

Als wir stehen bleiben, sehen wir, dass hinter uns schon ein zweites Polizeifahrzeug steht. Aus dem springen auch gleich zwei Polizisten heraus, mit Maschinenpistolen in der Hand.

»Herr Söllner«, schreit ein Polizist.

»Ja«, sage ich und schaue aus dem Fenster.

»Aussteigen«, schreit der Polizist, »Hände in die Höhe.«

Ich weiß noch immer nicht, um was es hier eigentlich geht. Aber dann muss ich mich schon mit erhobenen Händen an den Bus stellen, und sofort beginnen zwei Polizisten mit der Leibesvisitation.

Da habe ich gewusst, dass sie Drogen suchen. Aber ich habe nichts dabeigehabt, so blöd bin ich natürlich auch nicht, und das habe ich ihnen auch gesagt. Aber sie haben mir nicht geglaubt. Sie haben mir in die Taschen gegriffen und alles abgetastet, wo man vielleicht ein Gramm Gras verstecken kann, und als sie nichts gefunden haben, musste ich die Hosen herunterlassen, und sie haben in meiner Unterhose nachgeschaut, und als in der Unterhose nichts zu finden war, haben sie meine Eier abgetastet und mir ins Arschloch geschaut.

Aber da war auch kein Gras.

Sie haben mich dann ins hintere Polizeifahrzeug geschleppt, um mich zu verhören. Weil der Tourbus nicht gut genug bewacht gewesen wäre, haben sie Verstärkung angefordert, und dann sind noch ein paar Polizisten gekommen, insgesamt acht, die meine Tourbegleiter aus dem Auto geholt und sie auch gefilzt haben. Es war weit nach Mitternacht, es war saukalt, meine Leute haben nur T-Shirts angehabt, und es hat ewig gedauert, bis die Polizisten mit der Untersuchung fertig waren.

Gefunden haben sie natürlich nichts.

Als die Frauen aus meinem Team gefilzt worden sind, habe ich die Frau wiedergesehen, der ich das Käsebrot gegeben hatte. Da habe ich begriffen, dass sie eine Polizistin ist und dass die ganze Übung jetzt nur stattfindet, weil sie Alarm geschlagen hat.

Als alle aus dem Bus draußen waren, ist ein Drogenhund hineingelassen worden. Denn keiner hat sich vorstellen können, dass niemand von uns auch nur einen Krümel Drogen dabeihat. Aber auch der Hund hat nichts gefunden.

Ich habe die ganze Zeit kaum etwas gesagt. Ich habe mich auch nicht gewehrt. Weil ich natürlich wusste, dass die nur auf eine Frechheit warten oder auf eine schnelle Bewegung, damit gleich wieder »Gefahr in Verzug« ist oder ich »Widerstand gegen die Staatsgewalt« leiste.

Als ich dann aber niemanden beleidigt habe und keinen Widerstand gegen die Staatsgewalt geleistet habe, war es auch wieder nicht recht. Weil im Polizeibericht von diesem Abend ist dann gestanden, dass ich »apathisch« war und »neben der Kappe«. Wie sich die Polizei halt einen Marihuanasüchtigen vorstellt.

Das Ganze dauerte eine Stunde oder zwei, bis wir endlich weiterfahren durften.

Aber die Sache war nicht vorbei. In Krün hat sie erst richtig angefangen.

Weil es mich natürlich geärgert hat, dass mich acht Polizisten mitten in der Nacht aus dem Auto zerren dürfen und mir die Hosen runterziehen und dass danach keiner von denen Entschuldigung sagt, Entschuldigung, Herr Söllner, aber wir sind einer Fehlinformation aufgesessen und es wird nie wieder vorkommen, wie können wir unser unangemessenes Vorgehen wiedergutmachen?

Sondern sie haben uns nur fahren lassen, weil sie sicher waren, das nächste Mal kriegen wir euch, ihr Grattler (oder wie man halt im Allgäu zu Grattlern sagt).

Also bin ich am Abend in Krün auf die Bühne und habe die Geschichte aus Immenstadt erzählt. Dabei habe ich an die Polizisten aus Immenstadt gedacht und gesagt, dass es so dunkel war in der Nacht und dass sicher nicht alle von ihnen meinen nackten Arsch gesehen haben. Aber hier ist es jetzt hell und deshalb zeig ich ihnen den Arsch jetzt noch einmal, damit ihn auch wirklich alle sehen. Dabei habe ich mich umgedreht und die Hose hinuntergezogen und habe dem ganzen Saal meinen blanken Arsch gezeigt.

Die Leute im Publikum sind zusammengebrochen, aber die Polizisten aus Immenstadt, die gar nicht im Saal waren, haben sich schrecklich beleidigt gefühlt von meinem nackten Arsch. Deshalb haben sie unverzüglich Anzeige gegen mich erstattet, wegen Beamtenbeleidigung.

Aber ich wollte mir das einfach nicht gefallen lassen.

40

Im Herbst 1996 hatte ich dann meine erste Hausdurchsuchung. Zeitig in der Früh kamen die Polizei und ein Computerfachmann.

Sie haben an der Tür geläutet, aber ich habe nicht aufgemacht. Dann haben sie gerufen: »Aufmachen, Polizei! Wir haben einen Durchsuchungsbefehl! Wir brechen die Tür auf.«

Da hab ich mir ein T-Shirt angezogen und eine Hose und hab gerufen: »Moment!«

So lang wollten sie aber nicht warten. »Wir kommen jetzt hinein«, haben sie gerufen. Aber sie mussten die Tür gar nicht aufbrechen. Weil meine Türe ist eh immer offen.

Ich denke zuerst, sie kommen wegen Drogen. Aber Drogen

haben sie gar nicht interessiert. Sie kommen wegen Geld. Sie wollen wissen, wie viel ich verdiene. Weil das Gericht Angaben über mein Einkommen braucht, damit sie die Tagessätze festsetzen können für die Geldstrafen, mit denen sie mich für meine Beleidigungen bestrafen wollen.

Vor Gericht fragt dich der Richter immer als Erstes: Wie heißen Sie? Wo wohnen Sie? Was verdienen Sie?

Da hab ich immer gesagt, dass ich nicht weiß, wie viel ich verdiene.

Das hat der Richter nicht glauben können: »Sie müssen doch wissen, wie viel Sie verdienen!«

»Aber ich weiß es nicht«, hab ich gesagt. »Ich verdiene genug, mir reicht es. Ich kann mir ein schönes Auto leisten und mit der Familie in Urlaub fahren.«

»Aber ganz billig ist Ihr Auto auch nicht.«

»Ich habe Automechaniker gelernt, und jeder Mechaniker träumt von einem guten Auto. Und ich hab mir den Traum erfüllt.«

»Dann sagen Sie mir ungefähr, was Sie verdienen.«

»Viel.«

»Ja, das glaube ich schon, wenn ich die Zuschauerzahlen bei Ihren Konzerten sehe. Aber was haben Sie denn für ein Durchschnittseinkommen?«

»Ich verdiene zwei Monate gar nichts. Dann verdiene ich einmal zehntausend Mark, und dann verdiene ich wieder einen Monat nichts.«

»Das ist zu ungefähr.«

»Aber Sie wollten es doch ungefähr.«

»Ich wollte es schon ein bisschen genauer.«

»Dann müssen Sie beim Finanzamt anfragen.«

»Das Finanzamt ist aber nicht auskunftspflichtig.«

»Das wird schon seinen Grund haben. Dann bin ich auch nicht auskunftspflichtig.«

»Dann müssen wir Sie schätzen!«

Dann haben sie mein Einkommen geschätzt und mir einen Tagessatz von fünfhundert Mark aufgebrummt, weil sie gemeint haben, ich verdiene an jedem Tag fünfhundert Mark. Aber sie haben noch immer Angst gehabt, dass ich in Wirklichkeit mehr verdienen könnte, und deshalb haben sie eine Hausdurchsuchung angeordnet.

Die Durchsuchungstruppe ist zuerst in mein Büro, weil sie geglaubt haben, dass sie dort etwas finden. Aber sie haben nichts gefunden, weil die Buchhaltung mein Steuerberater in München macht, und das habe ich ihnen auch gesagt. Aber weil sie schon da waren, haben sie geglaubt, sie müssen etwas finden, auch wenn da nichts zu finden war. Sie packen jeden Zettel ein, den sie finden. Sie räumen jeden Aktenordner aus meinem Büro. Sogar aus der blauen Tonne holen sie sich alles heraus, wo eine Zahl draufsteht.

Einer hat ganz freundlich getan. Der ist zu mir gekommen, hat mir den Arm um die Schulter gelegt und gesagt: »Servus Hans.«

Er hat meinen Schlüsselbund in der Hand gehabt und wollte wissen, wofür die ganzen Schlüssel sind.

»Schau, der da«, hab ich gesagt und auf meinen Kellerschlüssel gezeigt.

»Ja?«, hat er ganz interessiert getan.

»Ich glaub, der ist für mein Schließfach in der Schweiz.«

Da ist er sauer geworden.

»Weißt du was«, hat er gesagt, »ich bin nicht zur Gaudi da.«

Da hab ich gesagt: »Aber ich! Weil ich wohne da, und ich will, dass es meine Gäste lustig haben.«

Der hat es aber gar nicht mehr lustig gehabt, weil er immer noch wissen wollte, was das für ein Schlüssel ist.

»Ach ja«, hab ich dann gesagt, »jetzt fällt es mir wieder ein. Der ist für meinen Safe in Reichenhall, wo ich meine Sexutensilien aufbewahre. Meine Frau will nicht, dass ich die im Haus habe.«

Da ist er richtig grantig geworden. Aber ich bin auch grantig geworden.

»Weißt du was«, hab ich ihm gesagt und ihn gerade angeschaut. »Ich kenn dich. Du bist aus Reichenhall und wohnst jetzt am Thumsee. Du hast einen Hund, gell?«

Da hat er mich komisch angeschaut und gesagt, ja, das stimmt.

»Ich wäre an deiner Stelle vorsichtig«, hab ich gesagt. »Schau, dass es nicht dunkel ist, wenn wir uns das nächste Mal treffen.«

»Willst du mir drohen?«, hat er gesagt und ist ganz rot geworden vor Aufregung.

»Ja«, hab ich jetzt gesagt. »Ganz richtig. Ich bedrohe dich jetzt. Weil du bedrohst mich auch. Sei vorsichtig.«

Von dem Moment an hat er mich in Ruhe gelassen.

Weil ich kann mir das nicht gefallen lassen. Ich habe nichts zu verbergen. Alles, was die Polizei und die Richter von mir wissen wollen, können sie wissen. Alles, was sie hören wollen, können sie hören. Wenn die in mein Haus kommen und Marihuana suchen, sage ich ihnen: »Sie brauchen es nicht zu suchen. Hier ist es! Es sind fünf oder zehn Gramm. Nehmen Sie es sich mit!« Weil dann bekomme ich eine Anzeige und muss siebenhundert Mark Strafe bezahlen. Das interessiert mich nicht. Dafür braucht man keine Polizeitruppe in mein Haus schicken und alles verwüsten.

Irgendwann sind sie dann wieder abgezogen. Sie haben nichts gefunden, weil ich nichts versteckt habe. Es waren keine Leichen im Keller und kein Schwarzgeld in der Schublade und keine Drogen in der Küche.

41

Eine Leiche hab ich vielleicht doch im Keller gehabt: Mein Hund damals hat Spock geheißen. Es war ein Jagdhund, der in Weißbach immer frei herumgelaufen ist. Zwischen den meisten Grundstücken hat es gar keine Zäune gegeben, und eines Tages kommt der Hund mit einem grauen Hasen daher und legt ihn mir vor die Haustür.

»Scheiße, Spock«, hab ich gesagt, weil ich den Hasen gekannt habe. Es war der Hase vom Nachbarn, und der Hase war total verdreckt und er war tot. Jetzt hab ich gar keine Lust darauf gehabt, auch noch einen Krieg mit dem Nachbarn zu haben. Also hab ich den toten Hasen vorsichtig gewaschen. Dann war er sauber, aber ganz nass. Also hab ich den Föhn hergenommen und den Hasen wieder trocken geföhnt. Am Abend, nachdem es dunkel war, bin ich in den Garten vom Nachbarn und hab den toten, gewaschenen und geföhnten Hasen wieder in seinen Käfig zurückgelegt. Damit der Nachbar denkt, der Hase ist eines natürlichen Todes gestorben.

Aber am nächsten Tag treffe ich den Nachbarn am Zaun und er ist mir ganz verwirrt vorgekommen.

»Servus«, hab ich gesagt, »alles okay bei dir?«

»Nein«, hat er gesagt. »Ich bin ganz durcheinander. Stell dir vor, vorgestern ist unser Hase gestorben und ich hab ihn am Zaun eingegraben. Und heute liegt er wieder blitzsauber im Stall.«

Ich hab natürlich gar nichts gesagt. Aber in meinen Konzerten hab ich die Geschichte gern erzählt. Und eines Tages ist die Susi zu mir gekommen und hat gesagt, sie war im Kino und hat einen Film gesehen, in dem genau mein Joke vorgekommen ist. Der hieß »Lola rennt«, und irgendwer von denen, die den Film gedreht haben, muss einmal bei mir im Konzert gewesen sein.

42

Wenig später bekam ich die Vorladung zum Prozess wegen der Anzeige der acht Polizisten, die sich von meinem nackten Arsch beleidigt gefühlt hatten. Der Prozess fand in Garmisch-Partenkirchen statt, weil die strafbare Handlung in Krün, im selben Landkreis, stattgefunden hatte.

Die Anklage wird vorgetragen, und der Staatsanwalt will von mir wissen, was ich mir dabei gedacht habe, einfach die Hose runterzuziehen und den Polizisten den nackten Arsch zu zeigen.

»Das habe ich nur gemacht«, sage ich, »weil ich mich von der Polizeiaktion verarscht gefühlt habe. Deshalb hab ich meinen Arsch gezeigt.«

Der Staatsanwalt ist mit der Antwort unzufrieden. Er fragt listig: »Zeigen Sie eigentlich jedem Ihren Hintern, Herr Söllner?«

»Wieso?«, frage ich zurück. »Wollen Sie ihn sehen?«

Das will er nicht, aber er ist so sauer, dass er für einmal Die-Hose-Hinunterziehen gleich neuntausend Mark Geldstrafe fordert.

Da macht der Amtsrichter nicht mit. Er verurteilt mich zu dreitausend Mark Geldstrafe, aber wir gehen natürlich in Berufung.

Die Berufungsverhandlung findet im Frühjahr 1997 am Landgericht München II statt. Es sind so viele Zuschauer da, dass der Saal, wo unsere Berufung verhandelt werden soll, zu klein ist. Die Verhandlung muss in den Großen Schwurgerichtssaal verlegt werden.

Nach den Erfahrungen, die wir bis dahin vor bayrischen Gerichten gemacht haben, können wir uns nicht viel ausrechnen. Als der Jürgen Arnold, mein Anwalt, den Richter gesehen hat, hat er schon den Kopf geschüttelt und gesagt: »Ich sehe an Ihrer Körpersprache, Herr Richter, dass Sie meinen Mandanten verurteilen werden.«

Aber der Richter war ganz okay, wir haben wenigstens miteinander reden können, das geht nicht mit jedem Richter.

»Stimmt es«, hat er mich gefragt, »dass Sie auf Ihren Konzerten viel über Marihuana reden und dass Sie es regelmäßig konsumieren?«

»Ja«, hab ich geantwortet. »Das stimmt, sonst wäre ich ja nicht da.«

»Und«, hat der Richter weiter gefragt, »haben Sie nicht den Eindruck, dass ein Drogenfahnder deshalb auf die Idee kommen könnte, dass er Sie durchsuchen möchte?«

»Nein«, hab ich geantwortet, »diesen Eindruck hab ich eigentlich nicht.«

»Wieso nicht?«, hat der Richter gefragt.

»Weil«, hab ich gesagt, »er mich ja nur fragen muss, ob ich etwas dabeihabe. Ich bin zwar ein Kiffer, aber ich bin kein Lügner. Wenn mich ein Polizist fragt, ob ich Marihuana dabeihabe, dann gebe ich es ihm. Dafür muss er mich nicht mitten in der Nacht eineinhalb Stunden festhalten und ausziehen. Das kann er schneller haben.«

»Aha«, hat der Richter gesagt. »Wenn das so ist, dann würden Sie es mir zum Beispiel auch sagen, wenn Sie heute etwas dabeihätten.«

»Ja«, hab ich gesagt, »das würde ich Ihnen sagen.«

»Das heißt, Sie haben etwas dabei?«

»Nein, das heißt, dass ich es sagen würde, wenn Sie mich fragen.«

»Also gut, dann frage ich Sie: Haben Sie heute etwas dabei?«

»Ja freilich«, hab ich gesagt, »weil ich nach der Verhandlung gern ein Pfeiferl rauchen will.«

In dem Augenblick ist der Staatsanwalt aufgesprungen und hat mit den Armen gerudert und meine sofortige Verhaftung angeordnet. Zwei Polizisten sind auf mich zugesprungen und haben mich in einen Nebenraum gebracht.

Im Saal war sofort die Hölle los. Weil die meisten Zuschauer, die gekommen sind, waren Fans von mir, und die haben geglaubt, sie träumen: Da werde ich vor ihren Augen verhaftet und aus dem Gerichtssaal geschleppt. Sie haben Buh geschrien und mit den Füßen getrampelt, und der Richter hat einen roten Kopf gekriegt und gesagt, er lässt den Saal räumen.

Ich hab mich schon wieder bis auf die Socken ausziehen müssen, und dann haben die beiden Polizisten festgestellt, dass ich die Wahnsinnsmenge von 0,7 Gramm Marihuana bei mir habe. Eigentlich war das ein Witz, aber wegen diesem Witz hab ich drei Monate später schon die nächste Gerichtsverhandlung am Hals gehabt.

Als ich nach vollzogener Leibesvisitation zurück im Gerichtssaal war, haben die Leute getobt, es war wie bei einem Konzert. Aber jetzt ist der Richter ganz ruhig geblieben und hat mich nur noch ein paar Sachen zum Konzert in Krün gefragt.

Dann hat der Staatsanwalt die Bestätigung der Verurteilung

wegen Beleidigung gefordert, und mein Anwalt hat gefordert, dass ich freigesprochen werde, weil es künstlerische Freiheit ist, dass ich meine Erlebnisse so verarbeite, wie ich das tue, und dann hat der Richter das Urteil gesprochen und unserem Einspruch recht gegeben und mich gemäß dem Grundgesetzartikel zur Freiheit der Kunst freigesprochen.

Mich überrascht vor Gericht ja selten etwas. Aber dieser Freispruch hat mich schon überrascht. Und das Publikum hat gefeiert. Und der Richter hat zu meinem Anwalt gesagt: »So kann man sich in der Körpersprache irren, Herr Arnold.«

Aber der Staatsanwalt ist natürlich sofort in Revision gegangen, und die Sache ist an die nächste Instanz weitergegeben worden.

43

Wegen der 0,7 Gramm Marihuana hab ich im Jahr drauf wieder nach München müssen, weil es ihnen nicht zu blöd war, mir eine Anklage wegen Drogenbesitz anzuhängen.

Zur Verhandlung komme ich mit einer Mütze, unter der meine Dreadlocks versteckt sind.

Der Richterin passt das nicht.

Als sie die Sitzung eröffnen möchte, sagt sie: »Herr Söllner, nehmen Sie bitte die Mütze ab.«

Du darfst im Gerichtssaal nämlich keine Mütze tragen, weil das angeblich mangelnden Respekt gegenüber dem Gericht ausdrückt. Jetzt habe ich zu dieser Zeit wegen der vielen Beleidigungsprozesse schon viel Erfahrung mit Gerichtsverhandlungen gehabt, und es hat gestimmt. Ich habe keinen Respekt gegenüber dem Gericht gehabt.

»Nein«, habe ich also gesagt. »Ich nehme die Mütze nicht ab. Ich bin ein Rasta, und wir Rastas haben immer eine Kopfbedeckung auf, damit unsere Haare nicht mit den schlechten Einflüssen des Universums in Berührung kommen.«

Da hat die Richterin gesagt: »Herr Söllner, rasten können Sie woanders. Wir sind hier ein anständiges Gericht.«

»Und Sie wollen«, hab ich dann gesagt, »dass ich Respekt vor Ihnen habe? Wenn Sie keinen Respekt vor meiner Religion haben? Lassen Sie mich doch in Frieden mit dem ganzen Scheißdreck von wegen Hut abnehmen und aufstehen und den Kopf beugen, wenn der Richter reinkommt. Ich nehme den Hut nicht ab und ich stehe nicht auf, weil ich nämlich keinen Respekt vor Ihnen habe.«

Das hat dann eine Schreierei gegeben.

Die Richterin ist nicht runtergestiegen davon, dass ich mit der Mütze die Ehre des Gerichts in den Dreck ziehe. Ich habe aber gesagt, dass es für mich etwas Religiöses ist.

Sie hat gesagt, sie nimmt mich in Beugehaft, und ich hab gesagt, okay, dann gehe ich in Beugehaft.

Dann hat sie gesagt, ich kriege eine Geldstrafe, und ich hab gesagt, kein Problem, ich hab genug Geld mit.

Mein Anwalt hat dann einen Vorschlag zur Güte gemacht: »Mein Mandat nimmt die Mütze ab, wenn Sie das Kreuz von der Wand abnehmen lassen.«

Es ging ja um religiöse Symbole. Das hat die Richterin dann so angeordnet. Das Kreuz ist abgenommen worden, und ich habe die Mütze abgenommen.

Dann hat sie gefragt, ob ich auch heute wieder Marihuana für ein Pfeiferl danach einstecken habe, und da hab ich gesagt, nein, ich habe nichts einstecken.

»Sehen Sie«, hat sie dann ganz triumphierend gesagt, »immerhin haben Sie etwas dazugelernt. Sie sind ja selbst schuld daran, dass Sie jetzt hier sind. Was gehen Sie auch mit 0,7 Gramm Marihuana in einen Gerichtssaal?«

»Weil ich nicht mehr gehabt hab«, hab ich darauf geantwortet, und dann war sie schon wieder sauer. Und ich hab gesagt, dass die Verhandlung doch sowieso ein Witz ist, weil ich nämlich kein Kinderschänder bin, der vielleicht wegen seiner schweren Jugend eine Chance auf Freispruch hat, sondern 0,7 Gramm Marihuana einstecken hatte, und dass ich deswegen auf jeden Fall verurteilt werde.

Sie hat sich dann anhören müssen, was ich ihr zu sagen gehabt habe. Dass ich 14-Jährige kenne, die mit Alkoholvergiftung ins Krankenhaus gebracht werden, weil sie an der Tankstelle Unmengen von Alkopops gekauft haben, und dass sich darum aber kein Staatsanwalt kümmert. Aber wenn jemand 0,7 Gramm Marihuana eingesteckt hat, muss er vor Gericht.

Da hat die Richterin gescheit dreingeschaut und gesagt: »Vielleicht kennen Sie den Unterschied nicht so genau, Herr Söllner. Aber Alkohol ist erlaubt und Marihuana ist verboten.«

Außerdem hat sie mir dann erklären wollen, dass man Alkohol zu sich nimmt, weil er schmeckt, und Marihuana, weil man sich berauschen will.

Da ist mein Verteidiger aufgestanden und hat gesagt: »Frau Richterin, in Deutschland leben 3,5 Millionen Alkoholabhängige, die nicht nur den Geschmack des Alkohols genießen. Die Alkoholsucht ist ohne Weiteres mit der Heroinsucht zu vergleichen.«

Dann haben wir noch ergänzt, dass auch in der Bayrischen Staatsregierung ein Mann sitzt, der im Alkoholrausch einen Menschen totgefahren und einen anderen schwer verletzt hat, und ob das nicht genug Beweis für die Gefährlichkeit von Alkohol ist.

Ich hab ihr dann sogar noch einen Vorschlag gemacht.

»Ich bin unter Umständen bereit«, hab ich gesagt, »dass ich mit dem Marihuanarauchen aufhöre.«

»Aha«, hat sie gesagt. »Unter welchen Umständen?«

»Ich höre auf zu rauchen«, hab ich gesagt, »wenn der Konsum von Alkohol genauso verboten wird wie das Rauchen von Marihuana.«

Das fand die Richterin aber auch keine gute Idee.

Ich bin dann zu achthundert Mark Geldstrafe verurteilt worden.

Das war noch einmal billig.

Aber dann ist es teuer geworden.

Weil ich die Geschichte von der Richterin, die mich woanders rasten lassen wollte, beim nächsten Konzert auf der Bühne erzählt habe. Wahrscheinlich habe ich auch noch etwas Unhöfliches über die Richterin gesagt, und die Polizisten, die im Saal gesessen sind, haben mitgeschrieben, und dafür habe ich schon wieder das nächste Verfahren wegen Beleidigung am Hals gehabt. Aber wenn jemand zu seiner blöden Nachbarin sagt, dass sie eine blöde Fotzn ist, passiert gar nichts, weil sie keine Richterin ist, und das widerspricht meinem Gefühl für den Gleichheitsgrundsatz. Und in Bayern ist eine Fotzn noch immer ein Gesicht oder, wenn man es genau wissen will, eine blede Lätschn. Dass jemand eine Fotze ist, hat nur gehört, wer es auch hören wollte. Aber sicher nicht von mir, weil meine Sprache nämlich Bayrisch ist, falls das jemand noch nicht weiß.

44

Auf meiner fünften oder sechsten Reise nach Jamaika war der Funke endgültig übergesprungen. Ich hab begriffen, dass es bei der Rastafari-Bewegung nicht nur um Dreadlocks und die Kunst geht, einen Bong bedienen zu können. Die Rastafaris verehren, wenn ich das in meinen Worten sagen soll, das Herz von Afrika. Das war am Anfang der abessinische Kaiser Haile Selassie, weil er der mächtigste schwarze Herrscher Afrikas war und damit eine Prophezeiung wahr gemacht hat, die der Gründer der Back-to-Africa-Bewegung zehn Jahre vorher ausgesprochen hatte.

Ich hab mich später von Haile Selassie distanziert, weil ich keinen Diktator anbete. Ich hab dann immer gesagt, ich bin kein Rasta, sondern ein Ras. Das bedeutet Fürst. Für mich ist jeder Mensch ein Fürst.

Aber vom Kontinent Afrika war ich schon angezogen gewesen, als mein Vater von dort zurückgekommen ist. Die Trommeln und Kunstgegenstände, die er von dort mitgebracht hatte, hatten mich verzaubert. Ich wusste schon als kleines Kind, dass ich mich bei schwarzen Menschen aufgehoben fühle.

In Jamaika hab ich das am eigenen Leib erlebt. Nach dem misslungenen ersten Besuch habe ich mich dort immer mehr zu Hause gefühlt. Die Lebensweise der Rastafaris hat mich fasziniert. Die Rastas haben in sauberen Hütten gelebt, nur »Ital Food« gegessen, kein Tabak, kein Alkohol, kein Fleisch. Es gibt auf Jamaika viele verschiedene Rastafaris-Schulen, die Zwölf Stämme, die Bobo Ashanti, die Nyabinghi und noch einige andere. Ich habe dann beschlossen, dass ich für mich selbst auch einen Stamm gründe: den der oberbayrischen Rastafaris, Wohnsitz Weißbach, Landkreis Berchtesgaden.

Die Rasta-Farben sind Rot, Gelb und Grün. Das Rot steht

für das Blut der Sklaven, die sich totgearbeitet haben. Das Gelb steht für das Gold, das den Afrikanern gestohlen worden ist. Und Grün ist die Farbe von Afrika, dem Mutterland.

In den Farben hab ich gleich einmal meinen Tourbus lackieren lassen.

Außerdem ist der Rastafari ein Individuum mit einer freien Meinung, die er sich von niemandem verbieten lässt. Er trinkt keinen Alkohol. Dafür konsumiert er auf rituelle Weise Ganja, die Blätter der Cannabispflanze. Für diesen Konsum verwendet er bevorzugt die Chalice, eine spezielle Wasserpfeife, die oft aus einer hohlen Kokosnuss angefertigt wird. Die Wirkung des Ganja benützt der Rasta zum Meditieren. Außerdem glaubt der Rasta daran, dass der Konsum von Cannabis gut für die »Heilung der Völker« ist, also für den Weltfrieden.

Das alles sah für mich ziemlich in Ordnung aus. Auch die Tatsache, dass der Rasta seine Verbundenheit zu Gott mit Dreadlocks und ungestutzten Bärten ausdrückt, war okay für mich. Weil Dreadlocks symbolisieren Naturverbundenheit und setzen ein Zeichen des Widerstands gegen die weißen Unterdrücker. Und weiße Unterdrücker hab ich bei mir daheim in Bayern eine ganze Menge gekannt, wirklich wahr.

Die Lebensweise der Rastas hat mich angezogen. Selbst wenn die Rastas auf einem Pappendeckel schlafen, ist der Pappendeckel sauber. Sie lassen sich nicht gehen. Ihre Lebensweise ist sauber, in jeder Hinsicht.

Fleisch habe ich seit dem Sturz vom Dach schon keines mehr gegessen. Ich habe zwar noch geraucht, aber wider besseres Wissen. Als ich aber den katholischen Glauben hinter mir gelassen habe, damit ich mich der Lehre der Rastafaris anschließe, ist mir eingefallen, dass ich als Rasta auch das Recht habe, meine eigenen Cannabispflanzen anzubauen. Weil das Rauchen von Ganja gehörte ja jetzt zur Ausübung meiner Religion.

Wenn sie in der Kirche am Sonntag also Weihrauch verbrennen und wenn bei der Kommunion sogar schon Kinder Weißwein aus einem großen Kelch trinken dürfen, dann gibt es keinen Grund, dass nicht auch ich etwas für den Weltfrieden tun darf, indem ich Marihuana rauche.

Aber bekanntlich ist der Besitz und Anbau von Marihuana in Deutschland verboten, und weil ich meine Religion nicht illegal ausüben will, frage ich meinen Anwalt, wie wir diesen Widerspruch auflösen können. Dass ich rauchen kann, aber mich damit nicht strafbar mache.

Der Jürgen hört mir aufmerksam zu, dann übersetzt er, was ich haben will, ins Juristische. Am 30. August 1993 bringen wir beim Gericht einen Antrag auf Erlaubnis zum Anbau von fünf bis zehn Pflanzen Marihuana in meinem eigenen Garten ein.

Es dauert bis zum Dezember, bis wir eine Antwort bekommen. Es ist nicht die Antwort, die wir uns erwartet haben. Der Anbau von Hanf wird mir nicht gestattet, weil er gegen § 3 des Betäubungsmittelgesetzes verstößt.

Das haben wir schon gewusst, danke. Aber das reicht uns nicht. Wir legen gegen diese Entscheidung Widerspruch ein, weil unser Argument, dass Marihuana zur Religionsausübung von uns Rastafaris gehört, nicht einmal ignoriert worden ist.

Jetzt geht es hin und her. Zuerst wird unser Widerspruch abgewiesen, weil mein Anliegen angeblich keine »wissenschaftliche oder sonstige im öffentlichen Interesse liegende Zweckbestimmung« darstellt.

Dann argumentieren wir, dass mir laut Artikel 4 I, II des Grundgesetzes das Recht zusteht, meinem »Gewissen und Glauben entsprechend« handeln zu dürfen. Weil das Grundgesetz nicht nur in Deutschland anerkannte Religionen schützt, sondern auch Weltanschauungen. Und die »Ausübung der Religion«, schreibt mein Anwalt, »umfasse die Kultushandlungen sowohl im privaten, häuslichen oder sonst geschlossenen Bereich wie auch in der Öffentlichkeit«.

Dann vergehen mehr als zwei Jahre, bis ich im September 1996 endlich persönlich vor Gericht erscheinen darf, um meine Position klarzumachen. Aber die Verhandlung ist verlorene Zeit, weil ich merke, dass kein Wort von dem, was ich rede, beim Richter ankommt. Er hat vielleicht an das Wammerl gedacht, das ihm seine Frau zum Abendessen kochen wird, aber für meine Angelegenheit hat er sich nicht interessiert.

Ich habe so einen Zorn gehabt, dass ich mich nach der Verhandlung hingesetzt und einen Brief ans Gericht geschrieben habe.

»Sehr geehrte Herrichter und Herrichterinnen,
da ich kein Interesse daran habe, meine Zeit mit Ihnen zu verbringen und es mir persönlich sowieso egal sein kann, ob Sie nun anerkennen, dass ich zum Glauben der Rastas übergetreten bin oder nicht, möchte ich Ihnen nun auf diesem Wege doch noch meine Gedanken mitteilen.
Wie konnte ich annehmen, dass in einem Land, das von Feiglingen und Ignoranten regiert wird, die Richter und Staatsanwälte mutiger sind als die, die diese bezahlen. Natürlich hätte ich wissen müssen, dass Ihre Laufbahn als Beamte in diesem Staat gefährdet ist, wenn das Urteil zu meinen Gunsten ausgefallen wäre. Abgesehen von den religiösen Gründen, die durchwegs friedlich, ehrlich und respektvoll gemeint waren, glaube ich nicht, dass Sie das Ausmaß von dem erkannt haben, was dieses Urteil für mich bedeutet.

Im nachhinein könnte ich mich noch dafür ohrfeigen, dass ich dieses Spiel mitgespielt habe und Ihnen (um Ihre Worte wiederzugeben) einen lustigen Nachmittag beschert habe. Auch dass die Presse auf ihre Kosten gekommen ist, belastet mich sehr, und dass dieser Auftritt nicht anders gewertet wurde als eine weitere Folge des Königlich Bayrischen Amtsgerichts. Sie haben mich nicht mit dem gebührenden Respekt behandelt, der mir als freier Bürger dieser Welt zustehen sollte.

Vielleicht wäre es gerade für diese Sache wichtig gewesen, dass alle Richter unvoreingenommen von ihrer eigenen Religionsanschauung beurteilen, ob ich das sein darf, wofür ich klagen musste.

Kein einziger von Ihnen hat sich über den Glauben, dem ich seit nunmehr neun Jahren angehöre, auch nur im Vorfeld Gedanken gemacht, und kein einziger von Ihnen war schwarz (abgesehen von Ihrer politischen Gesinnung). Vielleicht wäre Ihr Urteil anders ausgefallen, wenn Sie sich die Mühe gemacht hätten, mich zu besuchen und einen Tag meines Lebens mit mir zu verbringen, meine Frau und meine Kinder kennenzulernen und zu sehen, wie ich wohne. Vielleicht wäre es für eine gerechte Urteilsfindung nötig gewesen zu sehen, dass ich nicht auf dem Boden schlafe und sich keine Kakerlaken in meinem Kühlschrank vom Schimmelpilz ernähren und auch meine Kinder nicht ungewaschen und dreckig im Müll aufwachsen. Vielleicht hätten Sie dann erkannt, dass zu meinem Glauben Sauberkeit und Ordnung gehören, nicht nur kiffen und prall sein. Ja, vielleicht, vielleicht, vielleicht.

(...)

Wäre ich nicht das, was ich bin, würden Sie mich zwingen, in dunklen Gassen und Absteigen von heruntergekommenen Kiffern und Dealern an das Kraut zu kommen, das ich brauche, um meinen Glauben auch leben zu können. Vielleicht hat eines Ihrer Kinder – wenn auch nicht unbedingt aus religiösen Gründen – die Lust dazu, dieses Kraut zu rauchen, und vielleicht kommt es an einen Verkäufer, dem es egal ist, was aus diesem Kind wird. Dann werden Sie an mich denken müssen und sich für Ihre Feigheit schämen.

Vielleicht reicht es aber auch, dass Sie das nächste Mal, wenn Sie durch Ihre Stadt gehen, Ihre Augen aufmachen und sehen, wie ein dreizehnjähriges Mädchen in das Auto eines Freiers steigt, um ihm für fünfzig Mark den Schwanz zu lutschen, damit es sich den nächsten Schuss setzen kann.

Vielleicht wollte auch dieses Kind bloß einmal probieren und war nur neugierig. Durch Sie und Ihre Kollegen, die doch so darauf bedacht sind, nur das Beste für dieses Volk zu wollen, wurde es gezwungen zu lügen und ist an Leute geraten, die nur durch die Arroganz ebendieser Richter ihre Geschäfte machen können. Geschäfte, die diesem Mädchen das Leben kosten können.

Aber das soll nicht Ihr Problem sein, und so wie ich glaube, dass es Ihnen egal ist, ob ich vorbestraft sein werde, wenn mich Ihre Schergen mit dieser noch verbotenen Droge erwischen – ich werde mich nicht zwingen lassen, die Dunkelheit zu suchen –, so glaube ich auch, dass Ihnen an diesem Mädchen nichts liegt. Doch wer oder was gibt Ihnen das Recht zu glauben, dass Sie von alledem verschont bleiben?

Ihr Gott, dessen Blut Sie trinken jeden Sonntag?

Ihr Gott, dessen Lebewesen Sie schlachten und foltern, nur um satt zu werden?

Ihr Gott wird Ihnen nicht helfen können, wenn Ihre Tochter eines Tages an der Reihe ist oder Ihr Enkelkind.

Aber Ihr Mut und Ihre Weitsicht hätten helfen können. Und die

Gabe, dass wir niemals aufhören zu lernen und auch vor Andersdenkenden und -glaubenden Respekt haben müssen, weil es sonst nie Frieden geben wird auf dieser Welt.

Eine Welt, die nicht Ihnen alleine gehört, auch wenn Sie Richter sind.

Eine Welt, die auch mir gehören muss und den meinen.

(...)

Ich bin nicht irgendwer, und so lasse ich auch nicht irgendetwas aus mir machen, das Sie gern hätten.

Ich bin Rasta, was so viel bedeutet wie: Ich bin ein Fürst, und deshalb respektiere ich Sie als Mensch und Lebewesen von dieser Erde, auf der wir zusammen leben müssen.

Ich respektiere Ihren Beruf (ja, sogar diesen Beruf) und Ihr Eigentum.

Ich respektiere Ihre Träume und Ihre Religion.

Das ist aber auch alles, was ich für Sie tun kann. Und jetzt wird es Zeit, dass Sie auch einmal etwas für mich machen.

So wünsche ich Ihnen trotzdem noch einmal viel irdisches Glück und natürlich auch Mut bei der Urteilsfindung. Denn Mut werden Sie brauchen, wenn Sie sich für Freiheit und Frieden entscheiden. Sie werden ihn aber auch brauchen, um mit dem Bewusstsein weiterleben zu können, dass Sie in meinen Gedanken ein Feigling sind, sollten Sie sich wieder für Verfolgung und Ungerechtigkeit entscheiden. Aber egal, wie immer Sie entscheiden, ich werde auf nichts verzichten müssen und ohne Angst auch weiterhin glauben.

Nur einer einzigen Verhandlung sehe ich nicht mit gemischten Gefühlen entgegen.

Keine Staatsanwälte werden gegen mich – und keine Rechtsanwälte werden für mich Partei ergreifen.

Es wird kein Revisionsverfahren geben, und ich werde an die-

sem Tag nichts zu meiner Verteidigung vortragen müssen und
dieses Urteil anerkennen mit allen Konsequenzen.
An diesem Tag allerdings werde ich zu meinem Richter auf-
schauen können und wissen, ja, es ist Recht gesprochen worden.
Jah RastafarI
Ich werde auch nach meinem Tod nicht vergessen sein.
Jah RastafarI
Die Letzten werden die Ersten sein.
Respekt
Hans Söllner«

45

Auf jeden Fall wurde alles abgelehnt. Ich hätte nicht ausreichend dargelegt, wie ich verhindern will, dass Dritte in den Besitz der Pflanzen aus meinem Garten gelangen, und außerdem
habe es das Gericht nicht überzeugt, dass »der Anbau und Ver-
zehr von Cannabis bei der Verfolgung des Glaubens der Rastas
unbedingt verpflichtend sei«.

Auch unser Argument, dass es gegen das Gleichheitsgebot
verstößt, wenn man in jedem Wirtshaus Bier trinken kann,
während es verboten ist, Cannabis zu kaufen, wurde abge-
schmettert. Unsere Forderung wurde nicht eine Sekunde lang
ernst genommen, als ob wir Kasperl wären und nur zum Spaß
das Gericht anrufen. Und wenn die Richter dauernd von Respekt sprechen, den wir ihnen entgegenzubringen haben: In diesem Verfahren bin ich sicher nicht mit dem Respekt behandelt
worden, der mir als freiem Bürger dieser Welt und nicht ganz
so freiem Bürger Bayerns zusteht.

Natürlich gehen wir gegen das Urteil in Berufung. Ich möchte nicht, schreiben wir im Berufungsschriftsatz, »gezwungen sein, mich in die Hände von heruntergekommenen Kiffern und Dealern zu begeben, um meine religiösen Rituale abhalten zu können«.

Besonders auf den Sack gegangen ist mir die Arroganz von dem Gericht, mit der es die Weltanschauung der Rasta als etwas »Exotisches« und »Abseitiges« betrachtet. Weil du musst einmal versuchen, einem Rasta zu erklären, was an einem Sonntagvormittag in ganz Europa stattfindet, wenn die Menschen in kalte Häuser mit hohen Türmen gehen, damit sie dort »das Blut Christi« trinken können und »den Leib Christi« essen. Jeder vernünftige Rasta kriegt sofort Angst, dass er es mit Kannibalen zu tun hat. Da musst du also erst einmal genau nachdenken, bevor du behauptest, die Religion der Rastafari ist exotisch und fremdartig, verglichen mit abendländischen Gebräuchen in unseren Marienwallfahrtsorten.

Oder das Läuten der Kirchenglocken. Ich muss es auch aushalten, wenn die Scheißglocken am Sonntag in der Früh läuten und mich aufwecken, auch wenn die Glocken nicht für mich läuten, sondern nur für die Leute, die in die Kirche wollen. Und dass sie in die Kirche wollen, ist genauso ihre religiöse Privatangelegenheit, wie es meine religiöse Privatangelegenheit ist, dass ich etwas rauche. Wenn ich dann auf meiner Anlage genauso laut Bob Marley spiele, wie die Glocken läuten, habe ich die Polizei im Haus. Aber wenn man die Polizei ruft, damit sie die Kirchenglocken abmontieren, kommt natürlich keiner.

Mein Anwalt, der ein gescheiter Mann ist, hat sogar einmal herausgefunden, dass schon einmal jemand gegen die Lautstärke der Kirchenglocken geklagt hat, weil die lauter waren als die für deutsche Wohngebiete geltenden Richtwerte von 55 Dezibel. Da hat das Gericht aber entschieden, dass das Läuten der

Glocken keine Belästigung ist, sondern »zumutbar« und »sozialadäquat«.

Jetzt haben wir also einen Sachverständigen bestellt, damit der dem Gericht erklären kann, dass es auch »zumutbar« und »sozialadäquat« ist, wenn ich in meinem Garten Marihuana anbaue. Dass von den Pflanzen in meinem Garten eine Gefahr für die Öffentlichkeit ausgehen soll, ist eine so bescheuerte Idee, das könnte vielleicht sogar dem Gericht einleuchten.

Aber weil man nicht davon ausgehen kann, dass die Richter etwas Bescheuertes auch wirklich bescheuert finden, haben wir gesagt, okay, wir bauen die Pflanzen nicht in meinem Garten an, sondern in meinem Wintergarten. Dann können die Busladungen von Marihuanasüchtigen, die von meinen fünf Pflanzen aus ganz Deutschland angelockt werden, nicht einfach über den Zaun greifen und ihre Sucht mit meinen Pflanzen befriedigen.

Aber es hat dem Gericht natürlich nicht eingeleuchtet. Auch das Gutachten des Sachverständigen, in dem der Zusammenhang von Rastakultur und Marihuana dokumentiert worden ist, ist nicht als Beweis dafür anerkannt worden, dass ich als Rasta aus Bayern legal Marihuana anbauen und rauchen darf. Ich habe dann in den Saal gefragt, wer sich meiner Meinung anschließt, dass Alkohol mindestens so gefährlich wie Marihuana ist, und wer meiner Meinung ist, soll aufstehen. Da sind fast alle aufgestanden. Und der Sachverständige des Gerichts ist auch aufgestanden.

Die Verhandlung vor dem Oberverwaltungsgericht Berlin fand am 1. Dezember 1999 statt. Sie begann um 11 Uhr 35, wurde von 11 Uhr 55 bis 12 Uhr 43 unterbrochen, dann durfte ich sagen, was ich schon so oft gesagt hatte. Um 13 Uhr 15 wurde die Verhandlung noch einmal unterbrochen, um 14 Uhr fortgesetzt, und um 14 Uhr 30 erging nach nichtöffentlicher Beratung des Gerichts das Urteil. Mein Antrag auf eine Erlaubnis gemäß §3 des Betäubungsmittelgesetzes, in meinem Wintergarten zehn Cannabispflanzen anbauen zu dürfen, wurde abgelehnt.

Im Urteil hieß es, das Pflanzverbot schränke die Religionsfreiheit »nur unwesentlich« ein.

Das hat mich nicht überrascht. Aber es hat mich schon überrascht, wie nach dem Prozess geredet worden ist. Der Richter und mein Anwalt standen zusammen, und plötzlich waren sie sich einig, dass ich eigentlich total recht habe und dass meine Argumente stimmen, dass es idiotisch ist, Kiffer zu verfolgen, während man Säufern auf die Schulter klopft. Zu mir hat der Richter gesagt: »Leider lässt es die Gesetzeslage nicht zu, Ihnen recht zu geben. Aber die Straffreiheit bei einer geringen Menge gibt Ihnen ja trotzdem die Freiheit zu rauchen.«

Einmal mehr habe ich gelernt, dass Recht und Gerechtigkeit nichts miteinander zu tun haben, und am nächsten Tag kriegte ich gleich die nächste Lektion.

Denn als ich nach dem Flug von Berlin nach München wieder nach Hause komme, ist bei mir schon wieder die Polizei im Haus. Fünf Polizisten und ein Zeuge vom Landratsamt führen eine Hausdurchsuchung durch.

Ich gehe hinein und sehe, dass mein Ganja-Brett, das ich aus Jamaika mitgebracht habe, woanders liegt als sonst. Also nehme ich das Brett und wische es mit dem Ärmel ab, um es wieder an seinen Platz zu stellen. Sofort springt einer der Polizisten auf mich zu und schreit: »Hände weg! Das ist Vernichtung von Beweismaterial!«

Ein Lustiger. Aber ich konnte auch lustig sein.

Weil es war auch wieder ein Computerfachmann dabei, damit er meinen Laptop kontrollieren kann. Der wollte mein Codewort.

Jetzt war der Laptop aber kaputt. Immer wenn du ihn hochgefahren und das Codewort eingegeben hast, ist er abgestürzt.

Deswegen hab ich ihm das Codewort natürlich gegeben.

Er hat den Computer hochgefahren, das Codewort eingegeben, und dann hat es tschock gemacht und nichts ist mehr gegangen.

»Was ist denn hier los?«, hat der Computerfachmann gefragt.

Und ich bin ganz besorgt zu ihm gegangen und hab gesagt: »Sie wissen aber schon, dass der Computer gestern noch funktioniert hat.«

Da war er für einen Moment ganz schuldbewusst.

Aber ich hab ihm dann aus der Patsche geholfen.

»Nehmen Sie ihn doch einfach mit, lassen Sie ihn richten und sagen Sie mir Bescheid, wenn er fertig ist.«

Als ich den Computer ein paar Wochen später zurückbekommen habe, hat er tatsächlich funktioniert.

46

Für mich war jede Gerichtsverhandlung ein Teil meiner Überzeugungsarbeit. Das war anstrengend, frustrierend, aber notwendig. Für mich war jedes Gespräch mit einem Staatsanwalt und mit einem Richter Teil meiner Überzeugungsarbeit. Anstrengend, aber notwendig. Aber ich habe mir das eben angetan. Und ich bin sicher, dass diese Überzeugungsarbeit auch auf Richter und Staatsanwälte ihre Auswirkung gehabt hat, auch wenn sie mir nicht recht geben konnten – oder durften.

Es ist wie beim Sport. Wenn ich zehn Kilometer laufen gehe, dann ist der erste Kilometer auch eine Überwindung, aber nach einem Kilometer laufe ich halt. Das ist bei dieser Sache nicht anders.

Ich habe vor den Verhandlungen Respekt gehabt. Ich habe gewusst, dass ich keine einzige gewinne. Ich habe gewusst, dass mich jede Verhandlung viel Geld kostet. Ich habe gewusst, dass mich jede Verhandlung viel Zeit kostet. Ich habe gewusst, dass meine Familie durcheinanderkommt.

Das habe ich alles gewusst.

Aber ich habe auch gewusst, dass ich im Recht bin, und dafür habe ich mir die Strapazen angetan.

Ich sitze in einem Gerichtssaal wie jeder andere auch. Ich bin genauso nervös wie jeder andere Angeklagte, wie mein Anwalt und manchmal auch wie die Zuschauer, die gekommen sind, weil sie genau verstehen, um welche Art von Gerechtigkeit es mir geht.

Aber wenn es dann losgegangen ist, komme ich ins Reden. Dann wird das Reden zu einem Teil von mir, wie bei einem Konzert. Dann rede ich und sage, was ich mir denke, und ich habe keine Angst, alles zu sagen, was mir durch den Kopf geht.

Es passiert dann etwas Erstaunliches: Es geht dann nicht mehr um den jeweiligen Fall »Söllner gegen den Staat«. Sondern es wird zu einem Fall »Söllner für den Staat«, weil ich genau spüre, dass ich die Richter und die Staatsanwälte erstaunen kann und dass sie von mir etwas lernen, so blöd das klingt. Weil sie lernen, dass man nicht vor der Obrigkeit kuschen muss und dass man für seine Überzeugungen einsteht, auch wenn es nicht leicht ist und Geld kostet und Zeit und Anstrengung.

Weil das kennen die nicht. Und manche haben Respekt davor, wenigstens klammheimlich.

Ich habe Richter kennengelernt, die haben gesagt: Herr Söllner, ich würde Sie gern freisprechen. Aber wenn ich Sie freispreche, dann versetzen mich die irgendwohin nach Niederbayern.

Das ist auch wirklich passiert. Bei einer Verhandlung in München hat zum Beispiel ein Richter die Strafe, die der Staatsanwalt gefordert hat, in ein Bußgeld umgewandelt. Ich musste dann dreitausend Mark an Greenpeace bezahlen statt an die Staatskasse. Das war mir natürlich lieber, und außerdem kriegst du wegen einem Bußgeld keine Vorstrafe, und das hatte der Richter natürlich im Blick gehabt.

Den Richter hab ich irgendwann später in Traunstein oder Garmisch wiedergetroffen, und er hat gesagt, dass er nach diesem Urteil in München keine Chance mehr gehabt hat und sich versetzen lassen musste. Wenn du gegen die stille Übereinkunft der bayrischen Justiz nur einmal ausscherst, dann bist du draußen. Entweder du spielst mit oder nicht. Gerechtigkeit spielt dabei keine Rolle, und nicht einmal das Recht.

Aber natürlich hab ich öfter mit den Richtern zu tun gehabt, die mich verfolgen und kaputtmachen wollten. Die haben es schon nicht ausgehalten, wenn ich mit meinen Dreadlocks, braungebrannt und im Muskelshirt im Gerichtssaal erschienen bin, weil sie fanden, dass die Ehre des Gerichts beschmutzt wird, wenn sich einer keine Krawatte umbindet. Weil an die Justitia mit den verbundenen Augen, die ihr Urteil fällt, ohne die Streitenden anzuschauen, erinnert sich keiner von denen. Denen geht es um Rechthaberei, nicht um das Recht.

Ein Richter ist zum Beispiel 35 Minuten zu spät zur Verhandlung gekommen.

Trotzdem sagt der Saaldiener, dass das Hohe Gericht den Saal betreten hat und dass alle aufstehen müssen.

Ich bin aber nicht aufgestanden und habe gesagt: »Ich bin um neun Uhr gestanden, aber nicht jetzt.«

Und dann habe ich dem Richter gesagt, dass ich hundertdreißig Kilometer habe fahren müssen, damit ich pünktlich bei dieser Verhandlung bin, und er schafft es nicht, dass er um neun da ist.

Da hat er gesagt: »Ich komme, wann ich will.«

Und ich habe gesagt: »Das dürfen Sie natürlich. Aber wenn Sie kommen dürfen, wann Sie wollen, dann darf ich auch kommen, wann ich will. Weil bei der Verhandlung heute geht es ja gar nicht um Sie, sondern es geht um mich. Das ist meine Verhandlung!«

Dann habe ich ihm gesagt, dass ich überhaupt einmal seine Zulassung sehen möchte.

»Wie bitte?«, hat der Richter gesagt.

»Sie müssen ja einen Ausweis haben, einen Gesellen- oder Meisterbrief, der bestätigt, dass Sie ein Richter sind.«

»Wieso soll ich Ihnen mein Diplom zeigen?«

»Weil ich nicht glaube, dass einer wie Sie Richter ist.«

Da hat er arrogant gelacht und gesagt: »Das müssen Sie mir einfach glauben.«

»Dann«, habe ich gesagt, »sage ich Ihnen jetzt gleich einmal, dass ich unschuldig bin.«

Dann sagt er zu mir: »Deshalb sind wir ja heute hier zusammengekommen, um das festzustellen.«

Dann habe ich gesagt: »Das müssen Sie mir einfach glauben.«

Dann habe ich zum Richter gesagt: »Ich frage Sie jetzt was, Herr Richter.«

»Sie fragen mich jetzt gar nichts«, hat er gesagt, weil er schon sauer gewesen ist, »weil Sie sind jetzt nicht dran.«

»Ich frage Sie jetzt aber trotzdem etwas, auch wenn es Ihnen nicht recht ist. Weil Sie sind eine halbe Stunde zu spät gekommen. Sie könnten mit Ihrer Rede längst fertig sein, wenn Sie pünktlich gewesen wären. Jetzt rede ich!«

»Nein, Sie reden gar nichts, Herr Söllner. Jetzt rede ich. Dann redet der Staatsanwalt. Dann redet Ihr Anwalt, und dann erst redet der Herr Söllner.«

»Um wen geht es denn da eigentlich? Sagen Sie mir, wann das ist, dass ich drankomme. Weil dann gehe ich jetzt in die Kantine, lassen Sie mich dort ausrufen.«

Das war der Wahnsinn. Der ganze Saal hat gelacht, und ich habe mich auch nicht mehr stoppen lassen.

»Hey, was passiert denn, Herr Richter, wenn vor dem Gericht ein Vierzigtonner vorbeifährt und Sie zusammenfährt? Was ist dann mit dieser Verhandlung?«

Da hat der Richter ganz ernst geschaut und gesagt: »Dann kommt ein Kollege von mir, Herr Söllner, der macht dieses Verfahren weiter. Machen Sie sich bloß keine Hoffnungen.«

»Und was ist, wenn der Vierzigtonner einen Anhänger hat, und der Anhänger erwischt Ihren Kollegen?«

Da gab es einen Tumult im Saal, weil alle so gelacht haben, und sie haben gelacht, weil sie wussten, dass ich recht habe. Aber der Richter hat auf den Tisch geschlagen und gesagt, er lässt den Saal räumen.

Und mich hat er angegiftet: »Herr Söllner, das Spiel können wir den ganzen Vormittag fortsetzen. Wenn der Kollege nicht mehr kann, kommt der nächste Kollege und der übernächste. Aber dieses Verfahren wird anständig zu Ende gebracht.«

»Sehen Sie«, hab ich gesagt, »das war alles, was ich wissen wollte. Weil wenn ich dort unten vom Vierzigtonner zusammengefahren werde, ist das Verfahren nämlich sofort aus. Und jetzt können Sie selbst sagen, wer für dieses Verfahren wichtiger ist: Sie oder ich.«

Natürlich kriegst du nach so einem Einstieg keinen Freispruch. Das ist klar. Aber ich wollte gar keinen Freispruch. Ich wollte, dass sich ein Richter vielleicht einen Augenblick überlegt, ob das, was er für Recht hält, nicht in Wirklichkeit das Gegenteil davon ist.

47

Mein Leben war in dieser Zeit ein einziger, unentwegter Kampf. Die Verfolgung durch Polizei und Justiz war in vollem Gang. Meine Familie litt darunter, weil ununterbrochen etwas los war. Entweder kamen eingeschriebene Briefe vom Gericht, oder das Gericht kam in Form von Hausdurchsuchungen zu mir. Es gab auch keine Verhandlung, die ich nicht als Laune oder als Gefühl mit nach Hause gebracht hätte.

Die Ingrid hatte von dem ständigen Theater die Schnauze voll. Ich hatte von dem ständigen Theater auch die Schnauze voll, aber ich war dazu entschlossen, mich nicht kleinkriegen zu lassen. Damit die Ingrid und die Buben eine Ruhe von der Polizei haben, bin ich ganz in mein Tonstudio hinuntergezogen und habe gedacht, dass eine räumliche Trennung uns vielleicht hilft.

Mein Leben fand damals auf der Bühne und auf der Straße statt. Ich kann mich nicht erinnern, wie oft mich Polizisten auf der Straße aufgehalten haben, um mich und mein Auto zu durchsuchen. Immer wenn ich zu Konzerten gefahren bin, war die Polizei schon da. Aber nicht, damit sie noch einmal mein Auto auseinandernehmen, sondern sie haben wahllos Leute kontrolliert und durchsucht, die in meine Konzerte gekommen sind. Jeder, der in ein Konzert von mir gegangen ist, war ein Verdächtiger.

Wenn ich kontrolliert worden bin, hab ich mit den Polizisten gesprochen, und die waren alle sehr begeistert von ihrem bayrischen Innenminister. Der hat Beckstein geheißen. Der Beckstein war von der CSU und seit 1993 oberster Chef der Polizei in Bayern. Der Beckstein hat dafür gesorgt, dass wir endlich wieder gute Arbeitsbedingungen haben, haben mir die Polizisten gesagt, die mein Auto auseinandergenommen haben. Gute Arbeitsbedingungen waren es, wenn sie solche wie mich im Rahmen der neuen Schleierfahndung willkürlich aufhalten können. Gute Arbeitsbedingungen waren es, wenn sie meine Fans vor der Halle kontrollieren können, vor dem Konzert, nach dem Konzert, beim Konzert selbst, gute Arbeitsbedingungen waren es, wenn sie den Befehl bekommen, mit aller Gewalt gegen Menschen vorzugehen, die aus Kriegsgebieten nach Deutschland geflohen sind, damit sie hier in Sicherheit sind. Für das alles hat der Beckstein optimale Arbeitsbedingungen geschaffen.

Jetzt war aber meine einzige Waffe, dass ich auf die Bühne gehe und auf der Bühne über all das reden kann. Über das, was ich gerecht, und über das, was ich ungerecht finde. In diesem Herbst im Jahr 1997 habe ich aber fast nichts erlebt, was nicht ungerecht war. Manche Sachen habe ich einfach so erzählt, aus manchen habe ich auch Lieder gemacht. Über die Polizistin aus Immenstadt zum Beispiel, die mich bei den »Mischbewegungen« gesehen haben will, habe ich ein Lied geschrieben.

Weil ihrer Beobachtung haben wir zu verdanken gehabt, dass uns nach dem Konzert die Drogenfahndung auflauert, uns wie Schwerverbrecher behandelt und auf der Straße nackt auszieht.

Die Polizei hat uns, wie man so schön sagt, richtig gefickt. Deshalb schreibe ich ein Lied, das grauslich und ordinär ist, aber sicher nicht grauslicher und ordinärer als das, was die Polizei mit uns angestellt hat.

Es ist ein Lied über eine Polizistin, die mich zwingt, dass ich mich ausziehe und sie ficke, zur Strafe. Und weil ich nicht sagen will, wie die Polizistin heißt, an die ich beim Schreiben von dem Lied gedacht habe, heißt das Lied »Nennen wir sie Irmgard«. Das spiele ich dann immer, wenn ich bei einem Konzert über die Allgäuer Polizei und die Nacht von Immenstadt erzähle.

Ich hätte nie gedacht, dass dieses Lied den Startschuss zu einer unbeschreiblichen Verfolgung geben würde. Ich fühlte mich völlig in Sicherheit. Es war doch nur ein Lied.

Es war meine Antwort auf die ganzen Anzeigen und Durchsuchungen und Schikanen. Ich hab auf der Bühne die Geschichte von Immenstadt erzählt und das Lied gespielt, das ich geschrieben habe, weil mich der Staat gefickt hat, und dann habe ich über den Beckstein geredet und über seine ausländerfeindlichen Parolen und wie er der Polizei das Gefühl gibt, dass sie sich gegenüber Schwächeren alles erlauben kann. Weil der Beckstein bei seiner Aschermittwochsrede in der Dreiländerhalle in Passau steht und schreit: »Die Kirche bleibt im Dorf und die Moschee in der Türkei.« Oder auf dem Gillamoos-Volksfest in Abensberg, da hat er geschrien: »Und das Kreuz bleibt drin und das Kopftuch kommt raus.«

Und ich stehe eben auf der Bühne, und ich rede und ich singe für meine Fans. Das ist die Öffentlichkeit, die wir uns geschaffen haben. Weil wir keinen Bayrischen Rundfunk haben, der alles sendet, was wir sagen, und keinen »Münchner Merkur«, der alles schreibt, was wir wollen.

Aber die Politik und die Justiz wollen das nicht. Sie wollen das, worüber sich meine Fans freuen und wovon sie vielleicht berührt sind, zu wertloser Scheiße erklären.

Jetzt gibt es aber eine Freiheit der Kunst. Weil was ist schon Kunst? Es gibt keine schlechte Kunst und keine gute Kunst, keine dreckige Kunst und keine saubere Kunst und keine ordinäre Kunst. Wenn es Kunst gibt, dann gibt es nur Kunst.

Meine Kunst ist es, ohne Kunst auszukommen. Meine Kunst besteht darin, unkünstlich auf der Bühne zu stehen und Menschen dazu zu bringen, mir zuzuhören. Meine Kunst war niemals ausländerfeindlich, aber oft ordinär. Weil ich nämlich das Grundrecht in Anspruch nehme, in meiner eigenen Sprache ordinär zu sein und in dieser Sprache zu Menschen zu sprechen, die auch ordinär sind. Wenn sich dieses Land demokratisch nennt, dann müsste es eigentlich möglich sein, neben achtzig Millionen anständigen Menschen und pflichtbewussten Bürgern und emsigen Polizisten und Becksteinen eine Drecksau wie mich zu verkraften.

Aber das Land verkraftet keine Drecksau wie mich. Das Land vielleicht schon, aber nicht seine Großgrundbesitzer.

48

In den Konzerten erzählte ich jetzt immer eine Geschichte über den Beckstein, die mir eingefallen ist. Aber ich kann die Geschichte hier nicht einfach noch einmal erzählen, weil ich mich sonst gleich wieder strafbar mache. Deshalb muss ich sie aus den Gerichtsakten zitieren, nach einer Mitschrift von den Polizisten, die diese Geschichte in einem Konzert in Obergünzburg mitgeschrieben haben. Das ist ein offizielles Dokument, das man deshalb auch öffentlich vortragen darf, und dann

kann einem keiner vorwerfen, dass man schon wieder jemanden beleidigen will.

»Am 17. Juli 1998 gaben Sie in Obergünzburg ein Konzert vor
ca. 1400 Zuschauern.
a) Setzten Sie sich dabei unter anderem mit der Erdentste-
hungsgeschichte auseinander und äußerten, es sei irgendwann
ein großer schwarzer Vogel aus dem Weltall gekommen, hätte einen Haufen fallen lassen und aus diesem Haufen sei der
Beckstein entstanden.
b) Im weiteren Verlauf des Konzerts trugen Sie ein Lied vor, wo-
nach Sie von acht blöden Polizisten aus Immenstadt kontrolliert worden seien, die Sie 2 Stunden sexuell belästigt hätten.
Einer hätte Sie am Arsch gestreichelt, einer am Geschlechts-
teil und einer an den Eiern. Dann sei man über Ihre Schenkel
und die Knie bis in die Socken hinunter gefahren. Im weiteren
Verlauf hätten Sie die acht Polizisten 2 Stunden lang gezwungen, die Polizei in ihren dicken, fetten Arsch zu ficken. Es sei
die Polizistin »nennen wir sie Irmgard« vor Ihnen niederge-
kniet, habe sich ausgezogen und Sie hätten sie von hinten mit
weit gespreizten Beinen in ihren fetten Arsch ficken müssen.
Dies hätten Sie tun müssen, da Sie keinen Widerstand gegen
die Staatsgewalt leisten dürfen. Ihnen habe es sehr gegraust
und es sei Ihnen gar nicht gekommen. Nach 2 Stunden haben
Sie weiterfahren dürfen. Zuvor hätten die Polizeibeamten ge-
droht, dass Sie kein Marihuana mehr rauchen dürften, da man
Sie sonst in den Knast stecken würde. Dort würde die »nennen
wir sie Irmgard« jede Nacht zu Ihnen in die Zelle kommen.

Am 24. Juli 1998 gaben Sie vor ca. 800 Zuhörern in Nördlingen
ein Konzert. Dabei äußerten Sie unter anderem:

*a) Ich habe früher nicht gewusst, wer oder was der Beckstein
ist. Ich habe immer geglaubt, das sei eine Art Krankheit oder
so was, was jeder haben kann. So nach der Art: Hast du schon
einen Beckstein? – Ja, ich habe auch schon einen. Ich habe
einen Beckstein zu Hause, der hängt bei mir aber am Klo und
macht das Wasser weich. Der hat einen Grünen Punkt und ist
wiederverwertbar. Der andere hat einen braunen Punkt. Zuerst habe ich geglaubt, der Beckstein sei der erste Versuch gewesen in dem Labor, in dem man das Schaf geklont hat. Wie
der Beckstein entstanden ist? Da ist ein großer schwarzer Vogel
über Bayern geflogen, der hat geschissen und aus dem Haufen ist dann der Beckstein entstanden. Dem Beckstein haben
sie ein Mikrofon gegeben, das hat alle Nebengeräusche unter-
drückt. Die haben nämlich festgestellt, dass es immer Nebengeräusche gibt, wenn der Beckstein redet, so Geräusche wie
(Imitierung von Blähungen). Man hat festgestellt, dass dem
Beckstein im Nacken ein dritter Schließmuskel gewachsen ist.
Aus dem dampft es immer heraus und ab und zu fließt auch
etwas heraus. Immer wenn sein Gehirn fault und sich Gase bil-
den, dann kommen die da heraus und das Faule fließt heraus.
Das passiert sehr oft.
b) Im weiteren Verlauf setzten Sie sich mit der Verhandlung vor
dem Amtsgericht München wegen unerlaubten Betäubungs-
mittelbesitzes auseinander. Sie bezeichneten die Richterin als
alte Fotze und blöde Sau.«*

So war das. Und der Beckstein hat sich in seiner Ehre verletzt
gefühlt und mich angezeigt. Die Richterin hat mich auch angezeigt. Die acht Polizisten aus Immenstadt haben mich auch
angezeigt, und die Polizistin, die mich bei den »Mischbewegungen« beobachtet hat, hat mich auch angezeigt. Da ist jetzt eini-

ges zusammengekommen, weil sich alle in ihrer Ehre verletzt gefühlt haben.

Dabei habe ich gar nicht gewusst, dass die eine Ehre haben.

Wo war die Ehre meiner Kinder, zu denen andere Kinder nicht mehr kommen dürfen, weil die Nachbarn reden, dass ich ein Krimineller sein muss, wenn dauernd die Polizei bei mir vor der Tür steht?

Wo war die Ehre der Kosovo-Albaner, die getrennt von ihren Kindern, Müttern oder Vätern im Ausland oder in der Heimat ihre Zeit verbringen müssen, weil der Innenminister Beckstein gegen Familienzusammenführung ist, nur weil ihn diese Leute Geld kosten würden? Noch kurz vor den NATO-Bombardierungen wurden Kosovo-Albaner aus Deutschland ausgewiesen, weil Gerichte behauptet haben, dass sie in ihrer Heimat sicher sind.

Wo war die Ehre meiner Fans, die als Idioten, Chaoten und Kiffer hingestellt wurden und auf die man die Polizei gehetzt hat? Ich habe ja auch nicht Hunderttausende, die die CSU gewählt haben, öffentlich zu Idioten erklärt.

Es war eine Kampfansage des Staats auf alles, was mir wichtig war. Weil vor Gericht ist kein Beckstein als Ankläger gestanden, damit ich mich vielleicht einmal mit ihm darüber unterhalten kann, was er Zehntausenden Menschen antut, die aus Deutschland ausgewiesen werden. Die acht Polizisten aus Immenstadt sind auch nicht da gewesen, und die Polizistin »Nennen wir sie Irmgard« auch nicht. Es war immer nur ein Staatsanwalt da, der die Anklage verlesen hat und in Berufung gegangen ist, wenn die Strafe einmal nicht hoch genug ausgefallen ist, und es hieß »der Staat«, »der Staat« und noch mal »der Staat« gegen mich.

Es waren immer neue Polizisten da, die mich im Rahmen einer neuen Schleierfahndung kontrolliert haben. Und neue

Zivilpolizisten, die sich in meine Konzerte eingeschlichen haben, um jedes Wort von mir aufzuschreiben und dem Staatsanwalt zu übermitteln, wenn ich wieder einmal die Ehre vom Beckstein verletzt habe oder die Ehre von der Polizistin »Nennen wir sie Irmgard«.

In Deutschland sind zu der Zeit alle Stasi-Mitglieder aus der ehemaligen DDR an den Pranger gestellt worden, die man irgendwo aufgetrieben hat, und es hat keinen schlimmeren Vorwurf gegeben, als dass jemand bei der Stasi gewesen ist. Aber in Bayern haben zahllose Polizisten mit Stasi-Methoden meine Konzerte infiltriert, verdächtige Subjekte identifiziert und dafür gesorgt, dass sich niemand mehr sicher fühlen konnte, der zu meinen Konzerten kam, vor dem Konzert nicht, nach dem Konzert nicht und beim Konzert auch nicht.

49

Aber das allein hat noch immer nicht gereicht. Weil auf einmal sind nicht nur die Anzeigen auf mich hereingeprasselt, mit denen sie mich finanziell fertigmachen wollten. Sondern sie haben versucht, mir Berufsverbot zu erteilen.

Der Erste war der Oberbürgermeister von Ansbach. Er hat ein Konzert, das seit Langem in der Stadthalle von Ansbach geplant war, einfach abgesagt. Seine Begründung: »Wir wollen nicht, dass der Name Ansbach mit Straftaten wie Drogenmissbrauch und üblen Beleidigungen in Verbindung gebracht wird.« Mich hat er dazu noch als »krankhaft« bezeichnet und meine Musik als »menschenverachtende Scheußlichkeit«. Der gute Bürgermeister war übrigens nicht von der CSU und seinem Innenminister vielleicht einen Gefallen schuldig. Der war ein Sozi. Jetzt kann man sich vorstellen, was in Bayern manchmal ein Sozi ist.

Kaum hat der Bürgermeister von Ansbach das Auftrittsverbot bekannt gegeben, haben schon andere Bürgermeister nachgezogen. In Simbach am Inn ist mein Konzert abgesagt worden. In Moosburg ist mein Konzert abgesagt worden. Überall haben Veranstalter Anrufe von der Stadt oder von der Polizei bekommen, dass meine Konzerte die reinsten Drogenumschlagplätze sind und dass mit großen Polizeiaktionen gerechnet werden muss, wenn die Konzerte trotzdem stattfinden.

Wir haben zum Teil keine Hotels mehr gekriegt, weil die Polizei die Vermieter vor mir gewarnt hat. Und die Drohungen wirken. Als Nächstes wird mein Konzert in Mainburg abgesagt, weil die Stadt die Stadthalle nicht mehr zur Verfügung stellt. Als das bekannt wird, melden sich dann zwar ein paar Diskotheken, die sagen, hey Hans, bei uns kannst du aber schon spielen. Aber sofort setzt die Polizei auch diese Ausweichorte so unter Druck, dass sie am Ende klein beigeben müssen, weil ihnen die Polizei sonst alles auseinandergenommen hätte. Man weiß ja, wie das geht.

Als die Veranstalter in Bayern gesehen haben, wie brutal die Polizei in Mainburg zur Sache geht, sind gleich noch fünf Konzerte abgesagt worden. Niemand wollte sich darauf einlassen, einen Krieg gegen die bayrische Polizei zu führen und die Drogenfahndung am Hals zu haben. In Ambach verschickte die Polizei dieses Flugblatt ans Radio und an die Zeitungen:

»Der Polizeidirektion Ambach ist bekannt, dass Herr Söllner bei vielen vorangegangenen Veranstaltungen massivste Beleidigungen gegen verschiedene Persönlichkeiten des öffentlichen Lebens bzw. Berufsgruppen äußerte. So zuletzt in München und Denklingen, Landkreis Landsberg am Lech. Diese Beleidigun-

gen sind in ihrer Massivität ohne vergleichbares Beispiel und wir sind zusätzlich der Meinung, dass der Bürger dies ebenfalls so nicht toleriert.

Wir, die Polizei, haben die Aufgabe, die zuständige Sicherheitsbehörde dahingehend zu unterrichten. Von unserer Seite wurde angeregt, eine Untersagung des Auftritts von Herrn Söllner zu prüfen. Durch ein Verbot könnten diese erheblichen Beleidigungen verhütet werden. Noch immer steht Prävention vor Repression.«

Das waren Kriegserklärungen. Und ich konnte diesem Krieg nicht ausweichen. Weil meine Gegner ernsthaft entschlossen waren, mich fertigzumachen.

Wir sind dann eher nach Norddeutschland ausgewichen, die Firma S-Promotion hat uns ein paar Konzerte ausgemacht.

Aber auch dort passierten dann merkwürdige Sachen.

Bei einem Konzert kamen zwei Polizisten und wollten Freikarten, um das Konzert vom Konzertsaal aus beobachten zu können.

Aber der Veranstalter sagte: Tut mir leid. Ich muss Sie nicht umsonst reinlassen. Es sei denn, Sie haben einen richterlichen Beschluss. Wenn Sie ins Konzert wollen, müssen Sie die Waffen abgeben und sich zwei Karten kaufen.

Das wollten die Polizisten nicht. Sie haben bei ihrem Chef angerufen, und der hat sich darum gekümmert. Weil der Bürgermeister einer Stadt ist gleichzeitig auch örtlicher Polizeichef. Der Bürgermeister war ein Roter, aber weil der gerade nicht da war, hat ihn der Vizebürgermeister vertreten, und der war ein Schwarzer.

Der hat sofort angeordnet, dass die Polizisten in die Halle dürfen, samt ihrer Waffe.

Aber das hat irgendwer mitgekriegt, der den richtigen Bürgermeister kannte und seine Nummer hatte. Er hat ihn sofort angerufen, und der Bürgermeister ist dann persönlich bei meinem Konzert aufgetaucht und hat die Polizisten wieder aus dem Saal geschmissen.

Ich bin dann auf die Bühne und habe gesagt: »Seht ihr, Leute, so ginge es auch. Wenn jetzt eine Wahl wäre, müsste ich euch vermutlich nicht sagen, wen ihr wählen sollt.«

Am 26. September 1998 wäre das Konzert in Ansbach gewesen, wo der Bürgermeister meine »menschenverachtende Scheußlichkeit« nicht in einem Atemzug mit seiner Stadt hören wollte. Am 29. September fand bei mir die nächste Hausdurchsuchung statt. Aber nicht nur bei mir, sondern auch bei meiner Managerin und bei meinem Tontechniker. Es sind insgesamt elf Beamte angerückt, aber nicht nur Polizisten, sondern auch Steuerfahnder und Wirtschaftsprüfer. Und ein Drogenhund. Der hat mich schon gekannt und immer mit dem Schwanz gewedelt, wenn er mich gesehen hat.

Aber wie die Truppe zuerst angerückt ist, war ich gar nicht zu Hause. Es war ungefähr acht in der Früh, und ich habe gerade meine Kinder in die Schule und in den Kindergarten gebracht. Als ich zurückkomme, sehe ich, dass die ganze Straße abgesperrt ist. Überall vor meinem Haus stehen Polizeiautos. In der nächsten Straße geht auch ein Polizist auf und ab. Wahrscheinlich hat er die Anweisung, dass er mich aufhält, falls ich aus meinem Haus flüchten möchte.

An meinem Gartenzaun lehnt ein anderer Polizist und schaut wichtig drein.

»Was ist denn hier los?«, frage ich.

Der Polizist schaut mich an, als ob er mich schon einmal irgendwo gesehen hat.

Ich hatte mir nämlich ein paar Tage vorher die Dreadlocks abschneiden lassen und habe jetzt einen Stiftenkopf, wie ihn mir der Vater früher immer schneiden wollte.

»Gehen Sie nach Hause«, sagt er mir. Es geht hier um sehr heikle und nicht ungefährliche Ermittlungen, und die soll ich besser nicht behindern.

»Aber ich bin schon zu Hause«, sage ich.

»Wieso?«, fragt der Polizist.

»Weil ich hier wohne«, sage ich.

»Aber hier wohnt der Söllner«, sagt der Polizist.

»Stimmt«, sage ich. »Aber ich wohne auch hier.«

»Sie wohnen auch hier?«, fragt er mich misstrauisch, weil er vielleicht nicht nur einem, sondern gleich mehreren Haschern auf der Spur ist.

Aber mir wird das zu langweilig.

»Ich bin der Söllner«, sage ich.

Darauf nimmt mich der Polizist ganz aufgeregt in Gewahrsam und bringt mich in mein Haus.

Dort ist echt was los. Überall stehen Polizisten herum. Ein Computerfachmann bastelt an meinem Computer herum. Alle Schubladen sind aufgerissen. Der Einsatzleiter kommt breitbeinig auf mich zu und sagt: »Wo haben Sie denn die Unterlagen?«

»Welche Unterlagen?«, frage ich.

Da erfahre ich erst, dass sie die Bild- und Tonaufnahmen von drei Konzerten suchen. Wahrscheinlich, damit sie ihren Zivilpolizisten das Mitschreiben ersparen. Außerdem wollen sie schon wieder wissen, was ich verdiene. Sie wollen wissen, was ich verdient habe. Und sie wollen wissen, was für die Zukunft schon für Konzerte ausgemacht sind, damit sie sich ausrechnen können, was ich dort verdienen werde. Vielleicht wollen sie auch die Telefonnummern von den Veranstaltern wissen, damit sie die anrufen können und sie bedrohen, dass sie genauso bei ihnen einfahren wie jetzt bei mir, wenn sie die Konzerte nicht absagen.

Und natürlich haben sie auch nach Drogen gesucht, deswegen haben sie ja den Schäferhund mit dem großen Schädel mitgehabt.

Der Hund war aber der Einzige, der Erfolg gehabt hat. Er hat eine vertrocknete Hanfpflanze gefunden, an der gerade noch ein paar Blätter gehangen sind. Das war dann die ganze Ausbeute der grandiosen Hausdurchsuchung, und in der Zeitung haben sie dann geschrieben, dass bei mir eine Hanfplantage gefunden worden ist.

Dabei habe ich hundert Gramm im Nistkasten über meinem Gartentisch gehabt. Aber der Hund hat immer nur im Haus herumgewühlt.

Während der Durchsuchung habe ich die ganze Zeit zwischen zwei Polizisten sitzen müssen. Die haben aufgepasst, dass ich mich nicht entferne. Ich hab ein bisschen mit ihnen geplaudert, weil ich wissen wollte, wie sie auf mich aufgepasst hätten, wenn ich nicht selbstständig zurück ins Haus gekommen wäre. Dazu sagen sie aber nichts. Wahrscheinlich Berufsgeheimnis.

Aber der eine sagt wenigstens, dass er mich nicht aus den Augen lassen darf, weil ich sonst vielleicht Beweismittel verschwinden lasse.

»Du folgst mir also durchs ganze Haus?«, frage ich.

»Ja«, sagt er. »Durchs ganze Haus.«

»Auch, wenn ich zum Scheißen gehe?«

»Ja, auch wenn du zum Scheißen gehst.«

Ich hab das nicht nur so gesagt, sondern ich muss wirklich aufs Klo. Ich habe zuerst geglaubt, er will mich nur ärgern, aber wie ich dann auf mein Klo gehe, geht er mit mir mit, und ich muss tatsächlich die Tür offen lassen.

»Schämst du dich gar nicht?«, frage ich den Polizisten. Weil ich schäme mich schon, dass ich vor ihm mit heruntergelassenen Hosen am Klo sitzen und scheißen muss. Aber er schämt sich nicht. Dafür kann er dann ins Protokoll schreiben, wie es bei mir am Klo gerochen hat.

50

Im Winter 1999 bin ich dann für zweieinhalb Monate nach Jamaika gefahren. Mein Plan war, dass ich mir Musiker suche und mit ihnen echten Reggae spiele. In Jamaika hab ich immer viel geraucht, weil es so gutes Gras gegeben hat, aber es hat mir plötzlich nicht mehr so viel Spaß gemacht. Irgendwie hab ich gemerkt, dass das viele Rauchen nicht mehr gut für mich ist. Ich hatte auch schon in den Jahren davor versucht, dass ich das Rauchen aufgebe. Aber es hat nie besonders lang geklappt. Weil ich schon seit ich dreizehn war jeden Tag viele, viele Zigaretten geraucht habe und ab 26 dazu auch noch Gras. Das Gras war nicht das Problem. Aber das Zigarettenrauchen war eine Sucht. Meine einzige Sucht.

Am 2. Februar 1999 war ich auf Jamaika, in meiner Hütte am Strand. Ich bin in meinem Bett gelegen und hab mir schon am Abend einen Joint hergerichtet, damit ich gleich in der Früh, wenn ich um sieben aufwache, nur hinübergreifen muss zum Nachtkästchen und mir den Joint anzünden kann. Weil so waren meine Urlaube auf Jamaika damals. Nach dem Aufwachen hab ich den ersten Joint geraucht und vor dem Schlafengehen den letzten.

Auch an diesem 2. Februar bin ich aufgewacht und hab den Joint gesehen und sofort zum Feuerzeug gegriffen und den Joint angemacht. Aber im selben Augenblick hab ich zu mir gesagt: Hey, was ist eigentlich los mit dir, bist du bescheuert, oder was? Was ist denn das für ein Umgang mit dem Rauchen? Du redest von Rastakultur und baust dir am Vortag einen vor, damit du in der Früh keine drei Minuten nüchtern sein musst?

Da hab ich den Joint ausgemacht. Und seither habe ich nie wieder eine Zigarette geraucht. Das war ein Unterschied wie Tag und Nacht. Der Tabak hat mir zuerst gefehlt, aber als ich mich daran gewöhnt gehabt habe, ohne die ständigen Zigaretten auszukommen, war es eine neue, schöne Freiheit.

Erst zwei Jahre später, am 18. Januar 2001, habe ich mir wieder einen Joint gedreht. Ich hab seither nur noch pures Gras geraucht. Das war überhaupt die beste Entscheidung. Weil wenn du Zigarettenraucher bist, rauchst du die Joints als Alibi dafür, dass du eigentlich Zigaretten rauchen möchtest, weil nur Tabak drin ist mit ein paar Bröseln Gras.

Ich habe als Junger nie das Bedürfnis nach Rausch gehabt. Ich hab in meiner Familie schon zu viel Rausch gesehen, und das war immer nur grausig. Ich habe damals nicht gesagt, dass ich selbst nie einen Rausch haben würde. Aber ich hab es immer weiter hinausgeschoben. Weil ich hätte es zum Beispiel nicht zusammengebracht, gleichzeitig zu arbeiten oder zu lernen und zu kiffen. Ich kann zum Beispiel keinen rauchen und dann ein Auto richten. Wenn du geraucht hast, vergisst du, was du gerade tust. Du bist irgendwo anders mit deinen Gedanken.

Mir geht es so. Anderen kann es auch ganz anders gehen.

Für meine jetzige Arbeit aber ist das Rauchen genau das Richtige. Wenn ich geraucht habe, kann ich ein Lied nach dem anderen schreiben. Ich glaube, ich habe alle meine Lieder so geschrieben. Ich fahre auf eine Hütte im Salzburgischen, in der Einöde über Hallein. Da nehme ich mir eine Handvoll Gras mit und einen Korb mit Fressalien, dann koche ich mir Nudeln oder Reis, und das esse ich dann fünf, sechs Tage lang, jeden Tag dasselbe, weil wenn mir was schmeckt, dann esse ich es auch immer wieder.

Ich muss die Arbeit immer so konzentriert machen, weil mich die Arbeit als Vater und Ehemann und Familienmensch oft sehr in Anspruch nimmt. Meine Frauen wollten immer, dass ich viel da bin, und wenn ich dann mit dem Kopf woanders war, weil ich ein Lied schreiben wollte oder auf einen Prozess gewartet habe, gab es deswegen auch Stress. Das ist eigentlich immer noch so.

Ohne Zweifel habe ich nicht alles richtig gemacht. Aber ich habe immer wieder gehört: Auch wenn du da bist, bist du nicht da.

Jetzt frage ich mich natürlich: Woher kennen mich dann meine Kinder?

Vielleicht hat man mich einfach nicht gesehen oder mich nicht sehen wollen, so wie ich wirklich bin.

Wenn ich dann arbeite und allein bin, mache ich mir in der Früh einen Kaffee und dann baue ich mir erst mal einen. So hoffe ich, dass meine Gedanken dorthin abschweifen, wo meine Lieder sind. Die Lieder muss ich dann nur aufschreiben.

Ich richte mir immer alles ganz ordentlich her, die Gitarre, das Papier, den Stift. Weil wenn ich drauf bin, finde ich keinen Stift mehr.

Dann tue ich nur mehr das, was ich am besten kann. Ich singe und ich spiele auf der Gitarre. Das kann ich noch, meistens jedenfalls. Manchmal vergesse ich schon, wo ich gerade bin und dass ich die Gitarre in der Hand habe und dass ich noch zwei, drei Lieder spielen wollte. Dann sitze ich da und quatsche vor mich hin, rede und rede, verliere den Faden und bin ganz schnell in einer anderen Story, weil es in meinem Kopf halt drunter und drüber geht.

Als Mechaniker oder Krankenpfleger geht das nicht. Ich kenne Leute, die sind Maurer, und die rauchen in der Früh einen und machen dann trotzdem eine gerade Mauer. Aber ich kriege das nicht hin. Ich kann da keine gerade Mauer aufstellen. Aber Lieder dürfen auch keine gerade Mauer sein.

Einmal habe ich es mit Haschplätzchen probiert, in Jamaika. Da hab ich zwei Plätzchen gegessen, und es ist eineinhalb Stunden nichts passiert, und dann hab ich noch eins genommen, und plötzlich ist es mir eingefahren. Ich war von nachmittags um vier genau drei Tage lang drauf. Ich bin nur in der Hängematte gelegen und hab Angstzustände gehabt, weil ich nicht gewusst habe, was das Zeug gerade mit mir macht. Ich hab mich nicht hinausgetraut. Ich wollte nur, dass es aufhört, aber es hat ewig lang nicht aufgehört. Ich konnte nicht schlafen und ich konnte nicht aufstehen. Da hab ich mir geschworen, nie wieder Drogen über den Mund einzunehmen und zu schlucken.

Die Jamaikaner wissen genau, warum sie rauchen. Die pumpen sich richtig voll, aber sie sind dann nicht acht Stunden drauf. Weil das Zeug, egal, wie stark es ist, nach zwei oder drei Stunden wieder weg ist.

Die Jamaikaner und die Afrikaner sind Wasserpfeifenspezialisten. Die können rauchen, wie es kaum ein Weißer kann. Sie nehmen den Schlauch von der Wasserpfeife in den Mund und atmen durch den Schlauch ein, bis die Lunge voll ist. Dann lassen sie den Rauch raus und saugen noch einmal an. Da kommen dann aus der Nase Stränge von Rauch heraus, die sind weiß wie

Schnee und schauen aus wie bei einem Drachen in einem Comicstrip, genial. Du badest richtig in diesem Rauch. Es ist etwas ganz anderes, wie wenn du einen Spliff rauchst.

Weil auch das Rauchen muss man lernen. Ich habe beim Rauchen zuerst einmal das Warten gelernt. Normal setzt du dich hin und ziehst am Joint und dann wartest du: Wann kommt jetzt die Wirkung?

Aber so funktioniert das nicht. Du darfst nicht auf den Turn warten, sondern du musst warten, ohne an eine Wirkung oder an ein Ergebnis zu denken.

Einfach warten.

Ich habe definitiv gelernt, dass ich mich hinsetze, dass ich mich zurücklehne, dass ich in die Luft schaue, dass ich darauf warte, was als Nächstes kommt. Vielleicht kommt ein guter Gedanke, vielleicht kommt eine Melodie, vielleicht fällt mir ein Witz ein, vielleicht denke ich daran, was ich im Garten machen könnte oder wie ich mein Haus etwas schöner machen kann. Ganz egal.

Ich habe mit dem Rauchen von Marihuana definitiv das Warten gelernt. Das konnte ich vorher nicht so gut. Ich habe gelernt, ruhig zu sein, runterzukommen, zu sitzen, loszulassen, es draußen laut sein zu lassen, während es in mir drin still ist. Dann drehe ich vielleicht die Sauna auf, gieße einen Kaffee auf, setze mich wieder hin, warte, überlege, denke mir was, lache, mache die Augen zu.

Das habe ich gelernt. Wenn ich einen rauche, dann lehne ich mich zurück und warte, und irgendwann geht etwas los, keine Ahnung, wann, keine Ahnung, wie.

Dann ist die Gitarre da, und ich spiele einen Akkord von den drei, die ich kann. Dann schreibe ich zwei Zeilen mit dem Stift auf das Blatt. Plötzlich merke ich, wie ich in einen Fluss komme, und dann schreibe ich in zehn Minuten ein Lied mit sechs Strophen fertig. Wenn du mir zuschaust, glaubst du vielleicht, ich bin gerade eingeschlafen. Aber in meinem Kopf bin ich schneller unterwegs als der Felix Baumgartner, wenn er von einem Hausdach springt.

Ich kann nicht erklären, was großartig passiert. Ich merke, dass sich in mir etwas ordnet. Ich merke, dass sich die Struktur von meinem Denken verändert. Mein Herzschlag ist plötzlich anders, und mein ganzes Gefühl ist völlig verändert, und gleichzeitig weiß ich aber ganz genau, dass ich in zwei Stunden den Kindern etwas zum Abendessen kochen muss. Und das ist genau der Unterschied zum Alkohol. Weil wenn ich jetzt sechs Bier getrunken habe, dann muss ich immer weitertrinken, und dann kriegen die Kinder kein Abendessen mehr, sondern haben einen lallenden Vater in der Küche hocken.

Aber ich bin sowieso keiner, der nebenbei raucht. Ich rauche immer ganz bewusst. Ich rauche nur noch Spliffs, höchstens dass ich hie und da mit Freunden einen Eimer aufziehe, das ist die bayrische Variante von einem Bong.

Für mich ist das Rauchen noch immer etwas Besonderes. Das soll auch so bleiben. An vielleicht zwanzig Prozent meiner Tage rauche ich, nicht mehr. Weil von der Astrid Lindgren habe ich gelernt, dass man einfach auch die Zeit haben muss, vor sich hin zu schauen.

Jeder muss wissen, dass Marihuana keine gute Droge dafür ist, sich einfach wegzubeamen. Weil deine Gefühle von der Droge verstärkt werden, egal, ob sie positiv oder negativ sind. Wenn du also Liebeskummer hast oder wenn du traurig bist, wenn du melancholisch bist oder wenn du eine Depression hast, dann ist Marihuana keine gute Droge. Wenn du ausgeglichen bist, im grünen Bereich, dann spricht nichts dagegen. Das Rauchen motiviert mich nicht nur zum Rumsitzen und In-die-Luft-Schauen. Manchmal wirkt es extrem anregend. Dann gehe ich joggen oder schwimmen, und es ist kein Zufall, dass Marihuana für so viele Sportler ein Dopingmittel ist, für Snowboarder und Kletterer. Du gehst mit Marihuana über deine Grenzen hinaus. Ich habe meine längsten und besten Läufe gehabt, wenn ich was geraucht gehabt habe.

Ich hinterfrage jeden Lauf über zwanzig Kilometer, wenn ich nüchtern bin. Wenn ich was geraucht habe, ziehe ich mir die Schuhe an und laufe. Das ist der Unterschied. Marihuana ist eine Bewegungsdroge, sie lässt dich anlaufen. Und wenn du gut damit umgehen kannst, musst du dich gar nicht mehr bewegen, dann bist du auch im Stillstand sauschnell unterwegs.

Das bekomme ich alles total gut auf die Reihe. Ich kann einfach gut damit. Ich rieche Marihuana gerne. Ich spüre es gerne. Ich fasse es gerne an. Ich rauche es gerne. Ich lasse mich gerne inspirieren.

51

Meinen ersten Schluck Alkohol habe ich genommen, als ich 44 war. Ich hatte am Abend ein Konzert in Eisenstadt gespielt. Am nächsten Abend war ein Konzert in der Cselley Mühle in Oslip angesetzt, und der Mühlthaler Peter und ich fuhren mit dem Auto Richtung Oslip und wollten noch einen Kaffee trinken.

Deshalb machten wir einen Abstecher nach Rust. Das ist eine Weinbauernstadt am Neusiedler See, und wir dachten uns, wenn es irgendwo um diese Zeit noch einen Kaffee gibt, dann in Rust.

Aber es war alles geschlossen, als wir die Hauptstraße hinuntergefahren sind. Nur ein Typ kam aus einem Haus, und wir blieben stehen und haben ihn gefragt, wo man hier noch einen Kaffee bekommt.

»Nirgends«, hat er gesagt. »Alles geschlossen. Aber kommt zu mir rein, ich mach euch einen.«

Er war ein Winzer und hatte das Weingut erst kurz davor übernommen, seine ersten Weine waren gerade erst fertig geworden. Er war mächtig stolz darauf und bot uns zum Kaffee eine Weinverkostung an, eine der ersten, die er je als Winzer gemacht hat.

Ich hatte nichts geraucht und dachte mir, warum nicht. Wenn du auf diese Weise eingeladen wirst, kannst du auch einmal ein Glas Wein probieren.

An diesem Abend habe ich meine ersten Weine getrunken. Ich habe die Gläser, die der Winzer vor mich hingestellt hat, nicht ausgetrunken, sondern nur daran genippt, und obwohl ich wirklich nicht wusste, was ein guter und was ein schlechter Wein ist, wusste ich, dieser Rotwein ist ein guter.

Es ging mir nur um den Geschmack auf der Zunge und dem Gaumen. Ich hatte keine Lust zu trinken, um etwas zu spüren. Ich habe getrunken, weil es mir geschmeckt hat.

Von da an habe ich ganz gerne hie und da ein Achterl getrunken. Es hat mich entspannt. Es hat den Fluss der Zeit unterbrochen, wenn ich mich hingesetzt habe und geschaut und das Achterl getrunken.

Ich habe nie getrunken, um etwas zu spüren. Und ich habe auch nie so viel Wein getrunken, dass ich davon einen Rausch gehabt hätte. Da funktionieren die alten Schutzmechanismen viel zu gut.

Na ja, ab und zu vielleicht.

Seither genieße ich es, hie und da zu trinken. Als ich später Asthma bekommen habe, konnte ich keinen Rotwein aus dem Eichenfass mehr trinken, weil mir die Histamine nicht bekommen sind.

Freilich habe ich einen entscheidenden Unterschied zwischen dem Weintrinken und dem Rauchen bemerkt. Beides entspannt mich.

Aber Inspiration gibt mir nur das Rauchen.

52

Am 13. Juli 1999 haben sie mich bei der Hauptverhandlung des Amtsgerichts Kempten, Zweigstelle Sonthofen, wegen der »Beleidigung in Tatmehrheit mit zwei Fällen jeweils dreier rechtlich zusammentreffender Fälle der Beleidigung und der Beleidigung in zwei tateinheitlichen Fällen« zu einer Gesamtgeldstrafe von 140 000 Mark verurteilt.

Dafür hatten sie die Hausdurchsuchung gemacht, bei der sie mit mir zum Scheißen gegangen sind. Sie haben Tonbänder mitgenommen, von denen sie abgeschrieben haben, wofür sie mich dann verurteilt haben. Keine Ahnung, wieso dann immer so viele Polizisten in meinen Konzerten sind, aber wahrscheinlich können die nicht so schnell schreiben, wie ich rede.

Auf jeden Fall haben sie alle Beleidigungen zusammengezählt, die ich gegen den Beckstein und die »Nennen wir sie Irmgard« und acht Polizisten und die eine Richterin in Immenstadt, Obergünzburg, Nördlingen und Altdorf vorgebracht habe, und dazu folgende Begründung geschrieben, warum die Beleidigungen nicht Satire, sondern Beleidigungen sind.

»Die Beleidigungsabsicht ergibt sich zur Überzeugung des

Gerichts bezüglich des Geschädigten Dr. Beckstein insoweit, als unbedingte Absicht des Angeklagten während der Konzerte, nachdem nach dem Eindruck des Gerichts der Angeklagte diesen in einem weit überdurchschnittlichen Ausmaß in seiner Person behandelt und herabgewürdigt hat, während die anderen genannten Personen demgegenüber in deutlich untergeordnetem zeitlichem Umfang erwähnt wurden; darüber hinaus hat der Angeklagte den Geschädigten Dr. Beckstein nicht nur in wertender Weise abqualifiziert, sondern ihm im Hinblick auf seine Entstehung das Menschsein in Form einer nicht natürlichen Geburt abgesprochen und ihm Tatsachen bezüglich eines dritten und vierten Schließmuskels unterstellt, die offensichtlich für jedermann erkennbar unzutreffend sind.«

Wenn die Tatsachen aber eh für jedermann erkennbar unzutreffend sind, denke ich mir, als ich den Vortrag des Richters höre, wieso kann sich dann jemand beleidigt fühlen? Und hat eigentlich jemand von der Staatsanwaltschaft überprüft, dass die Behauptungen wirklich unzutreffend sind?

Sie haben mir nicht nur die Beleidigung aufgebrummt, sondern auch den Vorsatz der Beleidigung und dass es bei meiner Kunst nicht mehr um »freie Meinungsäußerung« geht und um »freie schöpferische Gestaltung«, sondern einfach nur um »Ehrverletzung« und um eine »massive Beeinträchtigung des Persönlichkeitsrechts der Geschädigten, die man insbesondere bezüglich des Geschädigten Dr. Beckstein bestenfalls noch als Schmähkritik ordinärster Art bezeichnen kann«.

Das mit dem Ordinären hab ich verstanden. Ordinär bin ich, das weiß ich.

Dann haben sie »zum Nachteil des Angeklagten«, was so viel heißt wie dass sie mir richtig eine in die Fresse geben wollten, aus dem Fall gleich vier Fälle gemacht, weil ja mehrere Personen beleidigt worden sind, und haben den Beckstein mit dreißig Tagessätzen, die Polizisten mit achtzig Tagessätzen, die »Nennen wir sie Irmgard« auch mit achtzig Tagessätzen und die Kollegin vom Gericht mit siebzig Tagessätzen bewertet. So kam eine schöne Rechnung zusammen. Das war interessant, weil die 140 000 Mark mehr waren als der ursprüngliche Strafbefehl, den wir im Frühjahr zugestellt bekommen hatten. Damals wollten sie nämlich nur 120 000 Mark haben.

Zusätzlich musste ich in jedem einzelnen Fall ein Schmerzensgeld an die Polizistin »Nennen wir sie Irmgard« bezahlen. Es war der Beweis dafür, dass sie mich wirklich vernichten wollten. Sie wollten mich finanziell ruinieren, und das Berufsverbot hatten sie mir praktisch eh schon erteilt, indem sie meine Veranstalter unter Druck gesetzt haben, meine Konzerte abzusagen.

Sie wollten mich mundtot machen. Weil die einzige Art, wie ich mich gegen diese Verfolgung wehren konnte, war ja, dass ich auf die Bühne gehe und meinen Fans erzähle, was schon wieder passiert ist. Dass ich schon wieder aufgehalten worden bin und gefilzt. Dass schon wieder eine Hausdurchsuchung stattgefunden hat. Dass es in Bayern kaum mehr einen Veranstalter gibt, der mich für ein Konzert engagiert. Dass man mutig sein muss, wenn man in eines meiner Konzerte kommt, weil man nicht sicher sein kann, ob man nicht von der Polizei festgenommen und durchsucht wird. Dass man mutig sein muss, wenn man mir einen Saal vermietet, weil vielleicht am nächsten Tag die Polizei dasteht und zufällig die eigene Bude auseinandernimmt.

Ich weiß, ich neige manchmal zur Übertreibung. Aber damals hab ich wirklich nicht gewusst, wie es weitergehen soll.

Wenn die Justiz und die Polizei von einem Land dich auslöschen wollen, dann verschwinden plötzlich auch die Freunde, die du hast, wenn alles gut läuft.

Aber ich habe Freunde gehabt, die zu jeder Zeit zu mir gehalten haben.

Der Achim von Trikont hat sich gleich nach dem Prozess in Sonthofen an die Schreibmaschine gesetzt und ein Flugblatt geschrieben:

»Jetzt drehen sie tatsächlich durch. Keine Spur mehr von Argumenten, nur noch dumpfe und arrogante Sprache der Macht. ›Den machen wir fertig, den Söllner, der reißt sein Maul nicht mehr auf‹ – das ist die Botschaft.

Aber sie werden ihr Ziel nicht erreichen, trotz der Bedrohung seiner finanziellen Existenz. Denn es geht um mehr als die Rache von Kleingeistern an der Macht. Sie bedrohen eine Art, zu sprechen, zu denken und sich auszudrücken. Die Sprache von vielen Tausenden, die ihm seit fünfzehn Jahren eine Öffentlichkeit geben, indem sie massenhaft in seine Konzerte kommen. Es geht um die kleine Öffentlichkeit, diese spezielle »kunstlose Kunst« von Hans Söllner und seinesgleichen, um Freiheit und Eigenständigkeit.

Ginge es nur um die Innenminister, Staatsanwälte und Polizeipräsidenten, dann würde er die Strafe zahlen und seine Ruhe haben. Denn nichts langweilt mehr, als Leuten etwas erklären zu wollen, denen außer ihrer Machtvision nichts geblieben ist. Mit Verlaub: Es geht um ein Stück demokratischer Freiheit.«

Und auch mein Anwalt hat sich ins Zeug gelegt. Weil natürlich sind wir auch gegen dieses Urteil in Berufung gegangen. Und es ist ein Glück, dass der Jürgen das, was ich ausspreche, wie mir das Maul gewachsen ist, so formulieren kann, dass die Typen am Gericht und in der Staatsanwaltschaft nicht Anstoß nehmen müssen an dieser Schmähkritik ordinärster Art von der »Drecksau aus Reichenhall«.

Der Jürgen hat also geschrieben, dass mit dem Vogelschiss und dem Schließmuskel nicht »der Mensch Dr. Beckstein, sondern der CSU-Politiker Dr. Beckstein karikiert [wird], der in besonderem Maß durch rigide Angriffe gegen politisch Andersdenkende, Ausländer und andere Minderheiten, die seiner fundamentalistisch-rechten Gesinnung widersprechen, aufgefallen ist«.

Und weiter:

»Kritisieren wollte der Angeklagte daher allein die ›geistigen Ergüsse‹ des CSU-Politikers Dr. Beckstein, nicht jedoch dessen körperliche ›Ergüsse‹. Die Notwendigkeit eines ›dritten Schließmuskels‹ in der Nähe des Kopfes kann daher so interpretiert werden, dass sich im Kopfe dieses Politikers so viel Übles anstaue, dass er es gar nicht schnell genug bei seinen Reden aus dem Munde herauslassen könne.«

Dann hat der Jürgen eine sehr sachliche Liste gemacht, was das für eine Partei ist, die CSU, deren Innenminister der Beckstein war. Damit man sieht, dass meine Beleidigungen nicht aus der Lust entstanden sind, jemanden zu beleidigen, weil dann hätte ich ja zu meinem Nachbarn gehen können und ihn eine Drecksau nennen. Aber das würde ich nicht tun, außer wenn er es verdient.

Weil die CSU eine Partei ist, »die seit Jahrzehnten Mitglieder duldet, die bestechlich sind bzw. im Verdacht stehen, bestechlich zu sein, die Schmiergelder und andere persönliche Vorteile annehmen, die ihre politischen Entscheidungen durch Schmiergelder beeinflussen lassen bzw. die im Verdacht stehen, durch

Schmiergelder ihre politischen Entscheidungen beeinflussen zu lassen, die gegen ihren Amtseid verstoßen oder im Verdacht stehen, gegen ihren Amtseid zu verstoßen, die gegen das Parteiengesetz verstoßen bzw. im Verdacht stehen, gegen das Parteiengesetz zu verstoßen, die die Öffentlichkeit mit der Unwahrheit bedienen bzw. im Verdacht stehen, die Öffentlichkeit mit der Unwahrheit zu bedienen, obwohl sie sich als Partei und als ›Würdenträger‹ der Partei stets für ›Recht und Ordnung‹ aussprechen«.

Ich frage immer, wo denn die Ehre von denen eigentlich ist, denen ich die Ehre abgeschnitten haben soll. Der Jürgen sagt das so: »Das geschützte Rechtsgut der angeklagten Beleidigung ist nur der dem Einzelnen tatsächlich zukommende Geltungswert, so dass eine Beleidigung nur bei unverdienter Missachtung der Ehre in Betracht kommt.«

Das heißt mit den Worten des Rechtsanwalts, dass ich nur jemanden beleidigen kann, der noch eine Ehre hat. Aber jetzt haben wir den Beweis angetreten, dass ein Politiker von der CSU und von der CDU diese Ehre nicht hat.

Weil der Kohl hat, als er Bundeskanzler war, Rüstungsgeschäfte von Parteispenden in Millionenhöhe abhängig gemacht. Der Schäuble stand unter Verdacht, dass er vom Waffenhändler und CSU-Mitglied Karl-Heinz Schreiber geschmiert worden ist. Der frühere Innenminister Kanther stand unter Verdacht, dass er Millionen ins Ausland geschleust und als Parteispenden zurück in die Kassen der CDU/CSU überwiesen hat. Der Waffenhändler Schreiber war nie aus der CSU ausgeschlossen worden, obwohl er Schmiergelder bezahlt hatte. Und Mitglieder der CSU hatten immer wieder mit Nazis und Neofaschisten sympathisiert.

So ging das seitenweise.

Am Schluss schrieb der Jürgen das Reșümee:

»Angesichts der politischen Zugehörigkeit des vom Angeklagten Söllner in seinen Konzerten angegriffenen Politikers Dr. Beckstein ist angesichts dessen Geltungswertes nur dann von einer unverdienten Missachtung zu sprechen, wenn der Politiker in seiner ganz persönlichen Ehre, nicht in seiner ›Ehre‹ als Politiker angegriffen wäre. Dem Gesamtzusammenhang von Söllners Darbietungen ist jedoch stets zu entnehmen, dass es ihm nie um die Einzelperson geht, sondern stets um das Amt, das die von ihm angegriffene Person bekleidet, und den Widerspruch zwischen den Äußerungen einerseits und der persönlichen Redlichkeit andererseits.

Die Beweisaufnahme wird daher, falls die angebotenen Beweise nicht als allgemein bekannt gelten, ergeben, dass der Angeklagte auch den bayrischen Innenminister Dr. Beckstein zwar hart angegriffen hat, jedoch nicht, soweit möglich, ihm seinen tatsächlich zukommenden Geltungswert als Mensch abgesprochen hat.«

Besonders hat mir die Formulierung »soweit möglich« gefallen.

Die Berufungsverhandlung hat dann am Landgericht Kempten stattgefunden und drei Tage lang gedauert. Das Ergebnis war, dass eine Geldstrafe von 90 000 Mark für »schuld- und tatangemessen, aber auch ausreichend« befunden wurde. Dass der damalige Chef der Drogenfahndung Kempten, der für mich zuständig war, inzwischen wegen Kokainmissbrauch und Dealerei zu sechs Jahren Haft verurteilt wurde, stand erst vor Kurzem in der Zeitung und nützt mir natürlich auch nichts mehr.

Die gute Nachricht war, dass gleichzeitig zwei Verfahren gegen mich eingestellt worden waren: das wegen meinem nackten Arsch in Krün und das wegen der lächerlichen 0,7 Gramm Marihuana im Gerichtssaal.

Vor allem dass das Verfahren wegen der Drogen eingestellt war, hat mich gefreut. Weil das bedeutet hat, dass ich drogenmäßig völlig unbescholten war und weder eine Vorstrafe wegen Besitz noch wegen Aufforderung zum Drogenkonsum hatte. Das war gut, weil die Verfolger mich immer als einen Drogenmessias und meine Konzerte als Rauschgifthöllen dargestellt haben.

Dann konnte ich immer sagen: Meine Herren, Sie sprechen mit einem unbescholtenen Mann.

53

Der Staatsanwalt, der sich am meisten in die Sache verbissen hat, hieß Uwe E. Damals war er Gruppenleiter der Staatsanwaltschaft Kempten. Im Frühjahr 2015 ist er übrigens zum Leiter der Staatsanwaltschaft Kempten bestellt worden. Ein verdienter Beamter, kann ich nur sagen, gute Wahl, meine Herrschaften.

Für mich war der E. von spezieller Bedeutung, weil er als Staatsanwalt in vielen meiner Beleidigungsprozesse die treibende Kraft war und gleich zu Beginn gesagt hat, was sein eigentliches Ziel ist: dass er mich auslöschen will.

Das hat er ohne Not gesagt, öffentlich und nicht als Teil eines Wortwechsels, bei dem Emotionen im Spiel waren. Er hat kühl und sachlich gesagt: »Ich lösche Sie aus, Herr Söllner«, und eines muss man zugeben, er hat sich wirklich bemüht, dass er Wort hält.

Es ist nämlich nicht so gewesen, dass mit der Strafe, die ich für den schwarzen Vogel und für »Nennen wir sie Irmgard« bezahlt habe, ein für alle Mal Schluss gewesen wäre. Im Gegenteil, es hat erst richtig angefangen.

Weil es jetzt überhaupt kein Konzert mehr von mir gegeben

hat, wo nicht die bayrische Stasi drin war. Und wenn einer von denen gemeldet hat, dass ich schon wieder den Beckstein beschimpft habe, dann ist sofort wieder eine Anzeige gegen mich gemacht worden, und wenn ein paar Anzeigen beinander waren, hat der gute Herr E. wieder ein Durchsuchungskommando auf den Weg zu mir geschickt, damit sie Bänder beschlagnahmen und meine Einkommensverhältnisse feststellen.

Und ich hab nicht aufgehört, dass ich immer wieder über den Beckstein rede, weil der Beckstein ja auch nicht mit seiner rassistischen Politik und dem Schüren von Vorurteilen und Ausländerhass aufgehört hat.

Der Beckstein hatte sich als lohnendes Ziel schon 1998 vor der Bundestagswahl den Mehmet ausgesucht, einen 14-jährigen Türken, der in Deutschland geboren war und schon als Kind immer wieder straffällig geworden ist. Am Beispiel vom Mehmet wollte der Beckstein den Deutschen einmal so richtig zeigen, wie man in Bayern mit Ausländern umgeht, die nicht so spuren, wie sie sollen. Jetzt war der Mehmet wirklich ein kleines Arschloch. Er war gewalttätig. Er hat geklaut. Er hat seine Eltern verdroschen.

Aber ein kleines Arschloch ist deswegen noch kein türkisches Arschloch oder ein serbisches Arschloch oder ein deutsches Arschloch, sondern nur ein Arschloch, mit dem man sich ganz normal abzugeben hat.

Der Beckstein hat den Mehmet aber allein als ein türkisches Arschloch behandelt, hat ihn von seiner Familie wegbringen lassen und unter dem Applaus der CSU-Presse in ein Sonderflugzeug nach Istanbul gesetzt. Damit wollte er Stärke und Macht demonstrieren: Wenn sich die Türken bei uns nicht benehmen, schicken wir sie zurück nach Anatolien.

Der Mehmet war aber bis dahin in Deutschland aufgewachsen. Der hat nicht einmal Türkisch gekonnt. Er ist allein zu irgendwelchen Verwandten gekommen, die er nicht gekannt hat und mit denen er kaum reden konnte. Und der Herr Beckstein hat sich im Bierzelt stolz dafür feiern lassen, dass er die Bedrohung außer Landes geschafft hat. Wie der Mehmet für drei Tage zurück nach München musste, weil er einen Anhörungstermin vor Gericht hatte, sagte der Beckstein schon wieder: Wenn es nach ihm geht, kommt der Mehmet überhaupt nie mehr nach Deutschland hinein. »Für mich«, hat der Beckstein gesagt, »bleibt Mehmet ein Ausländer.«

Das war Beckstein für mich auch, zumindest was das Erlernen von Manieren in unserem Land angeht. Sein ungeschminkter Rassismus hat mich verstört und zornig gemacht. Deswegen hab ich ein Lied geschrieben, das heißt »Mei Angst«. Wegen der vierten Strophe von dem Lied bin ich gleich wieder angezeigt worden:

> Früher hams Hitler ghoaßn und Himmler
> Heit hoaßns Beckstein und Haider
> Früher warns d'Juden heit die Türken
> Es kimmt se echt aufs selbe raus
> Ihr schürts den Hass von Millionen
> Ihr suachts für eire Fehler Leit
> De ma verhoazn ko wia damals
> Und koana merkt was ihr da treibts.

Da ist der Herr Beckstein plötzlich sensibel geworden. Und weil ein Zivilpolizist zugehört hat, wie ich das Lied auf der Plassenburg in Kulmbach gesungen habe, ist mir gleich der nächste Strafbefehl ins Haus geflattert, weil ich »in zwei Fällen einen anderen durch die vorsätzliche Kundgabe der Nichtachtung in der Ehre verletzt« haben soll. Der andere war schon wieder der Beckstein. Und der Beckstein hat »in beiden Fällen form- und fristgerecht Strafantrag wegen Beleidigung« gegen mich gestellt, weil nämlich ein pflichtbewusster Staatsanwalt seinen Innenminister darauf aufmerksam gemacht hat.

Weil die Währung inzwischen auf Euro umgestellt worden ist, wird die Strafsumme diesmal auf hundert Tagessätze zu je 220 Euro festgesetzt. Die Strafsumme beträgt insgesamt 22 000 Euro.

Dabei war die Sauerei noch viel größer. Später kam nämlich heraus, dass der Beckstein den Mehmet nicht zufällig knapp vor der Bundestagswahl hat ausweisen lassen. Sondern dass der Mehmet als besonders geeignetes Opfer ausgesucht worden ist, damit die CSU im Wahlkampf Härte gegen einen jugendlichen Mehrfachtäter ohne deutschen Pass zeigen kann. Das behauptet jedenfalls sein Rechtsanwalt Jahre später bei einer Verhandlung. Der Innenminister weist diese Vorwürfe natürlich »empört« zurück. Das ist der Unterschied: Ich kann den Vorwurf, dass ich den Innenminister beleidigen wollte, nicht einfach »empört« zurückweisen.

Wir legen gegen den Strafbefehl natürlich Einspruch ein, und die fällige Gerichtsverhandlung findet am Amtsgericht München statt. Das Amtsgericht korrigiert das Urteil auf 18 000 Euro. Wir gehen gleich wieder in Berufung, und die Berufungsverhandlung am Landgericht I in München ist dann etwas ganz Besonderes.

Weil der Richter kein Erfüllungsgehilfe von seiner Regierung und seinem Innenminister ist, sondern sich meine Argumente sehr genau anschaut. Weil der Beckstein fühlt sich ja in seiner Ehre beleidigt, weil ich geschrieben habe, dass er genauso handelt, wie der Hitler und der Himmler gehandelt haben, als sie die Deutschen gegen die Juden aufgehetzt haben, nur dass es diesmal nicht die Juden sind, sondern die Ausländer und vor allem die Türken.

Der Richter sagt sinngemäß, dass meine Kunst vielleicht nicht die Kunst ist, die ihm oder irgendjemandem gefällt. Aber für ihn könnte das durchaus unter Meinungsfreiheit fallen.

Die Verhandlung hat drei Tage gedauert. Ich musste nicht persönlich bei der Urteilsverkündung anwesend sein. Ich bin zu Hause geblieben, hab meine Sauna eingeschaltet, die sozusagen meine indianische Schwitzhütte ist, wo man sich sauber und rein macht, hab mich hineingesetzt und geschwitzt und gesungen.

Dann hab ich draußen in meinem Garten ein Feuer gemacht. Ich bin wieder ins Badezimmer und hab mich ordentlich gereinigt, hergerichtet und die Zähne geputzt, ganz besonders sorgfältig. Weil es ein besonderer Moment war.

Ich hab das ganze Gras genommen, das ich zu Hause gehabt hab, vielleicht dreißig Gramm, und bin hinaus zum Feuer und hab in den Himmel geschaut und gesagt: »Ich brauch einen Freispruch heute. Und wenn ich freigesprochen werde, dann rauche ich bis zum 24. Dezember nicht mehr.« Weil das ist mein Geburtstag.

Diesen Freispruch hab ich mir so gewünscht, weil ich sehen wollte, dass es irgendjemanden gibt, der erkennt, dass ich nicht einfach beleidigen mag, dass ich nicht einfach diskriminieren mag, dass ich nicht einfach Leute verunglimpfen mag. Sondern dass ich einfach in meiner Sprache sage, was ich denke. Dass ich nur sage, was geht. Und dass ich sage, was nicht geht.

Weil ich es ja probiert hab, dass ich höflich zu den Leuten

bin. Aber wenn ich höflich bin, hört mir überhaupt niemand zu. Mir hört nur jemand zu, wenn ich »Hey, du blöde Sau« zu ihm sage. Dann wird er aufmerksam. Aber ich will ja, dass er aufmerksam wird, und deshalb muss ich so reden, dass er zuhört. Aus keinem anderen Grund.

Zwei Stunden später hat der Achim angerufen und gesagt: »Freispruch!«

Ich hab sehr geweint an diesem Tag. Aber ausnahmsweise mal nicht aus Liebeskummer.

54

Die Verfolgung hat mir brutal zugesetzt. Immer wenn ich gehört hab, dass vor meinem Haus ein Auto vorbeifährt, hab ich mir gedacht, vielleicht ist es wieder die Polizei. Wenn ich im Bett gelegen bin, hab ich nie gewusst, ob nicht im nächsten Augenblick ein Polizist vor mir steht und sagt: Aufstehen, Herr Söllner, hier ist der Durchsuchungsbefehl, wo sind Ihre Gehaltsunterlagen?

Ich habe zum Rauchen aufgehört, weil mir das gut getan hat. Ich bin zwar jeden Tag einmal hinüber zur Ingrid und zu den Buben, aber im Kopf war ich nie richtig dort, weil ich schon wieder beim nächsten Konzert oder bei der nächsten Gerichtsverhandlung war.

Es war so, wie es oft ist in Beziehungen. Wir mussten gar nicht viel sagen, aber wir haben gewusst, dass wir nicht mehr zusammen sind. Wir mussten es dann nur aussprechen, und dann war es auch gut. Weil es eh selbstverständlich war, dass ich mich weiter um die drei Buben kümmere, und ich bin weiter jeden Tag hinübergegangen, und wir haben miteinander gespielt und miteinander gegessen, aber die Ingrid und ich haben uns scheiden lassen.

Es waren dunkle Tage, ich habe echt nicht mehr weitergewusst. Das ewige Streiten hat mich angestrengt, das Erklären, das Nichtverstehen hat mich angestrengt, dass ich manchmal gedacht habe, es wäre gescheiter, wenn alles vorbei wäre und ich den Hinterausgang nehme. Dann habe ich mir aber wieder gedacht, dass es den Verfolgern wahrscheinlich das Allerliebste wäre, wenn sie mich an einem Strick vom Dachstuhl hängen sehen, weil es dann einen weniger gibt, der ihnen sagt, was für Arschlöcher sie sind.

Die Zeit war für mich wie ein Film.

Ich hab lang darüber nachgedacht, ob ich nicht in einen Hungerstreik gehen soll, und zwar bis zum bitteren Ende. Weil dann wäre ich zwar meine Sorgen los, aber sie müssten zuschauen, wie ich immer weniger werde, und sie müssten zuhören, wen ich dafür verantwortlich mache, dass ich nur mehr Haut und Knochen bin und am Schluss nicht einmal mehr das.

Ich habe auch Angst gehabt. Ich habe Angst gehabt, dass einer von den Polizisten, die sich Zutritt in mein Haus verschaffen, keine Pistole, sondern eine Spritze dabeihat, und dass er mir die Spritze in den Arm verabreicht, und wenn ich aufwache, bin ich ein sabbernder Idiot, der kein Wort mehr herausbringt, und am nächsten Tag ist mein Foto in der »Bild«-Zeitung und darunter steht: »So sehen die Kämpfer für die Legalisierung von Marihuana aus.«

Ich habe keine Angst gehabt, dass sie mich ins Gefängnis stecken. Aber davor, dass sie mich zum Idioten spritzen, habe ich schon Angst gehabt. Oder dass sie mich auf den Speicher hinaufschleppen und mir einen Strick um den Hals binden, und wenn mich einen Tag später jemand findet, glauben alle, ich hab es nicht mehr ausgehalten und mich selber aufgehängt. Und wenn jemand sagt, dass so etwas bei uns nicht passiert und Deutschland ein Rechtsstaat ist, kann ich nur sagen: Das Deutschland, das ich in diesen Jahren kennengelernt hab, das war kein Rechtsstaat.

Ich meine, es war Deutschland. Aber es war keine Demokratie. Es war nicht die Erste Welt.

Genau fünfzehn Tage nach der Trennung von der Ingrid bin ich in Weißbach im Anbau gesessen. Ich hatte mir damals ein Handy aufschwatzen lassen, aber ich wollte das Handy nicht mehr haben. Es hat immer nur geklingelt und gestresst. Ich habe es eigentlich nur als Adressbuch verwenden wollen, und jetzt schrieb ich mir die Adressen und Telefonnummern wieder vom Handy herunter in ein Buch, damit ich das Scheißding endlich wieder loswerde.

Dabei bin ich auf die Telefonnummer von der Barbara gestoßen.

Die Barbara hatte ich vor zehn Jahren zum letzten Mal gesehen, und ich dachte mir, ich kann sie ja einmal anrufen, ob die Nummer überhaupt noch stimmt.

Als ich sie anrufe, kommt der Anrufbeantworter. Ich erkenne nicht einmal die Stimme auf dem Apparat und spreche irgendeine konfuse Botschaft aufs Band: Ist das die Barbara? Und wenn sie es nicht ist, wisst ihr, wo sie jetzt wohnt? Das ist der Hans und das ist meine Nummer.

So etwas in der Art.

Es war aber eh die Barbara selbst, und sie hat mich noch am selben Tag zurückgerufen.

Wir haben dann lange telefoniert, es hat ja viel zu erzählen gegeben, und dann haben wir ausgemacht, dass wir uns zum Essen treffen.

Am 15. Januar sind wir dann Pizza essen gegangen, und ich habe mich noch einmal in die Barbara verliebt.

Wir haben uns dann immer öfter getroffen und sehr umeinander bemüht, und irgendwann habe ich erfahren, dass ich wieder Vater werde.

55

Es hat sich viel verändert in dieser Zeit. Ich hatte 1999 wegen der Verfolgung fast nicht mehr gespielt. Am Ende des Jahres habe ich mich dann von allen Mitarbeitern getrennt, weil der Stress zu groß geworden ist und ich überhaupt nicht wusste, wie es weitergehen soll.

Damals hat die Maria bei mir in Weißbach sauber gemacht. Sie war die Schwester vom Oswin, meinem Freund aus der Kindheit. Und ihre Tochter Susi ist nach der Schule immer gekommen, damit sie sich um meine Papageien kümmert, wenn ich nicht da war. Die Susi war am Gymnasium. Ihr hat noch ein Jahr bis zum Abi gefehlt.

Ich habe aber jemanden gebraucht, der mein Management neu übernimmt. Da habe ich die Maria gefragt, ob sie glaubt, dass die Susi sich dafür interessieren würde.

»Freilich«, hat die Maria gesagt, »ich frag sie einmal.«

Die Susi hat sofort Ja gesagt. Ihr ist die Schule eh auf die Nerven gegangen.

Da hab ich gesagt: »Gut. Ich gebe dir ein Gehalt und einen Halbtagsjob. Aber nur unter einer Voraussetzung.«

»Ja?«, hat die Susi gesagt.

»Dass du das Abitur machst.«

Das hätte auch für eine Lehre gegolten oder für jede andere Ausbildung.

So ist es dann auch passiert. Ich habe den Mühlthaler Peter gebeten, dass er mir die Susi einarbeitet. Die Susi hat das Abitur bestanden, und dann war sie meine Managerin und ist es bis heute geblieben.

Vor ein paar Jahren hat es begonnen, dass es neue Berufe gibt. Da die Susi zu dieser Zeit schon fünf oder sechs Jahre als Veranstalterin bei mir gearbeitet hat, habe ich sie extern zu dieser Prüfung angemeldet. Die hat sie dann auch bestanden und ist heute »Veranstaltungskauffrau« von Beruf. Und sie ist eine der besten. Wenn sie einmal nicht mehr bei mir arbeitet, können sich alle anstellen, damit sie eine so gute bekommen.

Bei einem Festival in Ebensee in Oberösterreich habe ich dann eine super Band gesehen. Die hießen The Buccaneers. Die Band hat einen super Groove gehabt. Sie haben viele Covers gespielt, aber auch eigene Sachen: Reggae, zu dem man tanzen konnte.

Ich habe immer noch Lust gehabt, Reggae zu spielen. Nur mit meiner Band, der Bayerman Vibration, ging es nicht mehr. Deswegen bin ich am Abend nach dem Konzert schon mit dem Stingl Fritz, der bei den Buccaneers der Bandleader war, zusammengesessen und habe mit ihm darüber geredet, ob wir nicht etwas gemeinsam machen wollen.

Weil ich in dieser Zeit eh keine Auftritte hatte, habe ich viel Zeit gehabt, und in dieser Zeit habe ich mit dem Stingl Fritz und den Buccaneers proben können. Ich wollte, dass wir wieder Reggae spielen. Und ich wollte, dass wir vor unserem ersten gemeinsamen Konzert so viel geprobt haben, dass auf der Bühne nicht wieder solche Katastrophen passieren wie manchmal mit der Bayerman Vibration.

Dafür haben wir ein paar von meinen alten Songs hergenommen und neu arrangiert, und dann habe ich ein paar neue Songs geschrieben, und die haben wir auch arrangiert.

Die Band haben wir Bayaman'Sissdem genannt.

Aber es war nicht einfach, dass wir den richtigen Sound zusammenbringen. Manchmal hat es bei einer Probe gut geklungen, und ein anderes Mal hat es nicht gut geklungen. Aber ich wollte, dass es immer gut klingt.

Also haben wir noch einmal geprobt und noch einmal, und bis wir dann unsere ersten Konzerte im Orpheum in Wien gespielt haben, sieben Tage hintereinander, haben wir sicher über hundert Proben gehabt und gestritten und geschrien und uns versöhnt und uns umarmt und vor allem weitergespielt.

Vor der Pause bin ich immer allein aufgetreten und nach der Pause mit der Band. Die Fans haben sich immer erst an den Reggae gewöhnen müssen, weil sie gewohnt waren, dass ich auf der Gitarre herumschrammle und meine Geschichten erzähle wie immer. Aber manchmal sind großartige Sachen passiert. Bei einem der Konzerte im Orpheum war zum Beispiel eine Gruppe von Jugendlichen mit Downsyndrom da, und die sind einfach auf die Bühne gekommen, als wir einen langen Reggae gespielt haben, und haben getanzt. Die haben völlig vergessen, dass ihnen dort unten ein paar Hundert Menschen zuschauen, und sie haben getanzt, mtschak, mtschak, mtschak. Das war total schön. Die Downies und ich. Man hat beim Tanzen überhaupt keinen Unterschied gemerkt.

Die Konzerte waren erfolgreich, und die Buccaneers haben gern gefeiert. Die Tour war eine einzige Party, nur ich hab nicht mitgefeiert. Die ganze Nacht auf der Piste und in der Früh mit den Sonnenbrillen beim Frühstück: Das ist nicht meine Sache. Lieber einen Spliff und im Liegen einmal rund um die Welt.

Jetzt habe ich aber noch mit einer zweiten Band zu spielen begonnen, mit dem Stefan Schubert aus Salzburg und seinen Leuten. Das war keine Reggaeband, sondern eine richtige Pop-band. Der Stefan hat ein paar von meinen Liedern neu arran-giert, und es hat richtig musikalisch geklungen, nicht bloß nach der Wandergitarre, die ich selber gespielt habe. Wir haben ein bisschen geprobt und ein Konzert in Rottenmann in der Steier-mark gespielt, aber da habe ich schon gemerkt, dass mir das mit zwei verschiedenen Bands vielleicht zu viel wird.

Mein Plan war, dass ich nur in der letzten Woche von jedem Monat auf Tour gehe, einmal mit den Bayaman'Sissdem, einmal mit der Band vom Stefan. Dann kann ich drei Wochen im Mo-nat zu Hause sein und mich um die Buben kümmern.

Das hab ich mir so einfach vorgestellt. Aber so einfach war es nicht. Denn wenn du einmal im Monat eine Woche spielst, brauchst du ein paar Tage, bis du wieder unten bist. Und ein paar Tage vorher bist du schon wieder damit beschäftigt, dich auf Betriebstemperatur zu bringen. Das heißt, du bist eigent-lich immer drauf.

Jetzt hatte ich mit dem Stefan eine Woche im Februar ge-spielt, aber als wir fertig waren, wusste ich, das schaffe ich nicht. Die Band hat zwar super gespielt, und jeder von denen konnte sein Instrument hundertmal besser als ich. Aber ich habe ge-merkt, dass ich auf der Bühne meine Freiheit brauche, dass ich manchmal eine halbe Stunde lang quatschen will, ohne dass die Band hinter mir sitzt und sich langweilt. Wir haben das Projekt dann aufgehört, wie immer ums Geld gestritten, und dann bin ich nur mehr abwechselnd solo und mit der Reggaeband auf Tour gegangen.

Beim Reggaefestival in Wiesen spielen wir vor siebentausend Leuten ein geiles Konzert. Es hat immer so angefangen, dass ich zuerst die Band rausgeschickt habe, damit sie anfängt, und dann haben die zwanzig Minuten einen Groove gespielt, bis das ganze Publikum eine einzige Woge war. Ich habe einen Spliff geraucht, bin dann vom Backstage hinunter ins Publikum, damit ich höre, wie es klingt, und es klang geil, und ich habe mit den anderen getanzt und bin erst zwanzig Minuten später auf die Bühne, innerlich und äußerlich aufgewärmt, und dann ist der totale Wahnsinn abgegangen. Ich bin froh, dass mit Bayaman'Sissdem alles so gut klappt, denn eine Band ist ein heikles Gebilde. Es gibt schnell Unzufriedenheiten. Und meine Band muss nicht nur geilen Reggae spielen können. Sie muss auch mit dem etwas anfangen können, was ich auf der Bühne sage. Heute ist die Band deswegen so gut, weil alle gute Musiker sind und weil sie wissen, worum es mir geht. Wir wissen alle, warum wir unterwegs sind. Wir haben eine Botschaft. Das ist etwas, was da draußen eh gerade sehr abgeht. Und wenn es nur die Botschaft ist, dass einer für ein Jahr aufhören soll, Hühner zu essen. Vielleicht ist genau das der Beginn der großen Veränderung, die wir so bitter nötig haben.

Jeder in der Band weiß, wo ich hinwill. Wir sind Freunde geworden. Oft haben wir über die Themen, die ich auf der Bühne bespreche, lang diskutiert. Alle stehen im Leben und haben Jobs als Musiklehrer in Österreich und Deutschland, und wenn wir unsere zwölf bis fünfzehn Konzerte im Jahr miteinander spielen, passt das. Auch die anderen sind Familienväter und haben dieselben Schwierigkeiten mit ihren Frauen, wenn sie lang unterwegs sind, wie ich. Deshalb spielen wir hauptsächlich im Sommer gemeinsam.

Beim Tollwood in München trete ich dann wieder solo auf.

Im Zelt sind schon viertausend Leute, die auf den Beginn vom Konzert warten, und ich bin in der Garderobe und bereite mich auf den Auftritt vor. Da kommen zwei Typen in die Garderobe und stellen sich als Polizisten vor.

»Was kann ich für Sie tun?«, frage ich.

»Herr Söllner«, sagt der eine. »Sie haben jetzt schon genug Schwierigkeiten gehabt.«

»Ja«, sag ich. »Das weiß ich.«

»Es wäre sehr günstig«, sagt der andere, »wenn Sie unseren Ministerpräsidenten Stoiber bei Ihren Konzerten nicht immer beschimpfen würden.«

»Wieso?«, frage ich. »Ich beschimpfe ihn doch gar nicht.«

»Doch«, sagt wieder der erste, »Sie sagen immer, dass er ein Arschloch ist.«

»Ah«, sage ich. »Das soll eine Beschimpfung sein? Ich habe immer geglaubt, das ist eine unbestrittene Tatsache.«

»Wie gesagt«, sagt wieder der andere, »es wäre sehr günstig, wenn Sie den Herrn Ministerpräsidenten heute nicht schon wieder als Arschloch bezeichnen.«

Dann habe ich den beiden gesagt, dass ich ihnen etwas erklären muss: »Ich meine nicht den Herrn Stoiber persönlich, wenn ich Arschloch zu ihm sage. Ich kenne ihn ja gar nicht persönlich. Aber ich kenne ihn als Politiker, der Scheiße macht, eine Arschloch-Innenpolitik und eine Arschloch-Außenpolitik. Den meine ich. Und irgendwer muss ihm das ja sagen.«

Wie ich dann hinausgehe auf die Bühne, weiß ich noch nicht, ob die Typen mich bloß gut beraten oder einschüchtern wollen.

Ich sage also »Griaß eich« zu den Fans, und die Fans sagen »Griaß di« zu mir.

Dann erzähle ich gleich einmal vom Besuch der beiden Polizisten hinter der Bühne und dass ich gar nicht kontrolliert habe, ob sie überhaupt eine Backstagekarte haben.

Gelächter.

Weil die Polizisten wollten, dass ich zum Stoiber nicht mehr Arschloch sage.

Gemurmel im Publikum. Ein paar rufen Buuuuh.

Das habe ich erwartet.

Ich sage also: »Ich werde ihn heute nicht beleidigen. Er weiß doch selber, was er ist. Nämlich der, der mich mit seiner Menschenverachtung konfrontiert.«

Also mache ich den beiden Polizisten einen Vorschlag zur Güte.

»Wenn der Stoiber mir beweist, dass er keines ist, dann sage ich nie mehr ›Arschloch‹ zu ihm.«

Leiser Applaus.

»Aber bis er mir das bewiesen hat, bleibe ich bei meiner Meinung.«

56

Als ich angefangen habe zu kiffen, hat das Kiffen noch niemanden interessiert. Heute ist das anders. Heute wird sofort gefragt: Haben Sie etwas getrunken? Haben Sie bewusstseinserweiternde Drogen genommen? Sie dürfen so weit gehen, dass sie dir mit der Taschenlampe in die Augen leuchten, und irgendein Revierpolizist ohne medizinische Ausbildung sagt dir dann, dass deine Pupillen erweitert sind.

Weil die dauernde Kontrolle eine Methode geworden ist, um Macht auszuüben und die Jugend zu überwachen. Die Polizisten haben ja noch immer das Gefühl, dass es nur die Jungen sind, die sich eine Tüte bauen. Die haben überhaupt keine Vorstellung davon, dass es vielleicht einen fünfzigjährigen Bäcker gibt, der um drei mit der Arbeit anfängt und am Nachmittag nach Hause geht und sich dann einen Spliff reinzieht. Die sehen immer nur die Jugend, die ihre Feste mit Hanf und mit Speed feiert. Die haben keine Ahnung davon, dass auch gut situierte Firmenbesitzer, Ärzte, Zahnärzte, Richter und Staatsanwälte nach der Arbeit heimgehen und sich eben nicht eine teure Flasche Wein aufmachen, sondern bröseln und sich einen Joint anzünden.

Das bringen die einfach nicht zusammen.

Der Hanf ist für sie ein Vorwand, dass sie die Jugend kontrollieren können. Und das tun sie auch, und zwar rigoros.

Die Polizei ist dabei nur das ausführende Organ, das von den Fädenziehern im Hintergrund zu Kanonenfutter erklärt wird. Weil inzwischen jeder Polizist weiß, wie unverhältnismäßig die Verfolgung wegen geringfügiger Mengen Marihuana ist.

Mir ist diese Verlogenheit immer auf die Nerven gegangen. Deshalb bin ich ja vor Gericht gegangen, um durchzusetzen, dass ich als Rasta meinen eigenen Hanf anbauen darf. Es hat mir einfach nicht eingeleuchtet, dass Jugendliche, die mit einem Gramm Marihuana erwischt werden, von der Schule fliegen oder ihre Lehrstelle verlieren, wenn sie gleichzeitig am Wochenende so viel saufen dürfen, dass sie mit einer Alkoholvergiftung ins Krankenhaus eingeliefert werden. Da fliegen sie nämlich nicht von der Schule, und sie verlieren ihre Lehrstelle nicht, und sie bekommen keine Vorstrafe, wegen der sie dann später vielleicht keinen Job kriegen. Aber dafür fahren sie besoffen mit dem Auto oder mit dem Moped nach Hause und fahren sich selbst oder ihren besten Freund tot oder zum Krüppel.

Für mich war es immer klar, dass man den Anbau und das Rauchen von Marihuana legalisieren muss, dann verliert die Sache sofort den Reiz des Verbotenen, und die Jugendlichen und die alten Kiffer müssen nicht immer bei zweifelhaften Subjekten ihr Gras einkaufen. Ich bin völlig überzeugt davon, dass die Freigabe von Cannabis den Drogenkonsum extrem entschärfen und nicht zu mehr, sondern zu weniger Drogensüchtigen führen würde. Weil niemand, der rauchen möchte, mit der Drogenszene in Kontakt kommen müsste und von miesen Dealern auf Abwege gebracht werden würde. Es gäbe auch kein schlechtes Zeug, weil Legalisierung für mich auch Qualitätskontrolle bedeuten würde. Das gilt für alle Drogen. Dann gibt es nur mehr reines Zeug.

Darüber hab ich in ungefähr jedem meiner Konzerte geredet. Ich rede noch immer in jedem meiner Konzerte darüber.

Als ich jetzt mit dem Bayaman'Sissdem in München in der Muffathalle gespielt habe, denke ich mir, ich setze die Legalisierung von Hanf wenigstens in meinem Konzert durch. Das habe ich mir vom Peter Tosh abgeschaut. Als er auf seiner »Legalize it«-Tour in München war, hat er Joints von der Bühne ins Publikum geworfen. Dafür haben sie ihm dann ein unbegrenztes Auftrittsverbot gegeben.

Das Gleiche habe jetzt ich gemacht. Ich habe zwanzig, dreißig fertig gedrehte Joints ins Publikum geworfen, damit die anwesenden Zivilpolizisten gleich einen Grund zum Einschreiten haben. Damit wollte ich ein Zeichen für die Legalisierung setzen und die Diskussion darüber wieder ein bisschen weiter treiben.

Damit meinen Fans nichts passieren kann, wenn sie sich so einen Joint einstecken, habe ich nur legalen Hanf in die Joints gegeben. Es gibt bekanntlich Hanf, der einen hohen THC-Gehalt hat, und solchen, der einen extrem niedrigen THC-Gehalt hat. Das Tetrahydrocannabinol, das mit THC abgekürzt wird, ist der Bestandteil der Hanfpflanze, der den Turn bewirkt. Wenn man also THC-armen Hanf raucht, dann riecht es zwar gut nach einem Joint, aber du kannst genauso gut Salat rauchen. Solchen Hanf kannst du in jedem Hanfladen kaufen, ganz legal.

Und weil ich noch einmal die Lächerlichkeit vorführen wollte, mit der die Polizei sogar winzige Mengen von Marihuana verfolgt, hab ich meine Fans dazu aufgefordert, dass sie mit mir am 21. Dezember zur Polizeiinspektion Bad Reichenhall gehen und dort winzige Mengen Gras abgeben und Selbstanzeige erstatten. Ich habe gedacht, dass es der Polizei zu blöd wird, wenn ein paar Tausend Menschen Selbstanzeige wegen einer Lappalie erstatten, und dass sie vor der Menge der Selbstanzeiger kapitulieren müssen und dass die Aktion vielleicht am Anfang von einer großen, erfolgreichen Legalisierungskampagne steht.

Aber es ist dann ziemlich anders gekommen.

57

Am 21. Dezember 2000 gegen sechs Uhr abends bin ich zur Polizeiinspektion Bad Reichenhall. Dort waren ungefähr zwanzig Fans von mir, viel weniger, als ich gehofft hatte. Ich hatte vielleicht mit fünftausend gerechnet. Dann hätte es Spaß gemacht, wenn die Polizisten nicht nachkommen beim Aufnehmen der Selbstanzeigen und Menschen, die sich selbst anzeigen wollen, vor der Polizeiwache kampieren, die Hände in die Höhe strecken und »Jetzt ich«, »Jetzt ich« rufen. Dann wäre die Lächerlichkeit der Verfolgung kleiner Mengen auch sichtbar geworden, und natürlich das Bedürfnis vieler, vieler Menschen nach der Legalisierung von Marihuana.

Aber mit zwanzig Hansln wird die Polizei leicht fertig.

»Gehts heim«, hab ich gesagt, weil ich nicht wollte, dass sie noch Schwierigkeiten kriegen, »ich zieh das allein durch. Und schmeißts euer Zeug weg, vielleicht kontrollieren die euch noch.«

Dann bin ich in die Polizeiwache hinein. Die haben mich freilich schon gekannt dort und haben eine Lätschn gezogen, weil sie gewusst haben, es wird anstrengend.

Wurde es aber nicht.

Ich hab ihnen meine kleine, hübsche Dose gegeben, in der 0,7 Gramm Marihuana drin waren. Dann hab ich gesagt: »Ich möchte Selbstanzeige erstatten.«

»Aha«, haben die Polizisten gesagt und ganz komisch geschaut, weil das war etwas Neues.

Dann habe ich meine Rede gehalten, die ich immer halte, wenn es um die Legalisierung von Cannabis geht, und ob es ihnen nicht langsam langweilig wird, wenn sie wegen solcher Lappalien amtshandeln müssen.

Es ist ihnen aber nicht langweilig geworden.

Am nächsten Tag um 13 Uhr 50 ist bei mir daheim eine Hausdurchsuchung vorgenommen worden. Es war denen also nicht zu blöd, dass sie meine Selbstanzeige als Anlass nehmen, »Gefahr in Verzug« zu schreien und mir schon wieder fünf Polizisten ins Haus zu schicken.

Ich war zuerst eh nicht zu Hause, aber die Frau, die bei mir aufgeräumt hat, hat die Typen hineingelassen. Ich hatte gerade Fische fürs Aquarium gekauft, die durfte ich noch ins Wasser tun, als ich heimgekommen bin.

Diesmal haben die Polizisten aber nicht Einkommensunterlagen und Mitschnitte von meinen Konzerten gesucht, sondern Drogen. In einer Schublade haben sie auch zweieinhalb Gramm Gras gefunden, das ich längst vergessen hatte, und dann hab ich es schon aus dem Keller schreien gehört, weil einer von den Polizisten dort nämlich einen völlig eingestaubten Sack von »Hanf & Natur« gefunden hat.

Diesen Sack voll zwei Kilo THC-armem Hanf hab ich mir, nachdem ich in Jamaika zum Rauchen aufgehört habe, für 127 Mark und 10 Pfennig beim Versandhandel »Hanf & Natur« in Köln bestellt und zuschicken lassen. Ich habe zwar nicht mehr geraucht, aber ich wollte manchmal den Geruch haben. Dann habe ich ein bisschen von dem Hanf angezündet und mich friedlich dazugesetzt und den Duft eingeatmet, so wie andere bei sich zu Hause Räucherstäbchen anzünden. Manchmal hab ich mir auch eine Zigarette daraus gedreht, das mach ich auch heute noch manchmal, weil ich das Gefühl so gern habe und den Geschmack.

Jetzt ist der Polizist mit diesem Sack die Treppe heraufgekommen und hat geglaubt, er hat die rauchende Pistole gefunden, mit der er mich endlich in den Knast bringt. Beim Vorbeigehen hat er mir gesagt: »So, jetzt haben wir dich, du Drecksau.« Ein anderer ist gekommen und hat mir Handschellen angelegt. Dann haben sie mich aus dem Haus geschleppt und ins Polizeiauto gestoßen. Wir sind auf die Wache gefahren. Auf der Wache bin ich erkennungsdienstlich behandelt worden. Sie haben Fotos von mir gemacht. Das war auch eine Prozedur, weil sie immer gesagt haben, dass ich auf dem Foto auf keinen Fall lachen darf, und das fand ich natürlich sehr lustig.

Da habe ich noch immer die Handschellen angehabt. Aber ein hoher Polizist aus Reichenhall war ein Schulkollege von mir gewesen, und der hat das gesehen. Der hat sich sofort eingemischt: »Nehmts dem Hans sofort die Handschellen ab, das ist doch völlig überzogen.«

Aber er war nicht der ranghöchste Polizist in dieser Ermittlung. Die Drogenfahndung von Traunstein war die übergeordnete Behörde. Die haben ihn rausgeschmissen. Lustigerweise war dort auch einer dabei, den ich aus der Schulzeit gekannt habe. Eine totale Drecksau. Der hat mir etwas heimzahlen wollen, und das hat er ausgekostet. Sie haben mir dann noch die Fingerabdrücke genommen, damit sie mich endlich in ihre Verbrecherkartei aufnehmen können. Dann haben sie mich wieder gehen lassen. Aber nach Hause gebracht haben sie mich nicht.

Ein paar Wochen später kam der Strafbefehl vom Amtsgericht Laufen. Der Strafbefehl war so absurd, dass er schon wieder lustig war. Dafür, dass insgesamt 1260,03 Gramm Marihuana bei mir gefunden worden sind, soll ich siebzig Tagessätze zu je hundert Mark bezahlen, insgesamt siebentausend Mark.

Da habe ich gewusst, es geht ihnen nicht um Recht, sondern um Rechthaberei. Wenn es um Recht gegangen wäre, hätte der Richter sagen müssen, hey, Herr Staatsanwalt, wegen den trockenen Blättern wollen Sie meine Zeit in Anspruch nehmen? Sind Sie bescheuert, oder was? Glauben Sie, ich habe nichts anderes zu tun? Ich habe heute noch viermal Fahrerflucht und zwei Vergewaltigungen, also bleiben Sie mir vom Leib mit dem lächerlichen Scheißdreck. Sind Sie Staatsanwalt oder ein Volldepp?

Niemals hätte ich gedacht, dass ich für den Scheiß verurteilt werden kann. Deshalb habe ich den Strafbefehl natürlich nicht angenommen, und es gab eine Verhandlung. Die Verhandlung war in Laufen, das ist 15 Kilometer von mir zu Hause entfernt. Weil aber diese Verhandlung von allen idiotischen Gerichtsverhandlungen, die ich schon gehabt hatte, die idiotischste war, habe ich mir einen Spaß gemacht und in der ganzen Gegend Plakate aufhängen lassen: Söllner vor Gericht. Amtsgericht Laufen, 13. November 2001.

Wie die Verhandlung dann eröffnet wurde, war der Saal gesteckt voll. Das hat vielleicht meine Chancen auf einen Freispruch nicht erhöht, aber der Staatsanwalt und der Richter haben sich auf jeden Fall tüchtig ins Zeug legen müssen, weil jeder Schwachsinn, den sie gesagt haben, sofort ausgebuht worden ist, und wenn ich etwas gesagt habe, habe ich lauten Applaus dafür gekriegt. Das hat Spaß gemacht.

Draußen ist das Fernsehen gestanden und hat durch die Fenster mitgefilmt, und der Richter hat dem Amtsdiener befohlen, dass er die Vorhänge zuzieht, weil ins Fernsehen wollte er nicht auch noch.

Der Staatsanwalt war total sauer.

»Sie«, hat er geschrien, »Sie nutzen Ihr Delikt zu Ihrem Vorteil. Wahrscheinlich verdienen Sie noch Geld damit.«

»Freilich«, hab ich gesagt, »Sie sehen ja, wie viele Eintrittskarten wir heute verkauft haben.«

Wir haben natürlich gar keine Eintrittskarten verkauft. Aber der Staatsanwalt hat so empört dreingeschaut, als ob er es glauben würde.

Er hat dann eine immense Strafe gefordert, 20000 Euro oder noch mehr. Der Richter hat das dann ein bisschen gelassener gesehen, weil es ja nur ein paar Gramm Marihuana gewesen sind. Der Rest war ganz normaler Nutzhanf. Mit dem kannst du dir einen Tee kochen oder ein Fußbad machen. Dann bin ich aber allen Ernstes zu 3070 Euro Geldstrafe verurteilt worden, und im Urteil stand: »Wer sich Nutzhanf geben lässt oder erwirbt, macht sich strafbar – auch wenn der Hanf aus erlaubtem Anbau stammt.«

Weil ich gegen dieses Urteil natürlich Berufung eingelegt habe, ist es dann zu der denkwürdigen Verhandlung am Landgericht Traunstein gekommen. Der Staatsanwalt dort hat F. geheißen, aber ich hab ihn dann immer »Freudlos« genannt. Der Richter war ein Herr D., und zu dem möchte ich lieber gar nichts sagen.

Der Richter D. hat den Sack mit dem Hanf auf dem Richterpult stehen gehabt. Aber ich hatte mir inzwischen bei »Hanf & Natur« das Zertifikat geholt, dass man den Hanf bei ihnen kaufen darf.

Dann hat der Richter das Zertifikat angeschaut und hat gesagt: »Dieses Zertifikat beweist gar nichts. Außer dass der Hanf Bioqualität hat.«

»Sehen Sie«, hab ich gesagt, »wir sind doch alle auf der Biowelle.«

Aber dann hab ich noch einmal wiederholt, dass man den Sack Hanf, so wie er da steht, bei »Hanf & Natur« kaufen kann, weil es legal ist, ihn zu verkaufen.

»Sie können ihn selbst bestellen, Herr Richter!«

Da hat er gesagt, den Teufel wird er tun.

Aber ich hab ihm gesagt, dass ich ihn sicher nicht verrate.

Da hat er gesagt, alles gut und schön, aber wenn der Sack Hanf in Köln legal verkauft werden kann, so kann er noch lange nicht in Bayern legal erworben werden.

»Weil Köln ist sicher nicht in Bayern, Herr Söllner.«

»Aha«, habe ich gesagt, »da haben Sie sicher ein Semester dafür studiert, Herr Richter.«

Ab dem Moment hab ich gewusst, dass ich mir heute nur noch einen Spaß machen kann. Weil gegen den Staatsanwalt »Freudlos« und den Richter D. werde ich keinen Prozess gewinnen.

Es ist dann darum gegangen, was man mit 1251,07 Gramm Hanf von 0,06 Prozent THC-Gehalt machen muss, damit ein Rauschzustand hergestellt werden kann. 0,06 Prozent THC ist weniger als ein Hundertstel von einem Gras, das wirklich turnt, weil das hat 7,5 Prozent THC. Der Hanf, um den es jetzt gegangen ist, war also so etwas wie ein alkoholfreies Bier, in das du noch einmal die doppelte Menge Wasser hineinschüttest. Weil auch im alkoholfreien Bier sind Spuren von Alkohol, aber du musst einen Hektoliter saufen, damit du anfängst, etwas zu spüren, aber dann bist du schon geplatzt.

Dafür hat der Staatsanwalt eine Sachverständige bestellt. Die hat ausgesagt, dass man aus dem Hanf schon ein Extrakt herstellen kann, das einen höheren Wirkungsgrad hat.

»Wie denn?«, hab ich gefragt. »Weil das interessiert mich.«

Indem man zum Beispiel einen Tee kocht und den stundenlang einkocht. Oder indem man Benzin über den Hanf gießt, umrührt, abgießt und verdampfen lässt. Damit kann man auch einen Rauschzustand erzeugen.

»Wissen Sie was«, hab ich gesagt, »da nehme ich lieber einen halben Liter Benzin pur. Das turnt besser.«

Das war nur Theorie, hat sie gesagt. Aber Hanftees gelten als Betäubungsmittel, ob es mir gefällt oder nicht.

»Es gefällt mir«, habe ich gesagt, »aber ich hab mir noch nie einen Rausch angetrunken, und ich weiß nicht, ob das alle hier im Saal sagen können. Und ich wollte mir schon gar keinen Rausch mit einem Hanftee antrinken, weil für den Eigenbedarf hab ich immer ein paar Gramm echtes Gras zu Hause.«

Dann ist mir aber auch fad geworden, und ich hab zum Richter gesagt: »Es wäre schön, Herr Richter, wenn Sie erlauben, dass ich mit Rastafari-Kollegen ab und zu eine religiöse Handlung durchführe. Es wäre doch gut, solch kleine Mengen zu legalisieren – dann bräuchten Sie sich heute nicht mein Geschwafel anhören.«

Dem Richter war aber gar nicht fad. Er hat gesagt: »Es gibt Schlimmeres.«

Aber wie ich von ihm wissen wollte, was es denn Schlimmeres gibt, hat er gesagt, das geht mich nichts an.

Dann haben sie nicht weiter über die Legalisierung von Hanf diskutieren wollen, aber sie haben noch stundenlang über den Tagessatz diskutiert, weil ich über meine Einkommensverhältnisse auch keine Auskunft gegeben habe. Und der Staatsanwalt wollte auf jeden Fall eine höhere Strafe haben, als sie das Amtsgericht Laufen verhängt hatte. Bei denen kostete der Tagessatz nur 102 Euro.

Sie haben sich dann auf 130 Euro geeinigt, und die Strafe war 3900 Euro für ein paar Gramm Gras und 1,2 Kilo alkoholfreies Bier.

58

Dem Staatsanwalt »Freudlos« war das noch nicht genug, weil er sich so aufgeregt hat, dass ich beim ersten Verfahren Plakate aufgehängt hatte. Da hat er gleich noch ein Verfahren wegen einem Verstoß gegen die Plakatierverordnung im Berchtesgadener Land draufgepackt.

Er ist mir wirklich auf die Nerven gegangen, und deshalb hab ich ihm einen Brief geschrieben.

»Staatsanwaltschaft Traunstein
Hr. Staatsanwalt Freudlos

Herr Staatsanwalt Oberschlau,
gegen die am 13.11.2001 eingelegte Berufung zur Berufung
der Berufungsbegründung zum Urteil des Amtsgerichtes Laufen lege ich heute Berufung ein und

BEGRÜNDE

wie folgt:
Sie verkennen die wahre Situation, die bei dieser Sache nicht
ausreichend rechtlich und gesetzlich beachtet wurde.
Es geht in dieser Sache nicht um einen Verstoß gegen das Plaka-
tiersystem im Berchtesgadener Land, sondern vielmehr um
einen angeblichen Verstoß gegen das Betäubungsmittelgesetz.
Sie aber fordern hier eine ausreichend strafverschärfend ge-
würdigte Strafe dafür, dass ein paar Plakate aufgehängt wurden. Bitte begründen Sie das ausreichend.
Sie sollten doch nach einigen Minuten so viel Erinnerungsver-
mögen besitzen, um sich noch zu erinnern, um was es eigentlich
in Ihrem Schreiben geht. Vielleicht bin ich aber auch ein bisschen verwirrt (nach dem Genuss von 1200 g THC-armem Hanf
hab ich ein leichtes Schwindelgefühl) und erkenne nicht mehr
die Zusammenhänge und bitte Sie deshalb, bei mir privat vor-
zusprechen. Bei dieser Gelegenheit können Sie mir gleich den
Buckel herunterrutschen. Letzteres bitte nur nach telefonischer
Vereinbarung, da schon viele Bewerber aus dem Innenministe-
rium auf der Warteliste stehen.
Zu guter Letzt bitte ich Sie, mir nie mehr einen Brief zu schreiben, der mit »Sehr geehrter Herr Söllner« beginnt, da ich mich
von Ihnen nicht geehrt behandelt fühle.

Wenn ich in dieser Sache bis zum 20.01.2002 nichts von Ih-
nen höre, sehe ich die Berufungsbegründung zur Berufung vom
13.11.2001 als erledigt an.
Bitte überweisen Sie den Betrag in Höhe von € 32 000,– als Aus-
gleich für die Zeit, die Sie mir gestohlen haben, auf mein Konto
bei der Sparkasse BGL bis spätestens 22.01.2002, da ich Ihnen
sonst Säumniszuschläge in Millionenhöhe berechnen muss.

Nicht hochachtungsvoll,
H. Söllner«

Dafür wurde sofort wieder ein Ermittlungsverfahren wegen Beleidigung gegen mich angestrengt, und auf die Säumniszuschläge in Millionenhöhe warte ich bis heute.

Aber ich habe keine Lust gehabt, mich dauernd von Neuem einschüchtern zu lassen, und als ich dann die Vorladung der
Staatsanwaltschaft Traunstein bekommen habe, mich am Freitag, den 13. Dezember, wegen diesem Brief vernehmen zu lassen,
habe ich noch einmal tief durchgeatmet und zurückgeschrieben:

»Staatsanwaltschaft Traunstein

Betreff: Ermittlungsverfahren gegen mich
Tatvorwurf: Angeblich beleidigender Brief an den Spaßmacher-
vereinsvorsitzenden Richter vom Spaßmacherverein am Land-
gericht Traunstein, D.

Mein Herr,
da werden Sie sich an diesem schwarzen Freitag, den 13., schon
die Arbeit machen müssen und mich polizeilich vorführen
lassen, denn ich werde hier mit ein paar Leuten von der Presse

und Freunden auf Sie warten. Laden Sie doch den Spaßmacher-vereinsvorsitzenden D. zu unserem kleinen Treffen mit ein, da kann er wieder mal so richtig lachen. Ist eh so selten in dieser trostlosen, ernsten Welt, in der selbst Leute wie ich langsam keinen Spaß mehr verstehen.

(...)

Nachdem Sie all die Jahre all die mir zustehenden Rechte missachtet haben, sind Sie der Beleidigte. Ha ha ha ha ha. Das alleine ist schon der Witz des Jahrzehnts. Sie verfolgen und sperren ein, Sie ruinieren Familien und bringen Menschen in ihrer Verzweiflung dazu, dass sie sich selbst töten oder kriminell werden. Sie nehmen mit Ihrer unverschämten Arroganz Kindern und Jugendlichen die Zukunft, weil Sie ein Gramm da oder drei Gramm da finden. Sie missachten alle Regeln des Zusammenlebens und hinterlassen nur Traurigkeit und Angst. Da reißt Sie Ihr sehr verschissenes »Sehr geehrter« auch nicht mehr raus.

Sie wissen, dass dieser Prozess nichts anderes ist als die Wiederherstellung eines Zustands, der ans Mittelalter erinnert, an eine Hexenverbrennung, und Sie schüren noch das Feuer.

Ich habe Ihnen angeboten, das Ganze einfach auf sich beruhen zu lassen.

Ich habe Ihnen die Möglichkeit gegeben, wieder Richter zu werden.

Ich habe nicht gewusst, dass kleine Staatsanwälte Ihre Vorgesetzten sind und dass Sie selber gar keine Entscheidungsgewalt haben. Aber ich habe gewusst, dass Sie alle unter einer Decke stecken, und so bin ich nicht überrascht, dass wir alle heute an einem Punkt angelangt sind, an dem es kein Zurück mehr gibt. Ich muss nicht nur mir selbst, sondern auch meinen Kindern erklären, dass Sie Ihre Ämter missbrauchen, um Ihre eigenen kleinen privaten Kriege zu führen mit Leuten, die Sie nicht als *die letzte Instanz auf dieser Welt anerkennen. Aber dann werden Sie plötzlich kleine, beleidigte Mimosen und sitzen da und wundern sich über die Unverschämtheit eines kleinen Lichts aus Reichenhall – und sofort bekommt Ihr Dasein wieder Berechtigung, denn nun können Sie wieder das tun, was Sie am besten können: verfolgen und bestrafen.*

Da hatte ich doch allen Ernstes geglaubt, wenigstens euren Vorsitzenden Spaßmacher dazu zu bewegen, sich die ganze Sache noch einmal zu überlegen und mit mir ein Gespräch führend Klarheit in diese peinliche Sache zu bringen.

Tja, dann muss ich Sie wohl kommen lassen.

Eine Wegbeschreibung kann ich mir ja sparen, da Ihre niederen Bediensteten von der Kripo Traunstein den Weg zu mir wohl allzu gut kennen. Ich kann Ihnen auch meine Steuerbilanz 2002 an diesem Tag vorlegen, damit Sie schon das Wichtigste im Vorhinein wissen.

Die Höhe des Tagessatzes und die daraus resultierende Anzahl. So sparen Sie sich die nächste Hausdurchsuchung und ich mir die Unverschämtheiten Ihrer Beamten, die ich mir in meinem eigenen Haus gefallen lassen muss.

PS: Dieser Brief wird bei mir unter ›Beleidigte Leberwurst D.‹ im Computer gespeichert.

ACHTUNG: Dieser Brief ist unfreundlich und deshalb nicht für Mimosen und Weichlinge zum Lesen geeignet.

Nicht hochachtungsvoll,
Hans Söllner«

Geholfen hat es nichts. Manchmal hab ich zwar in den Augen von einem Polizisten oder von einem Richter gesehen, dass sie begreifen, wovon ich spreche, wenn ich von Gerechtigkeit spreche. Aber dieses kurze Verstehen war ganz schnell wieder weg, und ich verstehe es auch.

Weil jeder, der als Polizist oder als Staatsanwalt oder als Richter in diesem System arbeitet, bekommt überhaupt keine Chance, etwas anderes zu tun, als zu strafen und zu verfolgen. Vielleicht denkt er sich, während er mir wieder eine Strafe von sechstausend Euro aufbrummt, dass es in Wahrheit nicht gerecht ist, immer denselben Deppen wegen immer derselben Dinge zu bestrafen, auch wenn diese Dinge lächerlich sind wie viele der angeblichen Beleidigungen und die paar Gramm Marihuana und der Hanftee.

Vielleicht legen auch viele der Amtsträger ihr Amt ab, wenn sie aus dem Gericht oder ihrer Polizeistation gehen. Dann sind sie privat, und als Private sind sie dann vielleicht auch für die Legalisierung von Cannabis, sogar am selben Tag, wo sie mir für drei, vier Gramm eine Geldstrafe von ein paar Tausend Euro verpassen, und dann fragen sie mich nach einem Konzert, ob sie an meinem Joint anziehen dürfen.

Aber ich bin da anders. Weil ich bin nie privat. Oder ich bin immer privat.

Ich muss zu meiner Kundschaft immer ehrlich sein. Da hat sich nichts verändert, seit ich Mechaniker war. Ich muss mit der Kundschaft reden, die ihr Auto in die Werkstatt bringt, und ich muss mit meinen Fans reden, die in meine Konzerte kommen.

Ich geh nicht aus dem Konzertsaal und nehme die Rastaperücke ab und sage meiner Frau, was ich da wieder für einen Scheißdreck für die dreckigen Kiffer hab raushauen müssen, damit die nach dem Konzert noch meine Platten kaufen und meine T-Shirts. Ich gehe nicht im Anzug zur Echo-Verleihung, und wenn ich auf die Bühne muss, ziehe ich mir schnell die Gammelklamotten an und schmiere mir den künstlichen Dreck unter die Fingernägel und rauche einen Joint, in dem nichts drin ist.

So bin ich nicht. Das ist vielleicht die verlogene Scheißwelt da draußen, aber das ist nicht meine Welt. Und das ist das größte Problem, das ich mit diesen Richtern und Staatsanwälten und Zivilpolizisten habe: dass sie nicht ehrlich sind. Dass sie zu sich selbst nicht ehrlich sind und deshalb auch nicht zu anderen ehrlich sein können.

Ich kann alle meine Leichen im Keller herzeigen, die ich habe. Ich habe keine 400 000 Euro in der Schweiz und 200 000 Euro in Liechtenstein, und ich habe weiß Gott viele Steuern bezahlt und noch mehr Geldstrafen. Versteuerte Geldstrafen. Aber ich kann mir noch immer ein schönes Auto leisten, und es gibt keinen Fan, der mir dieses Auto nicht gönnt, weil ich nie mit einem alten Ford Escort vorgefahren bin, um zu zeigen, dass ich ein armer Hund bin, sondern weil ich mit dem Mercedes-Cabriolet gekommen bin, zum Beweis dafür, dass heute schon jedes Arschloch einen Mercedes fahren kann.

Ich hatte Angst, natürlich. Ich hatte Angst um meine Familie, nie um mein Haus oder meinen Besitz.

Aber ich habe, so gut es ging, nie gelogen und mich, so gut es ging, nie verbogen und mich auch, so gut es ging, nie als einen anderen hingestellt als den, der ich bin. Und deshalb hab ich mir auch das Recht herausgenommen, so freundlich es ging, an den Staatsanwalt Oberschlau zu schreiben und an den Vorsitzenden des Spaßmachervereins und natürlich immer wieder an die Lachnummer von Staatsanwalt in Kempten, der es wie kein anderer auf meinen Arsch abgesehen hatte. Ich bin eben noch immer so pubertär, dass ich das nicht auf mir sitzen lassen kann.

»Lieber Uwe«, habe ich ihm geschrieben, »wir denken oft an dich. Und dann lachen wir sehr.« Gerade hab ich ihm aus Freiburg eine Ansichtskarte geschickt, da steht eine Katze auf einer Klippe draußen, und ein Vogel fliegt zwei Meter von ihr über dem Meer und sagt: »Arschloch, Arschloch.« Einmal hab ich ihm eine Karte geschickt, da steht eine Frau in gebückter Haltung und auf ihrem Hintern ist eine Weltkugel aufgemalt. Da hab ich dazugeschrieben: »Lieber Uwe, wenn Sie genau hinschauen, sehen Sie, wo Kempten ist.«

59

Als ich gegen das lächerliche Nutzhanf-Urteil von Traunstein nicht in Revision gegangen bin, habe ich sofort eine MPU bekommen. Kaum war das Urteil rechtskräftig, ist ein Brief vom Landratsamt Berchtesgaden gekommen.

»Herr Söllner, Sie sind rechtmäßig wegen Drogenbesitz verurteilt. Bitte melden Sie sich bei einem Arzt Ihrer Wahl zu einer Medizinisch-Psychologischen Untersuchung oder geben Sie bis zum 1.7. Ihren Führerschein ab.«

In dem Brief war eine Liste von vierzig Ärzten in Oberbayern, bei denen ich die MPU machen kann. Bei der MPU wird untersucht, ob du grundsätzlich in der Lage bist, ohne Beeinträchtigung Auto zu fahren. Alkis müssen eine MPU machen, wenn ihnen mehrmals der Führerschein abgenommen worden ist, weil sie besoffen gefahren sind. Und Leute, die eine Verurteilung wegen Drogenbesitz haben, müssen auch eine MPU machen, auch wenn sie nicht bekifft beim Fahren erwischt worden sind.

Darauf habe ich aber immer streng geachtet. Ich fahre nicht bekifft mit dem Auto. Wenn ich weiß, dass ich rauchen werde und unterwegs sein muss, zum Beispiel auf einer Tournee, dann nehme ich einen Fahrer mit.

Ich ging dann in ein unabhängiges Labor in Reichenhall, um meinen Urin testen zu lassen. Der Test war positiv. Dann habe ich noch eine Woche gewartet und bin wieder ins Labor gegangen, um den Urin testen zu lassen. Diesmal war die Probe negativ.

Dann habe ich mich zur MPU angemeldet. Ich musste unter Aufsicht pinkeln, der Arzt hat gesagt: »Das war es auch schon«, und der Urintest war negativ, keine Spuren von Drogen.

Allerdings wirst du bei einer MPU ohne Vorwarnung wieder in die Arztpraxis bestellt und musst innerhalb einer Stunde zum Pinkeln kommen, damit sie sehen, ob du in der Zwischenzeit auch keine Drogen genommen hast.

Fünf oder sechs Tage später hat mich der Arzt also wieder angerufen, und ich bin zu ihm rüber und hab gepinkelt. Ich habe ja nichts zu verbergen gehabt, und die Urinprobe war wieder negativ. Vierzehn Tage später ist das Gutachten gekommen, das hat der Doktor sehr schön formuliert gehabt: »Der Patient war freundlich zugewandt, klaren, offenen Blicks ...« und so weiter.

Mit dem Gutachten bin ich dann auf die Führerscheinstelle in Reichenhall gegangen Auf der letzten Seite ist gestanden: »Ein Führerscheinentzug wird nicht empfohlen. Es besteht kein Verdacht auf häufigen Drogenkonsum.«

Aber als ich ins Zimmer von der Führerscheinstelle gehe, wer sitzt dort so hoch wie breit drin? Mein Freund K.

Das war der Ausländerhasser, der den Fikret nicht nach Frankfurt hat reisen lassen.

Der K. war im Ausländeramt nicht mehr tragbar gewesen

und ist in die Führerscheinstelle versetzt worden. Jetzt war er mein Sachbearbeiter.

Er hat so getan, als ob er mich nicht kennt. Aber freilich hat er mich gekannt. Er hat das Gutachten genommen, ganz hinten nachgeschaut, wo die Empfehlung des Arztes steht, dann hat er gesagt: »Alles klar«, hat das Gutachten vervielfältigt und mir meinen Führerschein gegeben.

Wir hatten dann keine Zeit mehr zum Plaudern, weil der Herr K. ganz dringend etwas anderes zu tun gehabt hat. Seither habe ich nie wieder mit dieser Führerscheinstelle zu tun gehabt.

Aber ich erkannte damals, dass der Führerschein die Achillesferse von vielen Menschen ist. Mit dem Führerschein kriegt man jeden, vor allem am Land. Jeder Fehltritt hat Auswirkungen auf die Fahrerlaubnis. Es ist das große Kontrollinstrument. Weil sie wissen, dass die meisten jungen Leute ohne Führerschein am Arsch sind, und wenn sie dann gezwungen sind schwarzzufahren und noch einmal erwischt werden, geht überhaupt das Licht aus, oft wegen nichts und wieder nichts.

Seither gebe ich meinen Führerschein nicht mehr aus der Hand. Ich hab begonnen, ihn so herzuzeigen wie die Polizisten ihren Dienstausweis. Die Polizisten geben ihren Dienstausweis auch nie aus der Hand. Sie lassen ihn dich nur anschauen.

Aber deinen Führerschein wollen sie dir immer aus der Hand nehmen, damit sie ihn besser kontrollieren können. Zuerst habe ich ihn nicht mehr aus der Hand gegeben und dann überhaupt aufgehört, den Führerschein zu zeigen. Ich habe mir eine beglaubigte Kopie machen lassen, die Rechnung dazugetan und beides ins Auto gelegt.

Die Kopien hab ich bei der nächsten Kontrolle gezeigt.

»Was ist das?«, hat der Polizist gefragt.

»Mein Führerschein«, hab ich gesagt.

»Das ist nicht Ihr Führerschein«, hat der Polizist gesagt. »Das ist die Kopie von Ihrem Führerschein.«

Der Polizist hat mir erklärt, dass nur der echte Führerschein Gültigkeit besitzt.

Er hat eine Mängelanzeige in sein Buch eingetragen, dann hat er den Durchschlag herausgerissen und mir durchs Fenster gereicht.

»Was ist das?«, hab ich gefragt.

»Die Mängelanzeige«, hat der Polizist gesagt.

»Nein«, hab ich gesagt. »Das hier gilt nicht.«

»Wieso nicht?«, hat der Polizist gefragt.

»Das ist keine Mängelanzeige«, hab ich gesagt. »Das ist die Kopie von einer Mängelanzeige.«

Irgendwann haben sie dann aufgehört, mich zu kontrollieren. Wenn ich aufgehalten werde, schaut der Polizist nur ins Auto und seufzt: »Oh Gott, der Söllner«, und meistens kann ich dann weiterfahren.

Klar, manchmal gibt ein Wort das andere. Dann sag ich dem Polizisten immer, er soll mir jetzt endlich Handschellen anlegen, damit wir zu einem Ende kommen.

Aber bei vielen Polizisten spüre ich, dass sie mitgekriegt haben, wie mir von den Gerichten mitgespielt worden ist, und dass ihnen das irgendwie peinlich ist.

Es fragt mich dann einer: »Haben Sie etwas konsumiert?«

Und ich antworte: »Entschuldigen Sie, was ist denn das für eine Frage? Das ist ja so, wie wenn Sie einen Metzger fragen, ob er schon einmal etwas mit Rindfleisch zu tun gehabt hat.«

Dann lachen sie, und ein paarmal haben sie mich schon gefragt, ob sie mit mir ein Foto machen können. Dann steige ich aus und wir machen auf der Straße ein Foto miteinander. Weil es sind ja nicht alle Polizisten so wie die, die immer bei mir zu Hause die Durchsuchungen gemacht oder die mir in Immenstadt in den Arsch geschaut haben.

Manche haben auch gespürt, dass es nicht in Ordnung war, was ihre Kollegin »Nennen wir sie Irmgard« gemacht hat. Nicht nur, dass sie mich wegen nichts bei der Drogenfahndung angeschwärzt hat, sondern dass sie dann auf seelisch kaputt gemacht hat, um gemeinsam mit dem Staatsanwalt in Kempten dafür zu sorgen, dass ich für dasselbe Delikt immer und immer wieder verurteilt werde, bis mich die Geschichte mehr als 300 000 Euro gekostet hat.

Und es haben auch viele von den jungen Polizisten Respekt vor mir bekommen, weil sie gesehen haben, dass ich mich trotz der Repressalien von der »Nennen wir sie Irmgard«, ihrem Gruppenleiter und dem Staatsanwalt nicht fertig habe machen lassen und dass ich meinen Weg trotzdem weitergegangen bin.

Irgendwie habe ich gespürt, dass sich die Stimmung wandelt. Es war wie an einem Tag im Winter, wo es immer noch kalt ist, aber du spürst, dass jetzt bald der Frühling kommt.

Meine Nachbarn waren zum Beispiel sehr skeptisch, als die Durchsuchungen angefangen haben. Die haben sich gedacht, es wird schon einen Grund haben, wenn da alle vierzehn Tage ein Bus voller Polizisten vorfährt und dem Söllner die Hütte auseinandernimmt. Was macht der Teufel denn immer? Feiert der Sexpartys oder wüste Drogenfeste? Die kommen doch nicht nur zur Gaudi!

Dann hab ich denen gesagt, doch, die kommen, weil sie von einem hergeschickt werden, der mich nicht mag. Das ist ihr Chef, und wenn der sagt, sie sollen mir in den Garten scheißen, dann scheißen die mir in den Garten. Und wenn er ihnen sagt, dass sie mir jede Schublade umdrehen sollen, dann drehen sie mir jede Schublade um.

Und mit der Zeit haben die Leute gesehen, dass ich kein durchgeknallter Verbrecher, sondern ein ganz Normaler bin. Dass ich im Garten sitze und Radfahren gehe und mit den Buben spiele und koche und nichts anderes mache als sie selbst, außer vielleicht, dass ich hie und da einen rauche, während sie sich eine Flasche Wein aufmachen. Aber das hat ja keinen von denen weiter gestört.

Irgendwann haben auch die Nachbarn angefangen, sich aufzuregen, wenn schon wieder die Polizei vor meinem Haus gestanden ist. Dann haben sie denen gesagt: »Hey, jetzt lasst doch endlich mal den Hans in Ruhe, was wollt ihr denn jetzt schon wieder …«

Einmal sind zwei Zivile um mein Haus herumgeschlichen, da hat einer von den Nachbarn sein Auto rausgefahren und das Auto von den Zivilen so zugestellt, dass sie nicht mehr wegfahren konnten. Dann ist er in meinen Garten gegangen und hat gefragt: »Was machen Sie da?«

Die Zivilen sind ihm sofort blöd gekommen und haben gesagt: »Das geht Sie überhaupt nichts an.«

»Aha«, hat der Nachbar gesagt, »dann rufe ich jetzt die Polizei.«

»Aber wir sind ja die Polizei«, hat einer von den Zivilen gesagt, und der Nachbar hat gesagt: »Ja freilich seid ihr die Polizei.«

Und dann hat er sich von beiden umständlich den Ausweis zeigen lassen und auf der Polizei angerufen, ob das wirklich richtige Ausweise sind, und erst dann hat er sein Auto wieder weggestellt.

60

Aber natürlich ist es immer wieder auch anders. Als ich in Bayreuth gespielt habe, parkte ich das Auto vor dem Hotel im Halteverbot, weil ich schnell noch etwas holen musste, und schaltete die Warnblinkanlage ein, damit jeder Depp sieht, dass ich gleich wiederkomme.

Doch als ich aus dem Hotel komme, habe ich schon einen Strafzettel hinter dem Scheibenwischer. Das Delikt war aber nicht Parken im Halteverbot, sondern »Missbrauch einer Warnblinkanlage«.

Am Abend vor achthundert Leuten in Bayreuth auf der Bühne lasse ich den Kopf hängen und sage ganz kleinlaut: »Ich bin heute erwischt worden.«

Pause.

»Ich habe jemanden missbraucht.«

Da ist es gleich ganz still geworden, und ich habe mit dem Kopf gewackelt, als ob ich jetzt gleich mit einem peinlichen Geständnis herausrücken muss wie ein katholischer Pfarrer.

»Weil ich bin heute beim Missbrauch einer Warnblinkanlage ertappt worden.«

Die Leute waren schon auf alles gefasst gewesen, aber jetzt sind sie zusammengebrochen vor Lachen, und ich hab in den Lärm hineingerufen: »Und wissts was: Es hat Spaß gemacht! Probierts es aus!«

Am selben Abend sind in Bayreuth fünfhundert Autos mit eingeschalteter Warnblinkanlage unterwegs gewesen. Falls der liebe Gott an diesem Abend von oben hinuntergeschaut hat, hat er sich sicher gedacht: Ah, ein Konzert vom Hans.

Ein anderes Mal hat mir ausgerechnet ein Polizist geholfen, als ich echt in der Scheiße gesessen bin. Ich war mit der Elda, meiner Angestellten, in meinem goldenen 500er SLC, einer alten Zuhälterkarre, auf der Autobahn unterwegs. Vor mir fuhr ein roter Volvo mit Kölner Kennzeichen. Ich war selber am Steuer. Am Vorabend war ein Konzert gewesen und ich hatte wie immer einen kleinen Spliff geraucht. Nach zwölf Stunden spürst du davon nichts mehr. Aber wenn du zur Urinprobe musst, hast du ein Problem.

Ich fahre auf der mittleren Spur hinter dem Volvo, bis plötzlich in der Heckscheibe vom Volvo die Leuchtschrift runterklappt: »Bitte folgen.« Der Volvo ist rechts in eine Tankstelle hineingefahren. Ausgestiegen sind eine Polizistin und ein Polizist. Beide waren ziemlich jung.

Es war die Zeit, wo ich meinen Führerschein nicht hergezeigt habe. Die Polizistin hat deshalb begonnen, mein Auto zu durchsuchen, weil zum Beispiel ins Handschuhfach dürfen sie hineinschauen. Und der Polizist hat mich gefragt, ob ich Substanzen dabeihabe.

Ich war aber absolut sicher, dass ich nichts dabeihabe. Deswegen habe ich auch gleich gesagt, dass er bei mir nichts finden wird. Das hat aber nicht gestimmt. Ich hatte vor ein paar Tagen von einem Konzertbesucher eine winzige Menge Gras geschenkt bekommen, die hatte ich in die Münztasche von meinen Jeans hineingesteckt. Die Jeans waren schon in der Wäsche gewesen, aber ich hab sie dann doch noch einmal hergenommen, und jetzt hat der Polizist aus meiner Tasche 0,2 Gramm Marihuana gezogen.

Gleichzeitig hat die Polizistin im Auto 12 000 Euro gefunden. Das war nicht ungewöhnlich, wir hatten schon ein paar Konzerte hinter uns gehabt, und du kannst Bargeld auf einer fremden Bank nicht einfach einzahlen, weil das gegen die Geldwäschegesetze verstößt.

Die beiden Polizisten haben mich nicht gekannt. Sie glaubten, dass wir Dealer sind. Das muss man ja glauben bei 0,2 Gramm, so lernt man das in der Polizeischule. Zur Verstärkung haben sie die Steuerfahndung angefordert. Der Polizist hat mich gefragt, was ich von Beruf bin.

»Musiker.«

»Was für Musik.«

»Reggae.«

»Rauchen Sie Gras?«

»Ja. Wenn ich auftrete, rauche ich vor jedem Konzert einen Spliff.«

»Dann machen wir eine Urinprobe.«

»Nein. Ich weiß ja, dass ich positiv bin. Wenn Sie einen positiven Befund haben wollen, müssen Sie schon mit mir ins Krankenhaus fahren.«

Das hat ihm nicht geschmeckt, weil das nächste Krankenhaus war 25 Kilometer entfernt.

»Aber das ist doch völlig sinnlos«, hat er gesagt.

»Das stimmt«, habe ich gesagt. »Aber wenn Sie mir Schwierigkeiten machen, dann mache ich Ihnen auch so viele Schwierigkeiten, wie ich kann.«

Dann hab ich ihm erklärt, was jetzt passiert. Wir fahren ins Krankenhaus. Dort wird festgestellt, dass ich geraucht habe, und mein Führerschein wird kassiert. Das bedeutet, dass ich zu Hause meine Kinder nicht mehr in die Schule und zum Sport fahren kann und dass das alles meine Frau übernehmen muss. Dass ich jedes Mal, wenn ich zum Arbeiten nach Weißbach muss, jemanden haben muss, der mich fährt. Dass ich mir wegen dem Scheißdreck unglaubliche Schwierigkeiten mit meiner Familie einhandle, wo es eh schon genug Schwierigkeiten gibt, und dass ich es richtig finde, wenn er für die Monate an Problemen, die er mir gerade einhandelt, wenigstens 25 Kilometer ins nächste Krankenhaus fahren muss.

Ich habe ihm auch die Geschichte von meinen Jeans erzählt, die schon in der Wäsche waren, und dass ich sie nur aus Versehen noch einmal angezogen habe, und wenn er die 0,2 Gramm nicht gefunden hätte, müsste er mich jetzt auch nicht auf Drogen überprüfen.

Gleichzeitig haben die anderen Polizisten gerade das Auto auseinandergenommen.

Den jungen Polizisten aber hat es beschäftigt, dass so ein kleiner Scheiß einen Rattenschwanz an alltäglichen Tragödien nach sich ziehen kann. Ich glaube, er hat schon hören können, wie ich mich zu Hause herumstreite, weil ich nicht ins Auto einsteigen darf und meiner Frau die ganze Arbeit mache.

So wie es bei ganz vielen Kiffern ist. Sie werden wegen nichts aufgehalten und verschwinden nachher unter einem Tsunami an Problemen.

Aber der junge Polizist wollte das im Grunde nicht. Er wollte mit mir im Gespräch bleiben. Ich habe gemerkt, dass es ihm peinlich ist, was er zu tun hat, und dass er genau weiß, wovon ich rede. Ich sagte zu ihm: »Machen Sie doch Ihren Scheißjob. Aber lassen Sie mich in Ruhe.«

Ich habe schon darüber nachgedacht, wie ich das meiner Frau beibringen soll.

Aber der Polizist probierte immer wieder, dass ich die Urinprobe machen soll.

Die Elda hat schon gesagt: »Lassen Sie ihn doch in Ruhe. Er hat doch eh gesagt, dass er positiv ist.«

Plötzlich ist der Polizist ganz nah zu mir gekommen und

hat so leise gesagt, dass nur ich ihn hören konnte: »Herr Söllner, wenn Sie mit einer Urinprobe einverstanden sind, kriegen Sie meinen Urin.«

Ich hab geglaubt, ich hör nicht richtig.

»Wie bitte?«

Da hat er es noch einmal gesagt.

Ich hab zuerst gedacht, dass er mich reinlegen will.

»Sagen Sie«, hab ich gefragt, »und Sie rauchen nichts?«

»Nein«, hat er gesagt. »Noch nie.«

»Aber wie soll das gehen?«

»Ganz einfach. Wir gehen gemeinsam aufs Klo, und ich pinkle für Sie.«

Da habe ich okay gesagt.

Der Polizist ist zu seinem Fahrzeug, hat den Teststreifen und die anderen Utensilien geholt und laut zu seinen Kollegen gesagt: »Der Herr Söllner ist jetzt einverstanden mit der Urinprobe.«

Dann sind wir gemeinsam aufs Klo gegangen. Ich hab natürlich vorgeschlagen, dass wir gemeinsam in die Kabine gehen, aber das wollte er nicht. Also ist er mit dem Gefäß in die Kabine, und ich hab draußen beim Pissoir gewartet. Das war total riskant. Draußen waren die Kollegen von ihm unterwegs, und wenn einer aufs Klo gekommen wäre und hätte mich am Pissoir und den Kollegen mit dem Becher beim Pinkeln gesehen, wäre die Kacke am Dampfen gewesen.

Zum Glück kam keiner, bis der gschamige Polizist endlich wieder aus der Kabine tritt und stolz den gefüllten Becher vor sich hält. Dann sind wir gemeinsam raus, und er hat umständlich den Teststreifen in den Urin hineingehalten.

Wenn die Probe negativ ist, erscheint auf der Testlasche ein schwarzer Streifen. Normalerweise dauert das zwanzig Sekunden. Aber bei diesem Test hat es fast eine Minute gedauert, bis der beschissene schwarze Streifen aufgetaucht ist und mir bescheinigt hat, dass »meine« Urinprobe keine Hinweise auf den Missbrauch von Betäubungsmitteln enthält.

Der junge Mann war kein Fan von mir. Der wusste nicht einmal, wer ich bin. Aber er hat mir den Arsch gerettet, weil er begriffen hat, dass seine Amtshandlung in keinem Verhältnis dazu steht, was sie an Scheißdreck auslöst. Ich wollte ihm zum Dank noch eine CD schenken, aber er hat sie nicht genommen.

Die Geschichte war noch nicht fertig. Da waren ja noch die 12 000 Euro. Wir sind mit allen Polizisten im Schlepptau in die nächste Ortschaft gefahren, um ihnen zu beweisen, dass man das Geld nicht aufs Konto einzahlen kann. Seit damals lassen wir uns unsere Gagen nicht mehr bar bezahlen, sondern überweisen.

Als ich dann endlich wieder mit der Elda im Auto gesessen bin und wir weiterfahren durften, hat sie mich natürlich gefragt: »Wie hast du denn das gemacht?«

»Das kann ich dir beim Fahren nicht erzählen.«

Wir sind schweigend bis zum nächsten Rastplatz gefahren, haben dort einen Kaffee bestellt, und dann habe ich der Elda von diesem außerordentlichen Polizisten erzählt.

Die Story war lange ein Geheimnis. Ich wollte nicht, dass man dem Beamten, der mehr als seine Pflicht getan hat, irgendwie auf die Schliche kommt. Ich habe nie wieder so einen Polizisten getroffen. Er hat alle schlechten Erfahrungen, die ich jemals mit der Polizei gemacht hatte, mit einem Druck auf die Reset-Taste gelöscht.

Denn auch das war ein Nebeneffekt von der Verfolgung. Ganz normale Polizisten haben gemerkt, dass ihre Amtshandlungen zu juristischen Exzessen geführt haben. Diese Exzesse wollten sie aber nicht. Vielleicht bin ich ihnen auf den Wecker gegangen, wenn ich sie schwach angeredet habe. Aber sie haben instinktiv gewusst, dass das kein Grund sein kann, dass man mich vernichten und auslöschen möchte, wie das der Herr Staatsanwalt gern gemacht hätte. Also haben sie sich gar nicht mehr darauf eingelassen, sich mit mir herumzustreiten und daraus vielleicht einen Tatbestand zu konstruieren, für den mir der Staatsanwalt Oberschlau wieder ein paar Tausend Euro aus der Tasche ziehen kann. Lieber haben sie gesagt, Jesses, Herr Söllner, fahren Sie bloß schnell weiter. Aber nehmen Sie nicht die E52, dort stehen unsere Kollegen.

61

Zuerst ist meine erste Tochter Josefina Marie auf die Welt gekommen. Und als die Barbara dann mit der Johanna schwanger war, haben wir geheiratet. Sie hat als Termin den 1. August ausgesucht, weil sie gedacht hat, den kann ich mir merken. Es war keine große Hochzeit, sondern nur für uns. Die Barbara hat ja auch schon eine größere Tochter gehabt, und jetzt sind wir alle zusammengezogen. Dann haben wir uns entschieden, dass wir ein neues Haus bauen wollen.

Das war der Moment, als die Barbara gesagt hat: »Hör jetzt auf damit.«

Sie hat gemeint, dass ich aufhören soll, bei meinen Konzerten immer dieselben Geschichten wieder zu erzählen und mich von der »Nennen wir sie Irmgard« immer wieder anklagen zu lassen und wieder 12 000 Euro zu bezahlen und noch einmal. Weil ich habe der »Nennen wir sie Irmgard« inzwischen so viel Schmerzensgeld für ihre erlittenen Beleidigungen bezahlen müssen, dass sie sich davon ein Haus hätte bauen können, und da hat die Barbara gemeint, es wäre gescheiter, wenn wir uns selber ein Haus bauen.

Und sie hat recht gehabt. Weil was gesagt war, war gesagt. Jeder kann es sich auf meinen Platten anhören, die Platten sind nämlich interessanterweise nicht beschlagnahmt worden, und ich hab mir dann gedacht, dass eigentlich jeder, der die Geschichte von Immenstadt und von der »Nennen wir sie Irmgard« noch nicht gehört hat, sich die Platte »241255« kaufen kann, weil das kostet mich keinen Cent, und die Geschichte ist so gut oder so schlecht und so wahr oder so übertrieben, wie sie immer war.

Die Barbara hat natürlich nicht gemeint, dass ich aufhören soll, bei meinen Konzerten meine Meinung zu sagen. Natürlich sage ich bei meinen Konzerten meine Meinung, sonst könnte ich ja gar keine Konzerte geben. Es ist ja schließlich mein Beruf, eine Meinung zu haben. Aber es ist nicht mehr mein Beruf, einem übereifrigen Staatsanwalt und einer beleidigten Polizistin die Freude zu machen, jedes Mal von Neuem in dieselbe Falle zu laufen und der »Nennen wir sie Irmgard« das Haushaltsgeld aufzubessern.

Sie haben mich ja wirklich fast am Arsch gehabt. Jetzt sind die ganzen Prozesse zu Ende gegangen, die in den neunziger Jahren angefangen haben, und ich habe für noch eine Beleidigung und noch eine Beleidigung zahlen müssen, Hunderttausende Euro, bis ich irgendwann gesagt habe: Schluss jetzt. Die hundertsechzig Tagessätze zu fünfhundert Euro zahle ich nicht mehr, da gehe ich lieber in den Knast.

Das habe ich mit meiner Frau besprochen, und sie war einverstanden. Ich gehe für ein halbes Jahr in den Knast, und dafür sparen wir uns die 80 000 Euro.

Das waren die Endwehen meiner Kämpfe mit der Justiz.

Sie haben nämlich immer vermieden, dass sie mich in den Knast stecken. Sie haben gewusst, darauf warte ich nur, weil dann alle sehen, auf was die Kampagne »Staat gegen Söllner« eigentlich hinausläuft.

Ich habe also handschriftlich ans Gericht geschrieben, dass ich die hundertsechzig Tagessätze nicht mehr bezahle. Darauf ist sofort ein Brief zurückgekommen: Wenn Sie nicht innerhalb der angegebenen Zeit bezahlen, droht Haft.

Das ist ja unter jedem Strafbefehl gestanden: Wenn die Strafe nicht einbringlich ist, dann gehst du für jeden Tagessatz einen Tag in den Knast.

Okay, hab ich gesagt, dann gehe ich jetzt hundertsechzig Tage in den Knast, und die Sache ist erledigt.

Damals haben wir noch immer per Fax miteinander verkehrt.

Fax an mich: »Sehr geehrter Herr Söllner. Haft droht. Sofort einzuzahlen.«

Fax an die Staatsanwaltschaft: »Ich zahle nicht. In welchem Gefängnis soll ich mich melden?«

Fax an mich: »So geht das nicht, Herr Söllner.«

Aber ich hab zu langsam geschaltet. Zwar habe ich nichts eingezahlt, aber auf meinem Konto waren noch 80 000 Euro, die ich für meine Steuern auf die Seite gelegt hatte.

Ein paar Tage später bin ich dann auf die Sparkasse, damit ich die Überweisung von meinen Steuern machen lasse.

Da hat der Typ von der Sparkasse in seinen Computer geschaut und gesagt: »Tut mir leid, Hans, aber ich kann dich nicht an dein Konto lassen.«

»Was?«, hab ich gesagt. »Wieso kann ich nicht an mein Geld?«

»Weil dein Konto gesperrt ist.«

»Aber wieso ist mein Konto gesperrt?«

Da hat sich herausgestellt, dass die Justiz mein Konto gesperrt hat und das Geld von der Strafe einfach von meinem Konto geräumt hat.

Ich habe dann einen Kredit aufnehmen müssen, damit ich meine Steuern zahlen kann. Sonst hätte ich ein Steuerverfahren auch noch am Hals gehabt.

Den Kredit hat mir die Bank natürlich gern gegeben, damit macht sie ja ihr Geschäft. Aber mein Geld hat sie mir nicht gegeben, weil die Justiz auch mit der Sparkasse zusammenarbeitet. Sie haben mich völlig ohne Geld und ohne Zugriff auf mein Konto blöd dastehen lassen.

Und in den Knast haben sie mich erst recht nicht gesteckt. Dabei hatte ich mich schon irgendwie gefreut auf den Knast, weil ich mir gedacht habe, vielleicht komme ich dort ein bisschen zur Ruhe. Ich hab es ja bei meinem Bruder gesehen, der war auch oft im Knast. Und dem ist es schlecht gegangen, wenn er draußen war, weil er einen Stress gehabt hat mit den Drogen und der Polizei, und wenn er im Knast war, ist es ihm eigentlich besser gegangen.

Aber sie haben mich nicht eingesperrt. Weil sie gesagt haben: »Solange Sie Geld haben, Herr Söllner, sperren wir einfach Ihr Konto und pfänden Ihr Guthaben.«

Es hat sich dann auch herausgestellt, dass hinter all den Geldstrafen gegen mich ein richtiger Plan gesteckt hatte. Nach dem Urteil wegen dem Beckstein, wo ich in München freigesprochen worden bin, war die Staatsanwaltschaft nämlich in Berufung gegangen, und derselbe Prozess hat dann in München noch einmal stattgefunden.

Da ist die Richterin hinter ihrem Pult gesessen und hat meine Akte studiert.

Und sie hat eins nach dem anderen vorgelesen.

»Sie sind in Garmisch zu 38 000 Euro verurteilt worden, Herr Söllner. Haben Sie die bezahlt?«

»Ja, die habe ich bezahlt.«

»In Sonthofen waren es 18 000 Euro. Haben Sie die bezahlt?«

»Ja, die habe ich bezahlt.«

»In München waren es noch einmal 48 000 Euro. Haben Sie die auch bezahlt?«

»Ja, die habe ich auch bezahlt.«

Dann hat sie mich gefragt: »Hat denn da keine Zusammenlegung stattgefunden?«

Da hat sie erklärt, dass man bei mehreren Verfahren wegen demselben Delikt die Strafen zusammenlegen kann. Für einen Laien wie mich hat das so geklungen, als ob du einen Mengenrabatt bekommst. Die Strafen werden dann summiert, und es wird ein Mittelwert ausgerechnet.

Aber bei meinen Strafen hat es keinen Mengenrabatt gegeben und auch keinen Mittelwert. Die haben gar nicht erst mehrere Verfahren zusammenkommen lassen. Wenn ein Verfahren am Laufen war, haben sie nicht ermittelt. Sie haben gewartet, bis das Urteil da war, und dann haben sie das nächste Mal zu ermitteln begonnen und sofort das nächste Verfahren angefangen.

In München ist es ja um das Lied »Mei Angst« gegangen, wo ich den Haider und den Beckstein mit dem Himmler und dem Hitler vergleiche und wo sich der Beckstein in seiner Ehre gekränkt gefühlt hat. Der Staatsanwalt, der gegen meinen ersten Freispruch Berufung eingelegt hatte, hat eine Strafe von 18 000 Euro gefordert.

Da hat die Richterin die Akte studiert und hat gesagt: »Okay, da muss ich leider sagen: Hier ist der Justiz tatsächlich ein bedauernswerter Irrtum unterlaufen. Das hätte so nicht stattfinden dürfen. Aber das holen wir jetzt nach.«

Und sie hat einen Taschenrechner genommen und Notizen gemacht und gerechnet, und dann sind aus den 18 000 Euro Strafe plötzlich nur noch achthundert Euro geworden.

Die Richterin hat mich gefragt, ob ich das Urteil annehme.

»Da muss ich gar nicht lange überlegen«, hab ich gesagt. »Wissen Sie was? Die achthundert Euro hab ich dabei, die zahl ich gleich in bar.«

Aber sie hat gesagt, ich brauche die achthundert Euro nicht in bar bezahlen. Sie muss nur wissen, ob ich das Urteil annehme.

»Ja«, habe ich gesagt. »Ich nehme das Urteil an. Scheiß drauf, die Achthundert leiste ich mir.«

Da hat die Richterin noch einmal streng geschaut, weil ich »Scheiß drauf« gesagt habe. Aber sie hat es gut mit mir gemeint.

Damit war mein letztes Verfahren wegen Beleidigung praktisch beendet, und auch die Staatsanwaltschaft hat nicht mehr in Berufung gehen können, und es war damit alles abgegolten. Und ich habe gemerkt, wie mir ein Stein vom Herzen fällt, weil ich gewusst habe, dass jetzt eine schlimme Zeit endlich zu Ende ist.

Natürlich habe ich keine hundettausend Euro zurückbekommen für die Mengenrabatte, die ich in den zehn, fünfzehn Jahren davor hätte kriegen müssen. Ich hab auch kein Guthaben am Gericht gehabt, für das ich noch zehnmal die Geschichte vom schwarzen Vogel und dem Beckstein hätte erzählen können.

Das war, als die Barbara zu mir gesagt hat: »Hör auf damit.« Und ich hab damit aufgehört, ihre Namen zu sagen.

Aber durch die ganzen Prozesse haben so viele Menschen

mitbekommen, was für ein Spiel in diesem Land gespielt wird und wie die Politik und die Justiz und die Polizei zusammenarbeiten, wenn es darum geht, einem Einzelnen, der nicht nach ihrer Pfeife tanzt, das Maul zu verbieten.

Und das haben am Schluss alle begriffen, nicht nur meine Fans und meine Nachbarn. Sondern auch die meisten Richter und Staatsanwälte, auch wenn sie dabei mit den Zähnen knirschen.

Es geht um Recht. Und es geht um Unrecht.

Ich schreibe nicht auf, was recht und was unrecht ist. Ich spüre es nur. Ich habe dafür bezahlt, aber ich habe überlebt. Und ich spüre es noch immer. Ich weiß es noch immer.

62

Dann bin ich doch in den Knast. Die »Initiative Gefängniskunst« in Berlin hat mich gefragt, ob ich in Moabit ein Konzert gebe.

Ich war skeptisch. Ich konnte denen ja nicht garantieren, dass ich nicht über die Polizei schimpfe oder für die Legalisierung rede. Ich weiß, dass viele Leute im Knast sind, für die ich meine Lieder spiele. Viele von denen sitzen da drin, weil sie ein Richter verurteilt hat, der überhaupt kein Gefühl dafür hat, was er mit seiner Strafe anrichtet. Da sind Leute im Knast, weil man sie viermal beim Schwarzfahren erwischt hat oder weil man ein paarmal ein paar Gramm bei ihnen gefunden hat. Das sind Leute, die gehören sicher in keinen Knast.

Ich weiß, es gibt auch Mörder und Gewaltverbrecher, und die gehören schon in den Knast. Aber viele sitzen eben, weil ihnen jemand etwas angehängt hat. Auch vor Gericht geht es um Sympathie und um Antipathie. Wenn du einen Richter bekommst, dem du unsympathisch bist, weil du lange Haare hast oder ihm nicht in den Arsch kriechst, dann sitzt du gleich einmal ein paar Monate länger. So einfach ist das. In der Hinsicht unterscheidet sich ein Gerichtsverfahren überhaupt nicht vom normalen Leben.

Ich bin durch die Sicherheitstrakte in die Kantine vom Gefängnis gebracht worden, und dort hat es ausgesehen wie in den amerikanischen Gefängnisfilmen. Es waren vielleicht hundertfünfzig Zuhörer da, und ich habe an ihrer Reaktion gemerkt, dass mich die meisten nicht verstehen. Achtzig Prozent waren keine Deutschen, die sind nur gekommen, weil alles besser ist, als in der Zelle zu hocken, sogar ein Konzert von mir.

Ich hab das Konzert anständig gemacht, wie ein ganz normales Konzert, und als ich über irgendeine Geschichte mit der Polizei geredet habe, hat von unten einer hochgerufen: »Hey, du bist ja schlimmer wie wir!«

»Freilich«, hab ich gesagt. »Weil die richtig Schlimmen werden nie eingesperrt.«

Ein zweites Knastkonzert hab ich auf Anfrage der Anstalt in Bayreuth gegeben. Dort haben mich die Leute alle verstanden, und dort habe ich richtig vom Leder gezogen. Alle haben sich schiefgelacht, aber am meisten haben die beiden Polizisten in Uniform gelacht, die aufgepasst haben, dass alles unter Kontrolle ist. Die richtig Schlimmen werden eben nie eingesperrt.

63

Am 2. Januar 2006 stürzte in Bad Reichenhall die Eislaufhalle ein. Es hatte stark geschneit, auf dem Dach der Halle lag meterhoch der Schnee. Um vier Uhr nachmittags sollte die Halle gesperrt werden, damit der Schnee vom Dach geräumt werden kann, bis dahin waren noch ungefähr fünfzig Leute beim Eislaufen.

Die Halle war schon desolat. Es hat reingeregnet und getropft. Jeder hat gewusst, dass das Dach nicht dicht ist. Kurz vor vier brach dann das Dach zusammen. Dabei sind 15 Menschen gestorben und 34 schwer verletzt worden. Es hat zwei Tage gedauert, bis alle Opfer geborgen waren.

Mich hat der Einsturz schockiert, weil meine Buben natürlich auch immer in die Halle zum Eislaufen gegangen sind. Aber mich hat auch schockiert, was es gleich für eine peinliche Streiterei darum gegeben hat, dass der Einsturz höhere Gewalt war und dass sicher niemand daran schuld war. Dabei ist völlig unter den Tisch gefallen, was der Unfall für die Betroffenen bedeutet. Und deshalb hab ich gesagt, ich spiele in Reichenhall ein Benefizkonzert für die Opfer, damit die wenigstens ein paar Euro bekommen. Weil ihre Kinder oder ihre Eltern kriegen sie nie wieder zurück.

Die USA und England hatten im Jahr 2003 den Irak angegriffen und bombardiert, und das war ein Überfall, der genauso gegen das Völkerrecht verstoßen hat wie der Einmarsch vom Hitler in Polen 1939. Darüber habe ich ein Lied geschrieben, das heißt »A Drecksau is a Drecksau«, und der Refrain geht so:

> *Aber a Drecksau bleibt a Drecksau*
> *Egal wohers kimmt*
> *A Drecksau bleibt a Drecksau*
> *Ob Staatsanwalt oda Präsident*
> *A Drecksau bleibt a Drecksau*
> *Namen san egal*
> *Hitler, Bush, Blair – international.*

Dazu haben wir ein T-Shirt drucken lassen. Das war weiß und hat am Kragen und an den Ärmeln rote Streifen gehabt, und vorne waren Bilder vom Hitler, vom Bush und vom Blair in Militäruniformen drauf. Darüber ist der Text gestanden:

»Hitler Bush Blair/international«

Dieses T-Shirt hab ich angehabt, als wir am 13. Mai in Reichenhall das Benefiz gespielt haben.

Jetzt waren aber noch immer Zivilpolizisten im Publikum, auch wenn es ein Benefiz war, und auch wenn mein letzter Prozess schon abgeschlossen war. Und diese Zivilpolizisten haben am Merchandisingstand ein paar von diesen T-Shirts gesehen. Zum großen Erstaunen von den Trikont-Leuten am Stand haben sie dann die T-Shirts beschlagnahmt. Warum sie beschlagnahmt wurden, hat uns aber keiner gesagt.

Jetzt war wieder einmal mein Lieblingsgericht in Traunstein für die Sache zuständig. Wir haben uns gedacht, dass es natürlich um das Lieblingsthema der dortigen Staatsanwaltschaft geht: um Beleidigung. Ich habe also fest damit gerechnet, dass ich jetzt doch wieder ein Verfahren wegen Beleidigung eines ausländischen Staatsoberhaupts am Hals habe. Und das, nachdem in der Sache Hitler-Vergleich und Beckstein ein bayrisches Gericht offiziell zugegeben hat, dass man seine Politik als »objektiv ausländerfeindlich« verstehen kann.

Es ist aber kein Strafbefehl wegen Beleidigung gekommen, sondern die Polizei persönlich. Am 7. Juni sind mit richterlichem Durchsuchungsbefehl Polizisten gleichzeitig bei mir zu Hause, bei Trikont und bei der Wohnung vom Achim gestanden und haben alle Hitler-Bush-Blair-T-Shirts beschlagnahmt und die gesamte Geschäftskorrespondenz dazu, samt der Liste aller Kunden, die das T-Shirt bestellt hatten.

Jetzt habe ich aber zum ersten Mal gedacht, dass die Typen von der Staatsanwaltschaft Traunstein vielleicht doch Humor haben. Es ist nämlich gar nicht um Beleidigung gegangen, sondern um »das Verwenden von und Beihilfe zum Herstellen, Vorrätighalten und Verbreiten von Kennzeichen verfassungswidriger Organisationen gemäß § 86a Abs. 1 Nr. 1,27 StGB«.

Haha. Die wollen uns nämlich keine Beleidigung anhängen, sondern wegen der Verwendung nationalsozialistischer Symbole drankriegen. Aber wenn sie mir unterstellen wollen, ich wäre Rechtsextremist oder Neonazi, ist das genauso, als würde man Astrid Lindgren unterstellen, sie verbreitet Kinderpornografie, weil Pippi Langstrumpf Strapse und zerrissene Strümpfe trägt.

Dahinter steckt, dass die Staatsanwaltschaften dieses Landes und vor allem die in Traunstein keine Lust gehabt haben, darüber zu streiten, ob Bush und Blair im Irak einen ungerechtfertigten Krieg begonnen haben. Denn um nichts anders ging es mir, als wir das T-Shirt gedruckt haben.

Mein Anwalt Jürgen Arnold hat dann auch noch eine interessante Facette herausgefunden und gleich an die Polizeiinspektion Reichenhall geschickt: »Wir halten die Beschlagnahme unter dem Gesichtspunkt des angegebenen § 86a StGB nicht nur für rechtswidrig, sondern darüber hinaus auch für höchst problematisch. Wird doch durch die Beschlagnahme unter dem Etikett des § 86a StGB der Eindruck erweckt, als könnte es sich bei den noch lebenden Politikern G. W. Bush und Tony Blair um ›Mitglieder einer verfassungsfeindlichen Organisation‹ im Sinne des § 86a StGB handeln. In diesem Vorwurf Ihrer Polizeiinspektion müsste aber unmittelbar eine Beleidigung ausländischer Staatsoberhäupter gesehen werden.«

Nochmals: Haha.

Aber gleichzeitig eine Riesensauerei, dass sie sich einfach die

Adressen von den Menschen unter den Nagel gerissen haben, die dieses T-Shirt gekauft haben, weil sie derselben politischen Überzeugung sind wie ich. Wenn sie schon nach Nazimethoden suchen, dann sind das welche.

Natürlich haben wir gegen die Aktion Beschwerde eingelegt. Erstens weil der §86a StGB zu den wichtigsten antifaschistischen Gesetzen Deutschlands gehört. Zweitens weil wir nicht einmal der Traunsteiner Staatsanwaltschaft zutrauen, dass sie ernsthaft annimmt, dass ich zu einem Neonazi mutiert bin.

»Das ist auch das Beschämende und das Erschreckende«, schreiben wir in der Beschwerde, »dass die Traunsteiner Staatsanwaltschaft einen zutiefst antifaschistischen Paragraphen in rechtswidriger Weise missbraucht, um einen der engagiertesten Antifaschisten im Freistaat Bayern mundtot zu machen. In einem solchen Verfahren kann beim besten Willen keine Anwendung des Rechtes gesehen werden, es muss vielmehr von einer Beugung bestehenden Rechtes gesprochen werden.«

Für die Beschwerde ist das Landgericht Traunstein zuständig, und es dauert keine zwei Wochen, dass wir an allen Fronten recht bekommen und dass die Beschlagnahme der T-Shirts genauso wie die Hausdurchsuchungen an allen drei Orten als rechtswidrig anerkannt werden.

Als diese Hausdurchsuchung bei mir stattgefunden hat, war ich gerade in Kroatien auf einer Schiffsreise. Da haben sie den Schlüsseldienst gerufen und sind in die Wohnung gegangen, um die T-Shirts zu suchen. Aber sie haben noch etwas anderes gefunden. Weil auf dem Fensterbrett zwei vorgebaute Joints gelegen sind. Die waren nach der Hausdurchsuchung auch weg.

Da habe ich dann eine Anfrage an das Gericht geschrieben

und gefragt, wo sie eigentlich die T-Shirts suchen. Auf meinem Fensterbrett?

Als unsere Beschwerde angenommen worden ist, habe ich die T-Shirts wieder zurückbekommen. Aber die zwei Joints habe ich nicht zurückbekommen.

Also habe ich noch einen Brief geschrieben: »Vielen Dank für die Zurücksendung der versehentlich beschlagnahmten T-Shirts. Allerdings sind die zwei ebenfalls versehentlich beschlagnahmten Joints nicht bei der Sendung dabei gewesen. Wann darf ich mit der Rücksendung rechnen?«

Dann kam der Brief vom Gericht:

»Sehr geehrter Herr Söllner, wenn Sie darauf bestehen, dass Sie Ihre Betäubungsmittel zurückhaben wollen, dann werden wir ein Verfahren wegen Verstoßes gegen das Betäubungsmittelgesetz gegen Sie einleiten.«

Da habe ich dann geantwortet:

»Behalten Sie die zwei Joints. Es waren nicht die einzigen, die ich hatte.«

Damit war das auch erledigt.

64

Die Geschichte mit der Eishalle ist aber noch weitergegangen. Zuerst waren alle ganz bestürzt und betroffen und »so ein Unglück, was da passiert ist«. Es war ja auch ein Unglück. Aber dass die Eishalle renovierungsbedürftig ist, haben wir alle gewusst in Reichenhall. Immer noch und für den Rest meines Lebens werde ich, wenn ich nach Reichenhall zum Einkaufen fahre, daran erinnert, dass ich wie alle anderen Reichenhaller nichts getan habe, um diese Katastrophe zu verhindern.

Es hat nach der Katastrophe viele Solidaritätsbekundungen von Bad Reichenhall für die Hinterbliebenen gegeben. Man hatte den Eindruck, dass die Menschen nach der Katastrophe näher zusammengerückt sind.

Aber das war wie immer ein Irrtum.

Die Reste von der Eishalle sind dann abgetragen worden, und es hat geheißen, dass es vielleicht eine Universität geben wird. Davon war aber bald keine Rede mehr.

Weil der Oberbürgermeister von Reichenhall, ein Herr Lackner, eine andere Idee gehabt hat. Er hat gemeint, dass man an die Rupertus Therme, die gerade einmal ein Jahr alt war, ein Schwimm- und Familienbad anbauen kann. Und ohne dass jemand von uns gefragt worden ist, hat sich die Stadt mit dem Land auf eine Finanzierung geeinigt, und plötzlich waren zehn Millionen Euro aus dem Stadtbudget für das Schwimm- und Familienbad verplant. Für eine neue Eishalle war kein Geld mehr da.

Jetzt ist Reichenhall kein Musterbeispiel für Demokratie und Bürgerbeteiligung. Eigentlich wartet man in Reichenhall immer nur darauf, dass etwas gemacht wird, und nachher findet man es scheiße. Aber diesmal gab es ein paar Leute, die sich daran erinnert haben, dass man der Stadt nach dem Einsturz eine neue Eishalle versprochen hat. Die haben einen Bürgerentscheid organisiert. Bei diesem Bürgerentscheid im Februar 2008 hat eine Mehrheit von 53 Prozent gegen die Pläne vom Oberbürgermeister gestimmt und wollte ein neues Familien- und Freizeitbad mit Eislauffläche am alten Standort.

Ich wollte das auch. Weil ich glaube, dass es wichtig ist, wenn am Platz der Katastrophe etwas Neues, Schönes entsteht. Das ist die beste Methode, die zu ehren, die dort ums Leben gekommen sind.

Aber der Oberbürgermeister hat versucht, auch diese demokratische Entscheidung auszusitzen. Er hat alle möglichen juristischen Tricks angewendet, bis er gegen die Mehrheit der Bürger die Therme erweitern lassen konnte. Es war eine Rechtsbeugung, und das Landratsamt hat sie für juristisch zulässig erklärt.

Ich wusste, dass jetzt ich etwas tun muss. Ich wollte mich nicht einfach übergehen lassen. Ich habe den kleinen silbernen Wohnwagen hergenommen, der bei mir zu Hause in der Garage gestanden ist, und bin an die Münchner Allee, wo die Eishalle gestanden ist. Es war ein strahlend schöner Wintertag. Dann hab ich einen Klappstuhl mit einem Schaffell und ein Tischchen vor den Wohnwagen gestellt, und dann hab ich mich dort hingesetzt und bin ab 16. Januar 2009 in den Sitzstreik gegangen.

Dazu habe ich eine Presseerklärung herausgegeben: »Mit dieser Sitzblockade möchte ich noch einmal trotz aller Politikverdrossenheit und Wahlmüdigkeit die Menschen in Reichenhall freundlich dazu aufrufen, gewaltlos und energisch durch ihr Erscheinen und eine Unterschriftensammlung ihrer Wut und Traurigkeit über so viel Unverständnis und undemokratisches Verhalten dieser Stadtoberhäupter Ausdruck zu verleihen. Jeder kann bis zum 10.02.09 am alten Standort Münchner Allee friedlich an unserer Protestkundgebung teilnehmen und in einer Liste für ein neues Sport- und Freizeitbad und die Aufrechterhaltung des Bürgerbegehrens 2008 seine Unterschrift abgeben. Diejenigen, die die Zeit haben, bei dieser Sitzblockade mitzumachen, sollten daran denken, sich warm anzuziehen.«

Die Idee war mir vorher beim Winterurlaub gekommen. Ich habe gewusst, dass der Bürgerentscheid für den Bürgermeister nur ein Jahr verpflichtend ist. Ich habe mir Blätter mitgenommen, damit ich Unterschriften für eine neue Eishalle mit

Familienerlebnisbad sammeln kann. Ich sagte meiner Frau: Ich muss das einfach tun.

Eine Stunde später war die Polizei da.

»Was machen Sie da?«

»Eine Sitzblockade.«

»Wie viele seid ihr?«

»Ich bin allein.«

Dann hat der Polizist gesagt, dass das nicht unter das Versammlungsgesetz fällt. Es muss sich der darum kümmern, dem der Grund gehört, und das ist die Stadt Reichenhall. Aber von der Stadt ist nie jemand aufgetaucht.

Ich habe in Reichenhall nie ein so starkes Gefühl der Solidarisierung erlebt wie in den Tagen an der Münchner Allee. Jeden Tag waren Leute da. Sie haben Kerzen gebracht, die ich dann in einem Kreis um den Wohnwagen gestellt habe. Das hat ganz feierlich ausgeschaut, vor allem, als es dann zum Schneien angefangen hat.

Ich hab den Ort nicht verlassen. Ich hab im Wohnwagen gegessen und geschlafen und in einen Plastiksack gekackt, den ich dann im Mistkübel für den Hundsdreck entsorgt habe. Dauernd ist jemand gekommen, der etwas gebracht hat. Holz, auf das ich die Füße draufstellen kann, damit es nicht so kalt ist. Eine neue Gasflasche, damit ich auch weiter im Wohnwagen heizen kann.

Jeden Tag in der Früh, wenn ich aufgestanden bin, waren vier frische Semmeln und zwei Stück Portionsbutter in einer Tüte an der Tür und das »Reichenhaller Tagblatt«, unsere Tageszeitung. Eine alte Frau hat mir veganen Obstkuchen vorbeigebracht, eine andere das letzte Stück von ihrem Apfelkuchen. Der Wirt vom Hofwirt hat mir täglich einen Kellner mit warmem Essen vorbeigeschickt. Die Pizzeria am Bahnhof hat jeden

Abend eine Pizza und eine heiße Tomatensuppe geliefert, ohne dass ich sie bestellt habe. Engländer mit einem Camper haben sich neben mich gestellt.

Manchmal sind auch Youngsters gekommen, die Party machen wollten. Die hab ich weggeschickt: »Das ist ziviler Ungehorsam, Leute. Kein Fest!«

Das hat auch der Pfarrer von der Kirche St. Zeno am Sonntag gepredigt. Dass ich ein Beispiel dafür bin, wie man sich gegen das undemokratische Vorgehen einer Stadt zur Wehr setzt. Er hat zur Solidarität mit Hans Söllner aufgefordert, der sich die Machenschaften der Stadt Reichenhall im Namen aller Bürger nicht gefallen lässt. Dann hat die ganze Kirche für mich gebetet.

Aber es standen nicht alle hinter mir. Mein Sohn war damals in der Hauptschule in Reichenhall, und sein Lehrer hat ihn fast jeden Tag aus dem Klassenzimmer geschmissen: »Setz dich doch zu deinem Clown von Vater zur Sitzblockade.«

Irgendwie war ich dann froh, dass das Wetter so schlecht war, damit mir keiner sagen kann, ich hätte mich nur ausgerastet. Es war schweinekalt, es hat zwölf Grad unter null gehabt, Schnee, Matsch, Regen und Wind. Aber ich war warm angezogen und bin immer draußen gesessen, bei jedem Wetter.

Meistens waren Leute da, gescheite Leute, blöde Leute, nette Leute, arme Leute. Wir haben geredet und gegessen, weil ich gar nicht alles aufessen konnte, was mir die Leute gebracht haben.

Wenn es dunkel war, haben sich dann weniger Leute zu mir gesetzt, und in der Nacht bin ich ganz allein gewesen, und irgendwann bin ich dann in den Wohnwagen zum Schlafen gegangen. Das hat sich merkwürdig angefühlt, weil ja jeder wusste, dass ich allein in meinem Wohnwagen hier bin. Aber die Polizei und ein privater Sicherheitsdienst sind regelmäßig am Wohnwagen vorbeipatrouilliert, um nach mir zu sehen.

Insgesamt haben 3500 Leute gegen das Vorgehen vom Bürgermeister unterschrieben. Das hat mich wirklich sehr gefreut. Es war ein Zeichen dafür, dass sich nicht alle gefallen lassen, wenn kleine Bürgermeister ihr eigenes Süppchen kochen, auch wenn sie nichts anderes als unsere Angestellten sind. Die Unterschriften hab ich dem Bürgermeister später ins Rathaus gebracht. Aber er hat es geschafft, kein verbindliches Wort dazu zu sagen. Er hat wieder einmal das gemacht, was er am besten kann: Er hat etwas ausgesessen.

Genauso unspektakulär, wie ich gekommen bin, bin ich dann auch wieder gefahren, nach Hause, endlich wieder unter die Dusche. Das Gelände der Eishalle steht immer noch leer. Geändert hat sich nur meine Sicht auf die Reichenhaller.

65

Mich ordnet Marihuana. Wenn ich nach langer Nüchternheit einen rauche, nimmt mir der Rauch meinen Stress. Ich erkenne die übergeordnete Ordnung, und dass es nichts ohne sein Gegenteil gibt.

In so einer Situation hab ich einmal auf dem Chiemsee-Reggaefestival eine Pressekonferenz gegeben. Da hatte ich gerade etwas geraucht, und sie haben mich in ein Bierzelt geholt und dort waren dann ein paar Journalisten, die mir ihre Mikrofone unter die Nase gehalten haben. Dann hat alles sehr lang gedauert, vor allem meine Antworten.

Es ist für die Cleanen ja manchmal ein bisschen schwer zu verstehen, dass man Zeit braucht, um eine Frage zu erwägen. Außerdem hatte ich einen sehr trockenen Mund und wollte gar nicht besonders viel sprechen.

Der Moderator hat mich gefragt, warum ich wieder zum Chiemsee-Reggae gekommen bin, obwohl ich vorher gesagt habe, dass ich nicht mehr hier spiele. Und ich habe gesagt, dass sich die Verhältnisse ändern und dass sich am Schluss die positiven und die negativen Gründe die Waage halten.

Das war einerseits lustig, aber andererseits war es die Wahrheit. Und die Reggaefestivals, die als schöne, freie Veranstaltungen begonnen haben, sind in Bayern durch extreme Polizeiüberwachung sukzessive kaputtgemacht worden. Ein Fest, wo im Namen »Reggae« steht, ist in Bayern fast schon zum Tod verurteilt. Ich kann jedem nur raten, dass er sein Reggaefest als Rockfestival oder Fasslfest tarnt, weil die Justiz noch nicht so weit ist, dass sie begreift, dass auf einem Oktoberfest hundertmal so viele Exzesse abgehen wie auf dem schlimmsten Reggaefest.

Dafür hat die Behörde zum Beispiel das Chiemsee-Reggae mit Spitzeln unterwandert. Stell dir vor, du gehst auf das Reggaefest. Jeder weiß, dass du Marihuana rauchst. Einer kommt zu dir, dunkelhäutig, Dreadlocks bis zum Arsch, und fragt, ob du was zum Rauchen hast für ihn. Und du greifst in die Tasche und gibst ihm was, und er greift auch in die Tasche und zeigt dir seinen Ausweis, weil er von der Polizei ist, er nimmt dir den Festivalpass ab, du musst mitkommen zu einem Container, dort sitzt ein stationärer Staatsanwalt, und schon hast du wegen Dealerei eine Anklage am Hals und wirst sofort abgeurteilt, und auch deine Freunde werden nach Gras durchsucht.

Dann wirst du wegen einem Gramm Marihuana wie ein Schwerverbrecher durch die Menge geschleift und musst nur dem Lastwagen ausweichen, der gerade kistenweise das Bier und den Schnaps ans Büfett liefert.

Deshalb habe ich auf der Bühne immer gesagt, dass die Leute aufpassen sollen. Weil während sie mir zuhören, gehen gerade hundert Polizisten mit Drogenhunden über den Zeltplatz und schauen, wo sie was finden, und wo sie was finden, wird ein Beamter postiert und wartet. Und die Polizei hat zugehört und gleich noch hundert Leute geschickt, damit ihnen ja kein Kiffer durch die Lappen geht.

Trotz dem ganzen Stress und all den Vorurteilen spiele ich immer noch gern bei Reggaefesten. Besonders gern natürlich beim Spring Vibration in Wiesen, das ist in Österreich, und man spürt, dass hier kein großdeutscher Atem weht. Das ist das schönste Reggaefest, auf dem ich spielen werde, so lang man mich einlädt.

66

Als ich 2014 von Dorfen nach Esslingen gefahren bin, musste ich an das Konzert vor drei Jahren denken. Es war ein Chaos gewesen. Patrouillen der Polizei hatten alle Straßen, die zur Osterfeldhalle führten, abgeriegelt. Mobile Ärzte waren im Einsatz, damit sie von den Leuten, die in mein Konzert wollten, Urinproben nehmen, und ein mobiler Staatsanwalt, damit er die Leute gleich aburteilen kann. Kein Auto ist an der Kontrolle vorbeigekommen. Jedes einzelne Auto ist kontrolliert worden.

Weil ich schon früher in der Halle gewesen war, hab ich mich gewundert, warum kurz vor acht nur so wenige Leute da sind. Dann war ich hinausgegangen, um nachzuschauen, und hatte überall das Blaulicht gesehen. Bei einer Tankstelle hatte ich gesehen, wie eine 45-jährige Frau Gleichgewichtsübungen mit geschlossenen Augen machen musste, weil die Polizei glaubte, dass sie vielleicht etwas geraucht hatte, und als ich dazwischengegangen bin, haben sie mich gleich selbst festgenommen und durchsucht.

Was ich arbeite, wollte der Polizist wissen.

Da hatte ich ihm gesagt: Meine Arbeit ist es, mir Gedanken zu machen über den Scheißdreck, den er da tut.

Es war fast halb zehn geworden, bis das Konzert angefangen hat, und beim Heimfahren ging das ganze Theater von vorne los.

Das war vor drei Jahren, und ich dachte mir, diesmal werden sie ja wahrscheinlich nicht schon wieder so ein Chaos veranstalten. Aber als wir Richtung Halle gefahren sind, war tatsächlich wieder Stau. Ich hatte kein Gras dabei, weil ich am Vortag einen Freund in Esslingen angerufen hatte, er soll mir ein Gramm besorgen und bei der Halle hinterlegen. Ich bin nicht selbst gefahren, sondern der Thomas, mein Fahrer. Mein Sohn Robert war noch dabei. Wir hatten nichts zu befürchten.

Als wir in die Kontrolle kommen, fragt der Polizist: »Wohin fahren Sie?«

Der Fahrer sagt: »Zum Konzert vom Hans Söllner.«

Ich habe sofort das Fenster heruntergelassen und zum Einsatzleiter gesagt: »Überlegen Sie sich gut, ob Sie mich aufhalten, weil wenn ich da draußen bin und nicht in der Halle, haben Sie ein Problem.«

Sie haben uns durchgewinkt.

Ich spiele mein Programm und warne die Leute in der Halle sogar noch davor, dass beim Ausgang garantiert wieder Kontrollen sein werden. Sie sollen das Zeug, das sie dabeihaben, lieber wegschmeißen, egal, wie schade es darum ist.

Um Mitternacht sind wir dann von der Halle losgefahren. Es war Mitte März, saukalt, es war feucht und hatte drei Grad. Als wir von der Halle wegfahren, stehen schon zwei Polizisten da und leiten uns auf einen nahen Parkplatz. Blaulicht. Dort warten zwölf oder fünfzehn Polizisten, die sich für meine Ansage an die Fans revanchieren wollen.

»Okay«, denke ich mir. »Wenn es unbedingt sein muss.«

Thomas, der Fahrer, macht das Fenster auf.

Ein Polizist streckt den Kopf herein und sagt sofort: »Ich rieche Marihuana. Es ist Gefahr in Verzug. Alle aus dem Auto.«

Also sind wir ausgestiegen und befragt worden, und es hat schon ausgeschaut, als ob sie die Kurve kriegen. Der Einsatzgruppenleiter wollte uns gerade weiterfahren lassen, da bekam er einen Anruf der Staatsanwaltschaft auf sein Handy. Der Befehl lautete: Noch einmal durchsuchen und auf den Drogenhund warten.

Zuerst sind wir alle draußen auf der Straße durchsucht worden. Die Jacken waren im Auto, die durften wir uns aber nicht anziehen.

Dann kam der Hund und hat das Auto verwüstet. Der Parkplatz war nicht asphaltiert, sondern mit Kies geschottert, und der Hund hat den ganzen Dreck ins Auto getragen und mit seinen Krallen die Ledersitze kaputtgemacht.

Der Hund hat eine geschlagene Viertelstunde im Auto herumgeschnüffelt und nichts gefunden. Er hat nur einmal angeschlagen, als er die linke vordere Felge beschnüffelt hat. Dabei muss er aber an ein geiles Schäferhundweibchen gedacht haben, weil es eine Alufelge war, wo du beim besten Willen kein Gras verstecken kannst.

Als der Hund nichts gefunden hat, war ich schon geladen und hab mit dem Einsatzgruppenleiter herumgestritten. Aber der hat uns erst recht nicht fahren lassen. Sondern er hat einen zweiten Hund angefordert.

Das war mir einer zu viel.

Es war auch eine Polizistin dabei, zu der bin ich gegangen und hab sie gefragt, wie sie heißt. Niemand hatte sich ausgewiesen. Sie hat gesagt, ihr Name tut nichts zur Sache.

Ich gehe also zurück zum Robert und zum Fahrer, dann drehe ich wieder um und gehe zur Polizistin und frage sie: »Katharina?«

Sie schaut mich nur groß an.

»Elfriede?«

»Gabriele?«

Sie sagt: »Wieso wollen Sie das wissen?«

Ich sage: »Ich will nur wissen, mit wem ich es zu tun habe.«

Sie hat weggeschaut.

»Carmen?«

Bin wieder zum Einsatzgruppenleiter und habe gefragt, auf was er jetzt eigentlich noch wartet. Dann bin ich wieder zur Polizistin.

»Sybille?«

Das habe ich bestimmt acht Mal so gemacht.

Alle sind immer grantiger geworden und ich auch. Ich habe eine Wut gekriegt, weil ich im Jahr 2014 noch immer behandelt werde wie ein rechtloses Arschloch.

Dann muss ich meine Schuhe ausziehen. Bei drei Grad.

Klar haben die Typen ihre Befehle. Aber es kann mir keiner sagen, dass sie nicht selbst dafür verantwortlich sind, was sie aus ihren Befehlen machen. Ich will, dass diese Scheiße aufhört. Das ist Teil meiner Legalisierungskampagne.

Dann kommt der zweite Hund mit Hundeführer. Das war einer, bei dem ich vorsichtig geworden bin. Der hat eine Aura wie ein Killer gehabt. Bei dem hätte es mich keine Sekunde gewundert, wenn er die Waffe zieht.

Ich hab jetzt den Mund gehalten und zugeschaut, wie auch der zweite Hund mein Auto verwüstet und dabei natürlich auch nichts findet.

Dann gibt der Einsatzgruppenleiter den Befehl zum Abmarsch. Innerhalb von dreißig Sekunden ist der Parkplatz leer. Der Robert und der Thomas und ich schauen uns an, als ob wir gerade eine Erscheinung gehabt haben.

Eine Marienerscheinung. Vielleicht hat die Polizistin ja Maria geheißen.

Ich habe erst am nächsten Morgen gesehen, wie verwüstet das Auto war. Kratzer am Lack, Kratzer am Leder, alles verdreckt. Ich bin sofort in Reutlingen zu einem unabhängigen Gutachter gefahren, der sich die Schäden angeschaut hat. Er hat alles bewertet und zusammengerechnet und den Schaden auf 5400 Euro beziffert. Dann bin ich mit dem Gutachten auf die nächste Polizeidienststelle und habe Anzeige gegen die Polizei erstattet.

Auf der Polizeistation in Reutlingen war eine junge Polizistin im Dienst. Sie nahm die Anzeige entgegen und sagte zu mir: »Da müssen wir nicht diskutieren, Herr Söllner. Da haben die Kollegen ein Problem.«

Ein paar Wochen später bekomme ich einen Brief von der Staatsanwaltschaft Stuttgart. Die Anzeige ist abgewiesen. Man kann keine Fehler der am Einsatz beteiligten Polizisten erkennen.

Ich gehe zum Anwalt und investiere 4000 Euro, bis klar ist, dass die Anzeige keine Chance auf Erfolg hat. Man sagt mir, dass ich zivilrechtlich gegen die Polizei vorgehen kann. Aber dann muss ich stichhaltig beweisen können, dass die Schäden, die am Auto festgestellt worden sind, nicht schon vor der Durchsuchung existierten.

Das ist es, was ich meine. Niemand kann mir sagen, dass ich

bei dieser Geschichte nicht im Recht bin. Aber niemand außer mir will das so sehen. Kein Polizist steht auf und sagt, die Kollegen sind zu weit gegangen. Kein Staatsanwalt lässt sich vernehmen, der sagt, so kann man mit einem Bürger nicht umgehen. Noch immer ist Gerechtigkeit, was der Staat für Gerechtigkeit hält. Leckt mich doch alle am Arsch.

67

Es ist jetzt 2015. Zu Weihnachten werde ich sechzig Jahre alt. Ich bin geschäftsfähig. Ich habe ein Haus. Ich darf Auto fahren. Ich bin kreditwürdig. Wahrscheinlich bin ich kein Staatsfeind mehr wie in den zehn bis fünfzehn Jahren, als sie mich bis an den Rand meiner Existenz verfolgt haben. Oft habe ich eine Art Narrenfreiheit. Vielleicht bin ich am Landgericht inzwischen auch mein eigener Paragraph. Sie tun sich nicht mehr viel mit mir an.

Aber ich führe immer noch meine Kämpfe mit den Ausländerhassern. Und wenn mich die Polizisten auch in Ruhe lassen, wirkt aus dem Inner Circle der Polizei das Gift nach, und es erwischt vielleicht nicht mehr mich, aber meine Buben.

Ich sage dann zu ihnen: »Es tut mir echt leid, was ihr wegen meiner Sturheit durchmachen müsst. Aber ich habe es nicht anders machen können.«

Sie sagen dann aber alle: »Schon okay, Dad. Wir hatten auch unsere Vorteile. Wir lieben dich, wie du bist.«

Mein Sohn hat keinen Führerschein, weil sie ihn positiv erwischt haben. Das war in München am Gärtnerplatz. Er hat ein ganz altes Auto gehabt, das ich ihm geschenkt habe, und der Motor ist ihm abgestorben, als er über den Gärtnerplatz gefahren ist. Er steht also mitten am Platz, und die Schüssel springt ihm nicht mehr an. Gleich ist die Polizei da gewesen und hat gefragt, was los ist, und er hat die Fahrzeugpapiere zeigen müssen.

»Söllner?«, hat der Polizist gefragt, weil er hat lesen können. »Haben Sie irgendwas mit *dem* Söllner zu tun?«

»Ja, der ist mein Papa.«

»Gut«, hat dann der Polizist gesagt, »dann fahren wir gleich einmal ins Krankenhaus, Blut abnehmen.«

Dort haben sie ihm dann Blut abgenommen, und sechs oder acht Wochen später ist der Befund gekommen und der war positiv. Er war zwei Tage vor der Kontrolle auf einer Party gewesen und hat dort am Freitag einen geraucht. Aufgehalten haben sie ihn am Sonntag, aber nachweisen hat man das Rauchen vom Freitag noch können. Der Führerschein war sofort weg.

Es heißt immer: Schau her, ein Söllner.

Der andere Bub hat die Führerscheinprüfung nicht geschafft. Aber er hat sie nicht geschafft, weil die gewusst haben, dass er mein Sohn ist. Er sollte die Prüfung nicht schaffen. Jetzt raucht er manchmal, und trinken tut er auch. Weil er eh nicht fährt.

Das macht mich dann doch wieder grantig.

Ich komme mit allen meinen Kindern gut aus. Alle arbeiten, keiner von ihnen wollte je Künstler werden oder hat mich um Geld angepumpt. Und wenn, musste ich keinen daran erinnern, es mir zurückzugeben. Das hat mich gefreut. Weil sie selber wissen, was gut für sie ist und was sie wollen und was sie nicht wollen. Sie verstehen etwas von dem, wovon ich auch etwas verstehe: von Anstand. Wir sehen uns regelmäßig. Manchmal kommt einer auf ein Konzert, manchmal fährt auch einer auf einer Tour mit und hilft mir beim Aufbauen.

Der eine ist Lackierer, der zweite Betonbauer, der dritte Koch.

Ich freue mich, dass alle Handwerker geworden sind. Ein Handwerk ist eine gute Ausgangsposition für ein gutes Leben. Ich selbst bin zwar ein Musiker, aber auch als Musiker bin ein ganz normaler Arbeiter geblieben.

Weil meine Familienplanung offenbar noch nicht abgeschlossen war, habe ich auch noch meine zwei schönen Töchter. Die Josefina kann außergewöhnlich gut mit Pferden umgehen. Sie macht das so gut, dass sie mit dreizehn schon neben der Schule eine Trainerausbildung machen darf. Ich stehe fassungslos daneben, wenn sie mit völliger Sicherheit auf dem Rücken von einem Pferd liegt. Einmal habe ich gesehen, wie sie auf dem Rücken von einem Pferd geschlafen hat. Das ist gut. Kinder brauchen eine Aufgabe, wenn sie in die Pubertät kommen.

Die Johanna ist acht. Sie braucht die Wärme und den Hautkontakt genauso wie ich. Sie schläft noch immer bei den Eltern im Bett. Sie ist so meine Tochter, wie ich selbst bin. Ich wünsche ihr, dass sie einen findet, der das alles auch so gern hat wie sie. Sie zeichnet schön und weiß mit sich etwas anzufangen. Sie ist gut drauf. Ich glaube, dass ich ihre Talente schon sehe, auch wenn sie für andere noch verborgen sind.

Ich lerne von allen Kindern vor allem eines: Dass ich sie nicht nur liebe, wie sie sind, sondern dass ich liebe, dass sie da sind.

Vielleicht bin ich heute ein moderner Hofnarr. Ich kann über das Rauchen reden, wo ich will. Ich kann auf Facebook für meine über 200 000 Fans posten, was ich will. Ich bin der Hofnarr, der seinem König sagen darf: »Meine Güte, was bist du für eine fette, blöde Sau.« Ich muss schon noch immer ein bisschen aufpassen. Aber andere verlieren ihren Kopf dafür, wenn sie sich wie ich benehmen.

Ich habe seit damals, als ich mir die Nummer von der Barbara vom Handy geholt hatte, kein Handy mehr gehabt. Alle anderen um mich waren dauernd am Laptop und am Smartphone. Erst als ich nach dem großen Hochwasser in Bayern riesige Umwege fahren musste und niemandem Bescheid sagen konnte, habe ich mir wieder ein Handy gekauft und Facebook entdeckt.

Facebook ist eine gute Möglichkeit, sich da draußen bemerkbar zu machen. Es wäre vielleicht auch eine gute Möglichkeit, dass wir uns weltweit für eine gute Sache zusammenschließen könnten. Weil man kann nur auf etwas Positives stolz sein und nicht auf etwas Negatives.

Das ist bei Facebook allerdings ganz anders. Auf Facebook kannst du anonym sein, und wenn du anonym bist, kannst du dir alles erlauben. Aber das hat auch etwas Ehrliches. Auf Facebook lockst du auch das dümmste Arschloch aus seiner Höhle. Niemals würde mir die dumme Sau, die das bei mir gepostet hat, ins Gesicht sagen, dass 16-jährige schwarze Mädchen gern von deutschen Touristen gevögelt werden oder dass die Afghanen zurück in ihre dreckigen Löcher sollen.

Vielleicht hat das eine Art therapeutischer Wirkung. Aber wenn du dich mit dem Scheiß von solchen Idioten herumschlägst, kannst du auch ganz leicht den Draht zur richtigen Welt verlieren.

Ich schreibe auf Facebook dieselben Sachen, die ich auf der Bühne sage. Es ist ein Teil meiner künstlerischen Tätigkeit. Ich bin auf Facebook politisch, sozial und ökologisch, in diesem Sinn ist Facebook ein gutes Medium für mich. Manchmal schreibe ich auch nur, dass ich einen guten Tag gehabt habe und dass ich jetzt noch ein Achtel Wein trinke und mich freue, dass ich bin.

Darüber freuen sich sehr viele Leute.

Es ist wie bei meinen Liedern. Je ärger die Posts, desto größer auch das Gegröle des Publikums. Als die Merkel zu TTIP gesagt hat, dass Deutschland TTIP will, habe ich geschrieben: »Lügnerin, verdammte Lügnerin!« Weil es eben eine Lüge ist, dass Deutschland TTIP will, weil da würde ja auch ich dazugehören.

Jemand hat sich darüber aufgeregt und mich zitiert, wie ich einen liebevollen Umgang von uns allen miteinander eingefordert habe.

Dem habe ich geschrieben: Lieber Herr, ja. So rede ich aber auch mit meinem Sohn, wenn der besoffen mit dem Auto fährt. Es kann auch ein Ausdruck von Liebe sein, wenn man sagt: Was du gerade machst, ist der letzte Scheiß, du Rindviech.

Ich bringe mein Publikum zum Lachen. Sogar die Politiker lachen inzwischen mit. Neulich habe ich in Kempten ein Konzert gehabt, da war der Vizebürgermeister da, und er ist reingekommen, ohne zu zahlen.

Das hat mir einer gesagt, und ich bin oben auf der Bühne gestanden und hab darüber geredet, dass der Vizebürgermeister da ist und dass er nicht bezahlt hat.

»Was ist denn das überhaupt, ein Vizebürgermeister?«, hab ich gefragt. »Das ist ja nicht einmal ein ganzer Bürgermeister. Und der Vizebürgermeister kommt umsonst rein, und der Arbeiter muss trotzdem 25 Euro bezahlen?«

»Und was bist du?«, hab ich einen gefragt. »Bist du ein Arbeitsloser? Nicht ein Vizearbeitsloser? Du hast 25 Euro gezahlt? Schön blöd. Sei einmal ein Vizearbeitsloser, dann kommst du auch umsonst bei mir rein.«

Und der Vizebürgermeister ist unten gesessen und hat Tränen gelacht über den Scheißdreck.

Auch andere Sachen wiederholen sich wie die Moden von Hosen und Schuhen. Wie schon damals im Jugoslawienkrieg haben wir wieder gelesen, dass Wohnraum für Flüchtlinge gesucht wird. Es war überhaupt keine Diskussion bei uns zu Hause, dass wir Wohnraum zur Verfügung stellen. Wir hatten zwei Zimmer frei, und das Landratsamt Berchtesgaden hat gut mit uns zusammengearbeitet.

Deutschland ist mit seiner offenen Ausländerfeindlichkeit gerade dabei, sich wieder auf eine Weise zu präsentieren, die man siebzig Jahre lang unbedingt ausradieren wollte. Flüchtlinge stehen unter Generalverdacht. Andere Leute sanieren sich mit der Flüchtlingswelle, weil sie ihre schlechtesten Quartiere zur Verfügung stellen und sich dafür vom Landratsamt bezahlen lassen.

Es ist eine Herausforderung, ich weiß.

Aber ich weiß auch, dass viele Leute einsam sind. Es wäre doch eine Zeit für neue Wohngemeinschaften. So könnte ein neues bayrisches Wohnzimmer ausschauen: eine bayrische Oma und drei Buben aus Syrien, Somalia und Afghanistan. Aber es gibt zu wenig Leute, die dieses Problem auf menschliche Weise bewältigen wollen.

Denn es ist menschenverachtend, Flüchtlinge bei uns nur eine »Duldung« zu erteilen. Sie müssen legal arbeiten dürfen und sich integrieren können, dann hört auch das Märchen vom Sozialmissbrauch der Flüchtlinge auf.

68

Ich spiele nicht mehr oft in großen Hallen. Ich will nicht mehr. Ich weiß, dass es für jeden Musiker das Größte ist, wenn er allein auf der Bühne von einer Riesenhalle steht und dreitausend Leute da sind, weil sie ihn allein sehen wollen.

Aber für mich ist das nicht mehr zeitgemäß. Ich habe viele Jahre in den großen Hallen gespielt, aber in den großen Hallen werde ich nicht mehr gebraucht. Ich werde draußen gebraucht, in einem Wirtshaus auf dem Land, wo Leute zu mir kommen, die nicht in die Hallen gehen, weil nach dem Konzert kein Bus mehr zurück in ihr Dorf fährt oder weil sie erst 16 oder 17 sind und die Eltern sie nicht zu einem Konzert in die nächste Kreisstadt fahren wollen.

Deswegen spiele ich jetzt gern in kleinen Wirtshäusern. Viele Wirtshäuser haben ihren Saal für Hochzeiten und Tanz. Jetzt mache ich mit dem Wirt ein Geschäft. Er gibt mir den Saal, und ich muss nichts dafür bezahlen. Ich verlange 25 Euro Eintritt und bekomme den ganzen Eintritt. Und der Wirt hat zweihundert oder dreihundert Gäste in seinem Saal und verkauft Essen und Trinken an die Gäste, die sonst nicht da wären. Alle haben etwas davon. Das sind Konzerte, wie ich sie wirklich gern hab. Die Stimmung ist viel besser als in jeder Halle, und die Leute sind total überrascht und erfreut, dass ich in ihr Dorf komme und nicht nur in den nächsten Stadtsaal. Ich habe eine Tour gemacht, da hab ich jeden Tag in einem Dorf gespielt, das vielleicht zwanzig oder dreißig Kilometer vom letzten Konzert entfernt war. Das kannst du nie machen, wenn du in den großen Hallen spielst.

Wenn ich im Wirtshaus spiele, bin ich allein unterwegs. Ich kündige das Konzert auf Facebook an, dann muss ich nicht einmal mehr Plakate aufhängen. Ich habe meine eigene kleine Anlage mit, und ich verkaufe selbst die Karten und dann spiele ich das Konzert, und nachher sitze ich mit den Leuten herum, und wir ratschen. Wenn ich im Wirtshaus zweihundert Karten verkaufe, verdiene ich mehr, als wenn in der großen Halle achthundert sind, das kommt noch dazu. Und außerdem hören nicht nur die Leute, wie ich rede, sondern ich höre auch, wie die Leute reden.

Dann bin ich ganz nahe bei ihnen, und wenn mir einer sagt, dass er der Bürgermeister ist, dann sag ich ihm, pass auf, jetzt hältst du einmal dein Maul, Bürgermeister, weil jetzt ich rede, und dann lachen wir gemeinsam über die eigene Dummheit.

Es sitzen Leute bei mir im Wirtshaus, die sagen: Ich habe kein Haus mehr. Nachdem sie mir den Führerschein weggenommen haben, war drei Monate später auch der Job weg, und jetzt bin ich fünfzig und ich bin arbeitslos und muss wahrscheinlich von der Sozialhilfe leben.

Dann sage ich, dass er ein Glück hat, weil ihn jetzt wahrscheinlich auch die Frau verlassen wird, und wir lachen uns miteinander einen ab.

Und da merke ich, dass es den Leuten gut tut, wenn es einen gibt, der mit ihnen über ihr Elend lacht.

Das ist genauso wie bei den Kranken und den Hoffnungslosen wie dem Kai. Die erzählen mir von ihrer neunten Chemo, und ich weiß, in ein paar Wochen sind sie tot. Ich besuche so einen im Krankenhaus, Blasenkrebs im Endstadium. Der lacht mit mir, und dabei rinnt ihm das Blut aus dem Mundwinkel. Aber er lacht und sagt: »Mit dir hätte ich gern noch mal einen geraucht, Hans.«

»Ja«, sage ich dann. »Irgendwann sitzen wir eh miteinander an der großen Tafel, dann musst du mich nur dran erinnern.«

Wenn ich auf Tour bin, fahre ich immer durch kleine Ortschaften, Kirche, Wirtschaft, Friedhof. Manchmal bleibe ich stehen, dann gehe ich auf den Friedhof. Dort siehst du viel.

Du schaust auf ein Kreuz und siehst Geschichten. Die Mutter lebt noch, der Sohn ist schon tot. Das Kind ist gestorben. Der einzige Bub ist mit dem Auto verunglückt.

Ich komme auf Friedhöfen leicht mit Menschen ins Gespräch.

Gerade erst war ich in Oberösterreich auf einem Friedhof und bin auf einer Bank gesessen. Ein alter Mann ist gekommen, der war vielleicht 85 oder 90 Jahre alt. Er ist zu einem Grab ganz in der Nähe von meiner Bank gegangen. Dort hat er aus der Kelchvase eine rote Rose herausgenommen, die noch sehr schön war, und hat die neue rote Rose hineingetan, die er dabeigehabt hat. Dann ist er vor dem Grab gestanden und hat mit dem Kopf genickt, so als ob er in Gedanken mit jemandem spricht.

Ich bin zu ihm hingegangen und hab ihn gefragt, ob ich mich zu ihm stellen darf.

»Freilich«, hat er gesagt. Dann hat er angefangen zu erzählen. Es war das Grab seiner Frau. Sie war schon sechs Jahre tot.

»Wissen Sie«, hat er gesagt und mich dabei zum ersten Mal angeschaut, »ich hab sie geliebt. Ich hab ihr jeden Tag eine rote Rose mit nach Hause gebracht. Jeden Tag. Das mache ich heute immer noch. Jeden Tag.«

Dann hat er eine halbe Minute nichts gesagt.

»Und wissen Sie was?«

Er hat wieder mich angeschaut.

»Sie hat mich nicht geliebt.«

Und er hat angefangen zu weinen. Wir sind lange zusammengestanden und haben miteinander geweint.

69

Reden, lachen und weinen. Das ist, was ich bin. Das ist, was ich kann. Das bin ich nicht geworden. Sondern das bin ich immer gewesen. Es hat keinen Auslöser dafür gebraucht. Ich weiß, dass ich heute, jetzt und hier, in dieser Zeit wichtig bin.

Der Vater ist tot. Der eine Bruder ist durch das Saufen schizophren geworden und sitzt in einem Pflegeheim für Behinderte. Der kleine Bruder hatte im Abschlusszeugnis der neunten Klasse vierzehn Fünfer, er hatte Aufmerksamkeitsdefizite, die nie jemand erkannt und behandelt hat. Er hatte nie eine Chance. Er ist – ich hoffe, er ist mir nicht böse – ein Opfer seiner Zeit. Meine Eltern konnten ihn da nicht rausholen. Sie wussten es nicht besser.

Früher hat man Leute wie ihn an ihren Tätowierungen erkannt, heute ist jeder tätowiert. Der kleine Bruder lebt in einer betreuten Wohngemeinschaft in Berlin. Ich bin froh, dass es solche Einrichtungen gibt. Meine Schwester ist mit 39 an Lungenkrebs gestorben. Nach ihrem Begräbnis hat sich fast jeder eine Zigarette angezündet.

Das war meine Familie. Aber immer öfter denke ich mir, es war nur eine Gastfamilie für mich. Als ob ich nur dort großgezogen worden bin, damit ich jetzt sagen kann, was zu sagen ist, und denen dort oben zeige, dass es uns dort unten immer noch gibt. Und dass sie jederzeit mit uns rechnen müssen.

Ich habe mein Lehrgeld bezahlt. Aber das habe ich zahlen müssen, weil ich sonst nicht geworden wäre, wie ich heute bin. Dann wäre ich nicht interessant. Dann würde ich ein bisschen im Grünen Eck spielen und ein bisschen im Café Giesing. Aber es würde mir keiner zuhören.

Ich habe mich lange gefragt: Wofür komme ich sonst aus so einer Familie? Warum gerade ich? Warum hatte ich so einen Vater? Warum hatte ich so eine Mutter? Warum diesen Wohnort? Warum hat mir einer am Lagerfeuer seine Gitarre geschenkt? Ich war ja auch ein Reichenhaller. Ich habe denselben Vater und dieselbe Mutter wie die Geschwister. Ich habe ja denselben Himmel gesehen, wenn ich aufgewacht bin. Ich bin dieselbe Straße zur Arbeit entlanggegangen wie meine Brüder und meine Schwester. Ich bin mit denselben Leuten zusammengesessen und habe im selben Haus gewohnt.

Warum bin nicht ich im Obdachlosenheim gelandet?

Meine Antwort ist: Dafür, dass ich jetzt der bin, der ich bin.

Wenn ich vom Fenster meines Hauses auf die Steinmauer schaue, die wir für die vielen Eidechsen und Salamander gebaut haben, die in unserem Garten leben, sehe ich einen Stein, den meine Frau beschriftet hat: »Erfolg ist, andere zu inspirieren.«

70

Dieses Leben ist meine beste Zeit. Ich bin kein junger Depp mehr. Ich bin ein gut situierter älterer Herr, der Kinder hat und ein Haus, der Steuern zahlt und Konzerte gibt und hie und da einen raucht. Man kennt mich. Polizisten grüßen mich. Ich bin kein ausgeflippter Irrer.

Jeder, der sehen kann, sieht, dass Marihuana einen Menschen nicht zugrunde richtet. Er sieht einen, der lacht. Jeder kann sehen, dass Marihuana keine Droge für junge Leute ist, wie sie alle immer glauben. Weil die jungen Leute haben viel lieber Alkohol. Die hauen sich ihre Alkopops rein und den Red-Bull-Wodka und dann noch was und noch was. Die wollen lallen und tanzen und vögeln.

Aber ich will meine Ruhe. Ich rauche einen, dann gehe ich in die Sauna, oder ich setze mich irgendwohin, und schaue oder es kommt wer und wir reden.

Ich werde jetzt sechzig. Ich bin verurteilt wegen Verstößen gegen das Betäubungsmittelgesetz. Ich habe 300 000 Euro Strafen wegen Beleidigung bezahlt. Aber wenn ich dem Bürgermeister von Oberndorf sage, dass er eine Feuerstelle für junge

Leute bauen soll, dann hört er mir zu. Das ist für mich der Beginn von etwas Neuem. Dann ist mir auch scheißegal, ob der Typ bei der CSU ist oder ein Grüner, oder ein Roter. Dann rede ich mit dem Typen. Dann erkläre ich ihm, was es zu erklären gibt.

Bis ich vierzig war, haben mich die Richter und Landräte immer geduzt, weil sie gemeint haben, ich bin ein Rotzbub. Weil ich dagesessen bin mit Dreadlocks und Stirnband und braun gebrannt, weil Sommer war.

Dann habe ich immer dem Anwalt sagen müssen: »Kannst du den Typen bitte sagen, dass ich ein ›Sie‹ bin, dass ich ein ›Herr Söllner‹ bin! Und dass ich kein Penner bin, der bei der Isar unter einer Brücke pennt.« Weil so haben sie mich immer angeredet.

Die da oben denken noch immer anders als ich. Aber sie haben Respekt vor mir bekommen und sie wollen mich nicht mehr auslöschen, sondern wissen, was ich denke. Und wenn es um die Feuerstelle bei uns zu Hause in Oberndorf geht, dann hören sie sich sehr genau an, wenn ich ihnen sage: »Die Feuerstelle funktioniert nur, wenn dort nicht jeden Abend sechsmal die Polizei vorbeifährt und die jungen Leute, die dort sitzen, kontrolliert. Es muss klar sein, dass dort auch einmal ein Joint geraucht wird, weil die Feuerstelle ist für Leute, und die sollen dort sitzen mit ihren Sorgen und mit ihrem Glück, und wie sie das machen, geht euch nichts an.«

Da können sie natürlich nicht laut Ja dazu sagen. Aber es genügt, wenn sie nicht Nein dazu sagen, weil das ein Anfang ist.

Ich habe immer versucht, einen geistigen Waffenstillstand zwischen den verschiedensten Menschen herzustellen. Ich mache Vorschläge.

Liebe deinen Nächsten.

Stoppt die Fleischindustrie.

Nehmt euch in den Arm.

Schaut euch in die Augen.

Arbeitet bloß noch einen halben Tag.

Natürlich mach ich etwas, was mich total befriedigt und was ich total schön finde, dass ich es machen darf: Musik. Ich lebe davon. Es läuft gut, das kommt dazu. Ich fahre durch Bayern und durch Deutschland und durch Österreich und spiele und rede und bin ich selber, und die Leute kommen und hören mir zu.

Aber im Endeffekt bin ich Reichenhaller, im engeren Sinn Weißbacher, und wenn man es noch ein bisschen enger sieht, Heubergstraßler.

Eine letzte kleine Geschichte: Als sie im Zuge einer Steuerverschwendung die Straßenlaternen in ganz Weißbach und natürlich auch in der Heubergstraße erneuerten, kam ich gerade dazu, als sie an dem Wendeplatz, wo ich wohne, die Laterne mit einer Flex abschneiden wollten. Ich fragte die Leute vom Stadtbauamt, ob sie mir die Laterne als Ganzes ausgraben können, damit ich sie mir auf mein Grundstück stellen kann. Unter dieser Laterne habe ich einen Großteil meiner Jugend verbracht. Heute steht sie in meinem Garten.

Denn für mich passiert die große Welt nicht in Pennsylvania oder in Jamaika, sondern die große Welt passiert bei mir, wenn ich vor meinem Haus sitze, den Ofen anschmeiße und einen rauche.

Ich habe Kinder. Ich habe eine Frau. Ich habe einen Freundeskreis. Ich bin gerne ein Familienmensch. Ich bin gerne Ehemann. Ich bin gerne Vater. Ich bin gerne Freund. Ich gehe gern dorthin, wo sich jemand auf mich freut.

Ich bin gerne zärtlich.

Ich bin gerne eine Drecksau.

Ich bin gerne ordinär.

Ich fahre gern mit meinem Rad zum Thumsee.

In diesem Zustand lege ich mich gerne vor meine Sauna, rauche einen kleinen Spliff, schaue in den Himmel und denke an den Felix Baumgartner und was der alles anstellen musste, bis er auf 38 Kilometer Höhe aufgestiegen ist, und ich fliege mühelos an ihm vorbei.

Und baue mir meine Raketen auch noch selbst.

DANK an

Peter Pichler
Manfred Puchner
Stephan Hofer
Gerald Moder
Susanne Pfeilschifter
Elda Bez
Thomas Fuchs
Eva Mair-Holmes und Achim Bergmann
Jürgen Arnold

Heike Bräutigam
Elvira Frey

„Der feine Gesang der Axt." <small>Süddeutsche Zeitung</small>

HANS SÖLLNER im Trikont Verlag

I war amoi a zeitlang des Kind vo' meine Eltern. Dann war I amoi a zeitlang
Koch und a zeitlang Mechaniker. Und jetzt bin I a zeitlang Liedermacher, oda
wos woass I wos… und dann bin I a zeitlang dod.   Hans Söllner

Bisher erschienene und noch erhältliche CDs, Vinyl, DVDs und Bücher:

- ENDLICH EINE ARBEIT – CD, 1983
- FÜR MARIANNE UND LUDWIG. – CD, 1986
- WOS REIMT SE SCHO AUF NICKI – CD, 1987
- HEY STAAT – CD, 1989
- BAYERMAN VIBRATION LIVE – Vinyl, 1991
- DER CHARLIE – CD, 1992
- GREA GÖIB ROUD – CD, 1995
- A JEDA – CD, 1997
- 241255 – CD, 2000
- BABYLON – CD, 2001
- OWEI I – mit Bayaman'Sissdem, CD, 2004
- WER BLOSS LACHT, IS NED FREI! – DVD von Günter Hablik, 2004
- BLOSS A GSCHICHT – Buch Bayrisch/Hochdeutsch, übersetzt von Franz Dobler, 2004
- IM REGEN LIVE – mit Bayaman'Sissdem, CD, 2005
- IM REGEN LIVE – mit Bayaman'Sissdem, DVD von Günter Hablik, 2005
- HANS SÖLLNER – Fotobuch von Lukas Beck, 2006
- VIETNAM – mit Bayaman'Sissdem, CD, 2007
- BLOSS A GSCHICHT – Hörbuch, CD, 2009
- MEI ZUASTAND – CD, Vinyl, 2011
- SOSOSO – CD, Vinyl, 2012
- MEI ZUASTAND ZWEI – CD, Vinyl, 2013

*„Wir haben keinen Besseren als diesen kiffenden, fluchenden, Staat,
Kirche und Religion und den gehobenen Geschmack beleidigenden und
dann auch noch das Hochdeutsche weiträumig umfahrenden Rastafari.
Habe die Ehre Herr Söllner."*   Süddeutsche Zeitung

Unsere Stimmen      www.trikont.de